······ 让幼儿的学习看得见 ······

幼儿园项目式
主题教学实务手册

刘学 主编

梁乐敏 李岚 伍泳珊 陈珑梅 副主编

上

中山大学出版社
·广州·

版权所有　翻印必究

图书在版编目（CIP）数据

幼儿园项目式主题教学实务手册（上册）/刘学主编；梁乐敏，李岚，伍泳珊，陈珑梅副主编．—广州：中山大学出版社，2020.3
　ISBN 978 – 7 – 306 – 06837 – 8

　Ⅰ.①幼…　Ⅱ.①刘…②梁…③李…④伍…⑤陈…　Ⅲ.①学前教育—教学研究—手册　Ⅳ.①G612 – 62

　中国版本图书馆 CIP 数据核字（2020）第 023607 号

出 版 人：	王天琪
策划编辑：	赵　婷
责任编辑：	赵　婷
封面设计：	刘　犇
封面绘画：	刘芮冰
责任校对：	廖丽玲
责任技编：	何雅涛
出版发行：	中山大学出版社
电　　话：	编辑部 020 – 84110771，84113349，84111997，84110779
	发行部 020 – 84111998，84111981，84111160
地　　址：	广州市新港西路 135 号
邮　　编：	510275　传　真：020 – 84036565
网　　址：	http://www.zsup.com.cn　E-mail: zdcbs@ mail.sysu.edu.cn
印 刷 者：	广东虎彩云印刷有限公司
规　　格：	787mm×1092mm　1/16　总印张：24.75　总字数：471 千字
版次印次：	2020 年 3 月第 1 版　2023 年 7 月第 3 次印刷
定　　价：	48.00 元（全二册）

如发现本书因印装质量影响阅读，请与出版社发行部联系调换

前　　言

幼儿教师是教师行业中最辛苦、最容易让人产生误会的职业，幼教事业也是世界上难度系数、专业系数非常高的行业之一。我们都知道童年对于幼儿来说是唯一且短暂的，具有不可替代性，也无法弥补。让每个幼儿享受快乐且充实的童年，需要教师、家长和社会一起静下心来，停下脚步去思考，静待花开。

《幼儿园项目式主题教学实务手册》是一本以项目式教学为特色的教师参考用书，基于多位专家的指导与多家幼儿园长期的实践经验，旨在将幼儿、家长、教师和社会都纳入幼儿的课程建设中，以减轻教师负担为己任，营造一个生态的教学环境，让幼儿园园长、教师能够将本地资源、幼儿园特色课程、节日活动、特色活动整合起来，助力幼儿园打造自己的园本特色课程。

幼儿园项目式教学是指依据幼儿的年龄特点，以及各个幼儿园的资源，包括家长资源、季节节日资源、本土文化资源等，把教学内容以主题的形式分解为不同的项目，再以任务的方式分解为不同的活动，通过教师的引导，让每名幼儿在集体、小组学习活动中不断尝试、探索、反思，从而在完成任务的过程中建构自己的经验知识，培养良好的学习品质与行为习惯。幼儿园项目式教学注重家园之间的课程共建，注重任务之间的逻辑关系，注重培养幼儿的自我表达能力、积累与运用学习经验的能力以及深度学习的能力，注重教师书写自己的课程故事、培养逻辑推理与自我反思的能力，让幼儿的学习看得见，让教师的成长看得见。

最后，我们特别感谢为本书提供宝贵意见的广州、佛山、中山、东莞的幼教专家与同行们；感谢中山大学出版社的编辑为本书的出版所付出的辛劳；感谢广东省梁乐敏名园长工作室的成员为本书的完善做了大量的工作；感谢我的女儿刘芮冰，在陪伴她玩耍之时我不断受到启发，她时刻激励着我要不断前行，做一个好爸爸。随着我们的不断探索与实践，相信本书一定能成为幼儿教师教学过程中的好帮手。成书并不意味着成熟，如果各位同行在使用过程中有好的建议，期盼不吝指正，我们期待本书能够抛砖引玉，带来更多的优质幼儿园课程资源。

刘　学

2019 年 6 月

十八般武艺，样样精通

目　　录

第一章　我上幼儿园了 / 1

第一节　主题网络图 / 1
第二节　阶段性教育目标建议（小班）/ 2
第三节　主题教学建议 / 4
第四节　写给家长的一封信 / 5
第五节　项目设计与任务分配 / 6
 项目一：认识幼儿园 / 6
  任务一：我会滑滑梯 / 6
  任务二：认识幼儿园的阅览室 / 10
  任务三：幼儿园里的树叶 / 13
 项目二：如何去幼儿园 / 16
  任务一：上幼儿园前的准备工作自己做 / 16
  任务二：下雨了怎么办 / 18
  任务三：路途大发现 / 22
 项目三：上幼儿园必备的能力 / 25
  任务一：我的一日生活流程 / 25
  任务二：认识新朋友 / 29
  任务三：我会拉便便 / 33
 项目四：我喜欢上幼儿园 / 36
  任务一：心情我知道 / 36
  任务二：我的第一次 / 38
附表 / 39
 表1-1　"我上幼儿园了"学习单 / 39
 表1-2　幼儿园亲子阅读调查 / 40
 表1-3　我是能干的小朋友 / 41

第二章　我爱我的家 / 42

第一节　主题网络图 / 42
第二节　阶段性教育目标建议（小班）/ 43
第三节　主题教学建议 / 45
第四节　写给家长的一封信 / 46
第五节　项目设计与任务分配 / 47
  项目一：家的组成 / 47
    任务一：家庭成员 / 47
    任务二：最喜欢的玩具 / 49
    任务三：妈妈的爱好 / 52
  项目二：家中的活动 / 54
    任务一：过生日 / 54
    任务二：接待客人 / 56
    任务三：我家的电视机 / 58
    任务四：爸爸的手机 / 60
    任务五：我去过的地方 / 63
  项目三：家庭安全我知道 / 64
    任务一：不给陌生人开门 / 64
    任务二：用电安全我知道 / 65
    任务三：我会这样在小区玩 / 66
  项目四：我为家庭做贡献 / 68
    任务一：我做家务事 / 68
    任务二：送给爷爷奶奶的礼物 / 69
    任务三：我会节约用钱 / 70
  附表 / 72
    表2-1　"妈妈最喜欢的"调查 / 72
    表2-2　"我家的电视机"调查 / 73
    表2-3　"今天我做了"任务完成情况记录 / 74

第三章　交通工具我知道 / 75

第一节　主题网络图 / 75
第二节　阶段性教育目标建议（中班）/ 76
第三节　主题教学建议 / 78

第四节　写给家长的一封信／79
第五节　项目设计与任务分配／80
　　项目一：交通工具的种类／80
　　　　任务一：交通工具大调查／80
　　　　任务二：认识不同类型的飞机／82
　　　　任务三：水上行走的交通工具／85
　　项目二：了解交通设施／86
　　　　任务一：认识客运站／86
　　　　任务二：认识公交车站／87
　　　　任务三：认识火车站／88
　　项目三：服务人员／89
　　　　任务一：乘务人员大比拼／89
　　项目四：交通标志与安全／90
　　　　任务一：客运站标志我知道／90
　　　　任务二：马路上的交通标志／91
　　项目五：轮胎的秘密／92
　　　　任务一：为什么汽车轮子是圆的／92
　　　　任务二：我设计的交通工具／94
　　附表／95
　　　　表3-1　家长调查问卷／95
　　　　表3-2　乘坐公交车调查／96
　　　　表3-3　"交通工具用处大"调查／98
　　　　表3-4　"为什么车轮是圆"实验记录／99

第四章　冬天的秘密／100

第一节　主题网络图／100
第二节　阶段性教育目标建议（中班）／101
第三节　主题教学建议／103
第四节　写给家长的一封信／104
第五节　项目设计与任务分配／105
　　项目一：我眼中的冬天／105
　　　　任务一：北方的冬天／105
　　　　任务二：南方的冬天／108
　　项目二：植物是怎么过冬的／110

　　　　任务一：植物过冬的方法／110
　　　　任务二：这种植物是这样过冬的／112
　　项目三：动物是怎么过冬的／113
　　　　任务一：狗狗是这样过冬的／113
　　　　任务二：青蛙是这样过冬的／115
　　　　任务三：不怕冷的动物我知道／117
　　　　任务四：动物的迁徙／120
　　项目四：冬天的节日／122
　　　　任务一：过冬至／122
　　　　任务二：我们这样过年／125
　　附表／128
　　　　表4-1 "冬天足迹大发现"观察记录单／128

第五章　了不起的身体／129

第一节　主题网络图／129
第二节　阶段性教育目标建议（大班）／130
第三节　主题教学建议／133
第四节　写给家长的一封信／134
第五节　项目设计与任务分配／135
　　项目一：身体的五种感觉／135
　　　　任务一：视觉／135
　　　　任务二：听觉／138
　　　　任务三：嗅觉／141
　　　　任务四：味觉／143
　　　　任务五：触觉／144
　　项目二：身体的构造／147
　　　　任务一：消化系统／147
　　　　任务二：呼吸系统／149
　　　　任务三：运动系统／151
　　项目三：身体的喂养／156
　　　　任务一：食物喂养／156
　　　　任务二：身体的防护／159

第六章　超市大发现 / 161

第一节　主题网络图 / 161
第二节　阶段性教育目标建议（大班）/ 162
第三节　主题教学建议 / 164
第四节　写给家长的一封信 / 165
第五节　项目设计与任务分配 / 166

　　项目一：认识货币 / 166
　　　　任务一：货币的发展 / 166
　　　　任务二：各种各样的货币 / 168
　　　　任务三：钱从哪里来 / 170

　　项目二：认识超市 / 171
　　　　任务一：我是小小导购员 / 171
　　　　任务二：超市货物的摆放 / 174
　　　　任务三：超市的工作人员 / 177

　　项目三：购物小达人 / 178
　　　　任务一：制作购物单 / 178
　　　　任务二：如何挑选货物 / 179
　　　　任务三：我的购物之行 / 182

　　项目四：我的超市 / 186
　　　　任务一：开店计划 / 186
　　　　任务二：圩日活动——开档啦 / 187

　　附表 / 189
　　　　表 6-1　我家附近的超市调查 / 189
　　　　表 6-2　我的补货计划单 / 190
　　　　表 6-3　我的 10 元购物计划单 / 191
　　　　表 6-4　我的开店计划 / 192
　　　　表 6-5　"精明小档主"记账单 / 193

第一章 我上幼儿园了

第一节 主题网络图

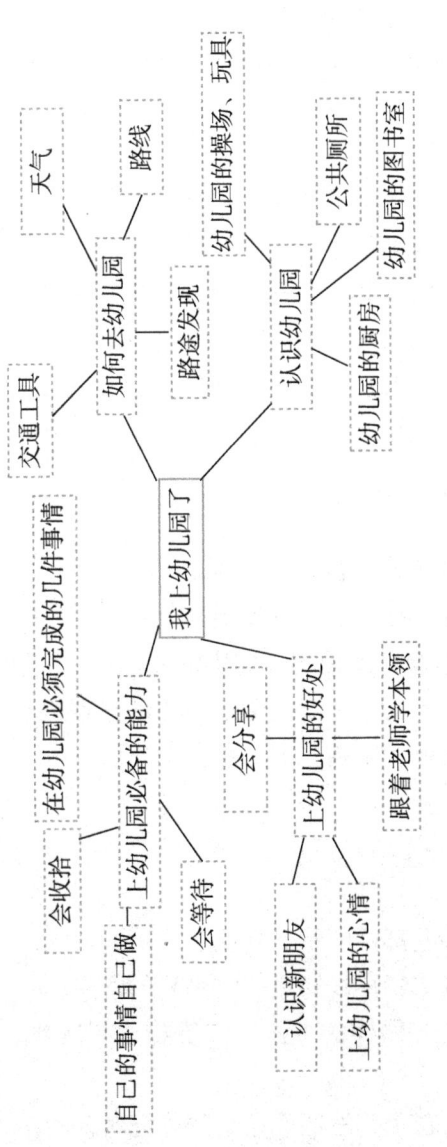

"我上幼儿园了"主题网络图

注：教师可以依据自己的需要及活动的延伸不断扩展内容，只要存在逻辑关系就行。

第二节　阶段性教育目标建议（小班）

一、健康

1. 能通过形体动作感受和表现不同的情绪。
2. 认识身体各部位的名称。
3. 感受与朋友拍拍、碰碰的快乐。
4. 初步认识男女外在差异，了解自己的身体特点和性器官特点。

二、社会

1. 体验和新朋友一起玩的快乐。
2. 学习使用简单的礼貌用语，与同伴友好相处。
3. 初步感受上幼儿园的快乐与自豪，学会分享。
4. 在参加活动时有安全意识。

三、语言

1. 愿意听故事，理解故事内容。
2. 学习交朋友的方法，培养良好的生活礼仪。
3. 尝试仿编儿歌，体验"找朋友"的快乐。
4. 观察画面，理解儿歌内容，尝试通过身体动作表达不同的情绪。
5. 口齿清楚地学念儿歌，跟随儿歌做相应动作。

四、科学

1. 了解动物和人体某些部位的特殊功能。
2. 初步了解水果的基本特征，知道多吃水果的意义。
3. 学习用手触摸、感知物体的方法，知道物体有冷热、软硬、粗糙、光滑等特征。
4. 辨识红色、绿色、蓝色，按照颜色给物体配对。

5. 区分"1"个物体和"许多"个物体,理解"1"和"许多"的关系。

6. 学会口手一致地点数 3 个以内的物体,并说出总数;学习 3 以内的按数取物。

五、艺术

1. 尝试用特别的作画工具和画画的方式来表现上幼儿园的情景。
2. 用画画的方式表现某种身体动作。
3. 模仿学唱歌曲,尝试根据音乐做出相应的身体动作。
4. 学习歌曲并根据歌词内容变换动作。

第三节　主题教学建议

1. 开学时稳定幼儿情绪，让幼儿学会恰当地表达和调控情绪。
2. 通过"比比谁睡得香"等活动，引导幼儿在面对新环境时稳定情绪，养成午睡习惯。
3. 在班级中创设"娃娃家"及温馨的"全家福"，为幼儿营造温暖、轻松的心理环境。
4. 教师日常多抱抱、亲亲幼儿，用肢体语言让幼儿形成安全感和信赖感。
5. 在洗手间张贴正确洗手的流程图。
6. 引导幼儿懂得大小便时正确用纸的方法。
7. 通过"我最棒""光盘之星"等形式鼓励幼儿自己吃饭。
8. 教导幼儿学会餐前餐后洗手、漱口擦嘴、摆放餐具的常规。
9. 在日常生活中，帮助幼儿巩固"1"和"许多"的概念。在活动区域投放分类、数数、拼图等益智材料，让幼儿自我学习。
10. 建议家长送孩子上幼儿园的时候，留意观察周围的美好事物，让幼儿感受到上幼儿园的路途也是很美好的。
11. 在游戏时落实幼儿安全教育，使幼儿掌握一些基本的游戏规则，如排队、不超越黄线、安全用电、防烫伤等。
12. 将性教育渗透于日常生活中，尤其是不要产生某种歧视。例如，不少教师在日常教学中经常强调"我只喜欢女孩子，因为女孩子听话些"，要尽量避免这类歧视性语言。

第四节　写给家长的一封信

尊敬的家长：

　　您好！

　　非常高兴您的孩子在我们班级学习，也非常感谢您对我们班级三位保教人员的信任与支持，我们一定会尽职尽责地将孩子照顾好。如果您有任何好的建议，可以随时向我们提出，良好的家园沟通方式就好比夫妻关系一样，是非常重要的。我们选择了幼教这个行业就说明我们心地善良、真诚务实，让我们一起努力做得更好！

　　对于初次离开亲人和家庭的小班孩子来说，幼儿园陌生的环境、老师都会让他们产生缺乏安全感的心态和焦虑不安的行为，更使家长们惴惴不安、放心不下。如何帮助孩子熟悉幼儿园的环境和生活，消除他们的陌生感，缩短老师和孩子们之间的距离，建立亲密的师生关系，取得家长们的信赖，是老师们十分关注的问题。

　　鉴于班级和孩子的实际情况，我们设计了"我上幼儿园了"这一主题，旨在通过参观、谈话、游戏、与哥哥姐姐的交流等多种形式的活动，帮助孩子们了解和熟悉幼儿园的环境，以及相关的人员、活动室、设备、食物等。通过幼儿园丰富多彩的活动，让孩子们感受到在幼儿园可以学到很多本领，在老师的引导下，尽快适应幼儿园的集体生活，乐意与老师、同伴一起学习、生活、游戏。通过对幼儿园各个区角环境的大发现，鼓励孩子们养成勇敢探索、积极参与的个性，培养他们爱老师、爱同伴、爱幼儿园的情感。

　　我们希望家长积极参与到幼儿园的教育活动中来，也希望家长在孩子回家后引导孩子一起讨论在幼儿园发生的事情，再将孩子在家交流与表现的内容与老师们进行交流。因为交流能帮助我们了解孩子的需求与发展水平，更加有利于我们开展后续的活动。

小一班

2019年2月17日

第五节 项目设计与任务分配

项目一：认识幼儿园

任务一：我会滑滑梯

活动一：户外滑滑梯活动

活动目标

1. 学习滑滑梯的正确方法。
2. 初步知晓滑滑梯的风险。
3. 缓解入园焦虑。

活动准备

1. 教师提前检查滑梯，排除其周围的安全隐患。
2. 由于是新生入园，建议幼儿园加派人手或让幼儿分组滑滑梯。

教学建议

1. 请幼儿排好队。
2. 教师示范如何正确滑滑梯，并交代注意事项：
（1）排队上去，不能拥挤，不要推前面的小朋友。
（2）滑滑梯时一定要坐下来，等前面的小朋友脚触地之后再滑。
（3）不能在教师说的危险地方爬上爬下。
（4）听到教师喊"集合"的时候，请每个小朋友马上到教师面前集合。
3. 温馨提示：
（1）滑滑梯是幼儿最喜欢玩的活动，他们在来幼儿园之前都具有一定的游戏经验。
（2）滑滑梯有助于缓解幼儿的入园焦虑。
（3）滑滑梯也是幼儿园最容易出现安全事故的活动之一。教师一定要有安全意识。

活动二：我会滑滑梯

活动目标

1. 幼儿学会用正确的方法滑滑梯。
2. 教师帮助幼儿懂得用不正确的方法滑滑梯会造成伤害，初步培养幼儿的安全意识。

活动准备

小兔头饰若干。

教学建议

1. 教师："今天天气真好，我们一起出去滑滑梯吧，出发吧！"
2. 介绍滑梯及其玩法。

首先，教师对前一次活动中发现的问题进行点评，让幼儿知晓自己存在的问题。

教师："我觉得小明小朋友滑滑梯滑得真好，我们一起来看看他是怎么玩的。"然后请几名幼儿滑一下，纠正幼儿滑滑梯时的不正确姿势。教师做正确示范，然后再请幼儿示范。

其次，教导幼儿在人多的时候应该怎样滑滑梯。

教师："我们发觉人多的时候，应该怎么做呢？"

引导幼儿：人多时要先排好队，一个跟着一个，不要拥挤推拉。从楼梯上去，两手扶好扶手，眼睛看好楼梯，一层层地往上爬。爬到顶，坐稳后，两手扶着滑梯两边，两条腿并拢，再滑下来。如果不这样好好滑滑梯，做不正确的动作，就会发生危险。

3. 幼儿练习滑滑梯，教师巡回指导。

（1）及时纠正幼儿不正确的动作，鼓励幼儿用正确的方法滑滑梯。
（2）让幼儿自由滑滑梯，教师巡回观察，注意幼儿的安全。
（3）教师为个别不注意滑梯安全的幼儿拍照。

4. 结束活动，幼儿排好队回到活动室，教师将没有安全意识的幼儿的危险行为照片上传到屏幕上，让大家讨论这些行为对不对，下次如果再这样该怎么办。

活动三：西瓜弟弟滑滑梯

活动目标

1. 学习滑滑梯的正确方法。
2. 知道不正确的玩法会发生危险。
3. 通过不听话的西瓜弟弟，增强幼儿的安全意识。

活动准备

用薄皮西瓜做成娃娃的样子。

教学建议

1. 教师："上次老师带领大家出来滑滑梯，大家开心吗？可是老师发现有些小朋友不听老师指挥，在滑滑梯的时候没有安全意识，这样做对吗？"
2. 西瓜弟弟受伤了。
  （1）教师让西瓜弟弟从滑梯上滑下来，让幼儿自己观察。教师："大家看看，如果大家都像西瓜弟弟这样滑，会有什么危险？"从而引发幼儿讨论。
  （2）西瓜弟弟从滑梯边缘掉下来，摔碎了。教师："西瓜弟弟摔碎了，它妈妈再也见不着它了。它这样做对吗？如果小朋友像西瓜弟弟这样淘气的话，就会跟它一样摔破脑袋，摔断手臂，到时候就不能上幼儿园了。摔伤了会很痛，还会让妈妈心疼。"
3. 与幼儿一起讨论滑滑梯的注意事项：
  （1）滑滑梯要排队，不能拥挤，不能在滑梯上打闹。
  （2）爬阶梯和滑下来时要保持适当距离，不能在背后推人。
  （3）手上或口袋里不能有坚硬的东西。
  （4）不能逆行。
  （5）滑滑梯时要坐下来，不能把身体伸出滑梯边缘。
4. 介绍滑梯的正确玩法。
  （1）两手扶把手，从滑梯的阶梯登上平台，坐在滑梯口。
  （2）两手轻扶滑梯两侧扶手，双脚自然伸直，慢慢向下滑。
  （3）必要时，中途用双脚来控制速度。
5. 教师带领幼儿一起滑滑梯，注意观察幼儿滑滑梯的情况，及时指出不正确的玩法，鼓励幼儿按照规则安全地滑滑梯。

活动四：我给滑梯涂颜色

活动目标

1. 对绘画活动感兴趣，乐意参与此类活动。
2. 懂得用各种好看的颜色进行绘画。
3. 掌握用蜡笔涂色的方法。

活动准备

蜡笔，线条式的滑梯图片。

教学建议

1. 引入过程。

教师："小朋友，我们看看这是什么？这是一架滑梯，我们最喜欢滑滑梯了。但是这个滑梯没有颜色，今天老师想请小朋友们帮我把这个滑梯打扮一下。"

2. 巡回指导：

（1）提醒幼儿绘画时所要注意的问题。

（2）鼓励幼儿大胆用色。

（3）张贴、交流作品。教师可以把一些涂色比较好的作品拿出来与幼儿分享，在分享之前，可以让幼儿介绍一下自己选择了什么颜色以及为什么选择了这个颜色。

任务二：认识幼儿园的阅览室

活动一：参观阅览室

活动目标

1. 知道幼儿园的阅览室的位置。
2. 在观察、交流中了解书籍分类、摆放。
3. 知道要在阅览室安静地阅读。
4. 知道阅读过的书本要放回原来的地方。

活动准备

幼儿园的阅览室。

教学建议

1. 参观前，教师向幼儿介绍参观的地点并提出参观要求。告诉幼儿，阅览室是看书、学习的地方，进入阅览室后要保持安静，认真听教师介绍。
2. 带幼儿参观阅览室。
3. 向幼儿介绍阅览室的书籍分类、摆放情况及阅读制度。
4. 幼儿分小组自由阅读，教师巡回指导。
5. 分享：我去阅览室了，我看到了什么，我最喜欢什么，感觉怎么样，阅览室与教室有什么区别。

活动二：谈话——书的种类

活动目标

1. 知道各种书的功用，能按顺序翻阅图书，了解图书中的基本内容。
2. 学习归纳图书的方法，会按大小、内容、色彩等给图书分类。

活动准备

以组为单位的各类图书12本；将幼儿分为四组。

教学建议

1. 引导幼儿回忆参观阅览室的情形。

教师启发式提问："你在阅览室里看到了什么？阅览室里的书是怎样摆放的？"

2. 幼儿小组活动，给图书分类，并讲述分类的理由。

教师把幼儿分成四个小组，为每组幼儿提供不同种类的12本书，让幼儿分类。

启发提示语：你是怎样分的？你为什么要这样分？是按什么来分的？

3. 教师和幼儿共同讨论图书的分类。

首先，教师请每组中分类能力强的幼儿讲述自己的分类方法和理由，尽量引导幼儿讲出不同的各种分类方法。

其次，教师拿出12本书，和幼儿讨论分类方法，可启发式提问："这些书，除按大小分以外，还可以按什么分？"让幼儿说出其他方法，帮助幼儿归纳分类的方法：可按大小、厚薄、内容、色彩、质地等分类。

活动三：我家的图书

活动目标

1. 知道自己家的图书有哪些。
2. 通过亲子阅读，增进亲子感情。
3. 在阅读绘本时，会针对绘本内容提出问题。

活动准备

1. 发放《幼儿园亲子阅读调查》表格，见附表1-2。
2. 提前一天通知幼儿将自己阅读的图书带来幼儿园，记得提醒家长在书上写名字。

教学建议

1. 邀请三名幼儿介绍自己的调查表格。
2. 邀请一两名幼儿介绍自己阅读的图书。
3. 教师点评与引导。
4. 教师："爸爸妈妈陪你阅读的时候，你的心情如何？"
5. 教师："你们会自己看书吗？"

任务三：幼儿园里的树叶

活动一：捡落叶　玩树叶

活动目标

1. 观察、发现树叶的不同形状、颜色、大小，探索树叶的不同玩法。
2. 萌发观察、想象和表达的兴趣。

活动准备

为每个小组准备一个篮子或者其他盛器。

教学建议

1. 教师："小朋友们，今天下午我们一起去捡落叶，看看幼儿园哪些地方落叶最多。"
2. 教师："捡的时候，每个小朋友一定要数一数，看看谁捡的树叶最多、最漂亮。然后把树叶收集到小组长的篮子里面，待会我们一起用树叶做游戏。"
3. 教师示范如何玩树叶，并鼓励幼儿想出不同的方法玩树叶。
4. 教师鼓励幼儿尝试不同的玩法，例如，可以用树叶当扇子，可以用树叶当飞机。

活动二：会跳舞的树叶

活动目标

1. 仔细观察落叶的特征，引导幼儿探究为什么树叶会掉下来。
2. 大胆想象，体验游戏带来的快乐。
3. 发挥想象，尝试用树叶摆放不同的造型。

活动准备

1. 为每个小组准备一个篮子或者其他盛器。
2. 旋律优美、节奏不同的音乐。

教学建议

1. 教师："小朋友们，今天下午我们再一起去捡落叶，看看哪个小组的树叶捡得最多。在捡树叶的过程中，请小朋友注意安全。"在捡树叶的过程中，教师引导幼儿思考或者告知幼儿为什么树叶会掉下来。

2. 收集好一定数量的树叶之后，教师带领幼儿去场地比较开阔的地方，比如操场。

3. 教师鼓励幼儿在用树叶摆放成不同的造型后，告诉同伴与教师自己摆的造型像什么动物或者植物。教师拍照保存幼儿的作品。

4. 教师也可以自己摆一些优美的造型，与幼儿分享交流。

5. 收集好树叶后，教师与幼儿手里抓一把数量比较多的树叶，一起抛洒树叶。

6. 待幼儿熟悉游戏后，播放音乐，让幼儿随着音乐的节奏一起抛洒树叶。

活动三：用树叶、树枝作画

活动目标

1. 观察落叶的特征，分析树叶落下来的原因。
2. 尝试用不同的树叶摆放不同的造型，并用胶水粘贴住。
3. 尝试在树叶周围加上其他元素进行美化。

活动准备

1. 不同形状的树叶，可以适当加入一些绿色树叶或者花朵。
2. 胶水。

教学建议

1. 教师："小朋友们，树叶真好玩啊。现在请每个小朋友手里都拿一片树叶，我们看看这片树叶有什么特点。"此时，教师要强化"一片"树叶的概念。

2. 幼儿回答："黄色，还有点点绿色、黑色，好像生病了……"

3. 教师总结："是的，有些树叶是因为生病了，才落下来的；有些树叶是因为大树妈妈营养不够了，要把树叶掉下来保护好自己，准备过冬了……"

4. 教师可以稍微讲解一下"落红不是无情物，化作春泥更护花"的含义。

5. 教师："上次我发现小朋友们在操场上摆放的造型真漂亮。今天，老师与小朋友们一起用胶水把它们固定住，我们在纸上创作自己的作品，看看谁的作品最有创意。做的时候一定要想象我做的是什么。"

6. 交流、展示作品。

项目二：如何去幼儿园

任务一：上幼儿园前的准备工作自己做

活动一：准备工作自己做

活动目标

1. 知道上学前应该准备哪些学习与生活物品。
2. 知道自己的事情自己做。
3. 知道上幼儿园要早早起床。

活动准备

书包与水杯，包括书包里面的生活用品。

教学建议

1. 教师："小朋友们，我们每天上学时，书包里面装了什么东西呀？"幼儿自由表达，教师将答案记录在黑板上。
2. 教师："请小朋友把自己的书包拿过来，检查一下刚刚说的正不正确。"
3. 教师："每天的书包是自己准备的吗？是什么时候准备的？"
4. 请幼儿说说自己书包里面有什么。
5. 向幼儿交代什么玩具不能带来幼儿园。
6. 检查一下用品上是否写了名字。询问幼儿，为什么自己的物品必须写上自己的名字。没有写上名字的，请爸爸妈妈帮忙补写上去。
7. 教师总结："如果我们每天都能做到自己整理书包，就可以十分清楚地知道自己书包里面放了什么，而且还可以减轻爸爸妈妈的负担。"
8. 鼓励幼儿自己的事情自己做，每天早睡早起，按时起床，按时上幼儿园。

活动二：我不赖床

活动目标

1. 知道应该按时起床，养成好的作息习惯。
2. 知道赖床的原因，能够自己克服困难。
3. 了解赖床带来的后果。

活动准备

公鸡打鸣的图片、闹钟。

教学建议

1. 教师："小朋友们，今天早上是谁喊你起床的？对你说了些什么？"
2. 出示公鸡打鸣的图片。

教师："小朋友们，知道这是什么吗？公鸡在干嘛呢？公鸡每天早上都按时叫人们起床，可是我们家没有公鸡怎么办？"讲解图片时，教师可以模仿公鸡打鸣。

3. 教师展示闹钟："大家知道这是什么吗？闹钟。闹钟是干嘛的？是帮助大家起床的。我们每天都给它设定一个时间，一到时间它就叮叮叮地响起来，告诉你应该起床了。"

4. 教师让幼儿听听闹钟响起的声音，引导幼儿：如果家里没有闹钟，爸爸妈妈手机里面也有闹钟功能，并且展示手机的闹钟功能。

5. 引导幼儿回忆自己起床时的感觉与表现，包括困、累、哭闹等现象。肯定幼儿最真实的感受。

6. 帮助幼儿分析如果自己赖床会导致什么样的后果，包括爸爸妈妈上班会迟到，自己上幼儿园也会迟到，还会养成懒惰的习惯，等等。

7. 引导幼儿知道自己应该怎样做。

8. 鼓励幼儿：从今天开始，做到不赖床，每天自己整理书包，每天独立进入幼儿园，自己回班级。

任务二：下雨了怎么办

活动一：下雨天

活动目标

1. 知道天晴、下雨都是自然现象。
2. 会使用形容词，形容下雨时雨的样子。
3. 大胆表达，学会使用线条。

活动准备

在下雨天或者雨后展开活动，准备雨鞋、雨伞、雨衣等。

教学建议

1. 教师在下雨天带领幼儿去雨中漫步，或者在教室门口观察雨的样子。
2. 教师询问幼儿下雨的时候发现了什么。例如，地面是湿的，很滑，要当心摔倒；雨水从天上掉下来，像一条线，左摇右摆，婀娜多姿；树叶与小草也湿了，树叶上面也有小雨点；地面有水蒸气；依据雨水偏向的方向判断风向……
3. 作画，用蜡笔描绘下雨时的景象。

活动二：雨中漫步

活动目标

1. 知道下雨天也应该上幼儿园。
2. 在雨中漫步，享受融入大自然的喜悦。
3. 感知雨水的流动性。

活动准备

在下雨天或者雨后展开活动，准备雨鞋、雨伞、雨衣等。

教学建议

1. 教师向幼儿提出问题："下雨了，我们要上幼儿园吗？怎么样上幼儿园？"从而教导幼儿：

（1）判断是大雨还是小雨。

（2）听天气预报，如果是橙色警报、红色警报就可以不上幼儿园。

（3）听从家长建议。

2. 教师："下雨天上幼儿园时，要打伞、穿雨鞋，避免雨水打湿自己的衣服与书包。如果淋湿了，要记得告诉老师。"

3. 如果条件允许，可以带着幼儿穿着雨鞋、打着雨伞去雨中散步。

4. 可以在幼儿园积水比较深的地方玩水，包括踢水球等。

5. 雨较大的时候，可以制作纸船，或者利用树叶在下水道入水口附近展示水的流动性。

活动三：寻找蜗牛

活动目标

1. 初步了解蜗牛的生活环境。
2. 知道蜗牛的样子。

活动准备

1. 下雨天或者雨后展开活动，准备篮子、夹子。
2. 教师在上课前了解幼儿园哪里有蜗牛出现。

教学建议

1. 教师向幼儿提出问题："小朋友们看见蜗牛了没有？蜗牛是什么样子的呢？"
2. 教师："下雨后，蜗牛们就跑出来喝水、运动了，它们伸出身体到处爬行，锻炼身体，补充能量。"
3. 教师："小朋友们知道幼儿园哪里有蜗牛吗？走，老师今天带领大家去找找。"
4. 交代好安全事项后，出发去寻找蜗牛。
5. 找到蜗牛后，一起观察蜗牛爬行的样子，以及蜗牛爬行过后留下的痕迹。
6. 引导幼儿讨论蜗牛为什么背着一个重重的壳。

活动四：画蜗牛

活动目标

1. 学习用螺旋形的线条表现蜗牛的基本特征。
2. 鼓励幼儿大胆作画，并丰富画面。

活动准备

1. 蜗牛的图片，或者上次活动中寻找蜗牛时拍摄的照片。
2. 幼儿用的画纸、蜡笔。

教学建议

1. 展示蜗牛图片，引起幼儿的兴趣。

教师："老师给小朋友们带来一张很有趣的照片，就是我们上次寻找蜗牛时老师拍的照片，大家一起再看看蜗牛的样子。"

2. 引导幼儿仔细观察蜗牛的身体是什么样子的，蜗牛壳有哪些外形特征。

3. 理解"螺旋线"。

教师边做动作边讲："蜗牛小时候也很小的，后来它一点一点长大，背上的壳也一圈一圈越长越大，后来就长成了一只大蜗牛。"

4. 幼儿绘画，教师辅导。

（1）用好看的颜色给蜗牛画出螺旋形的背壳，将蜗牛画大。

（2）引导幼儿多画一些蜗牛，并丰富画面。

任务三：路途大发现

活动一：我会过马路

活动目标

1. 懂得红灯停绿灯行、过马路要走斑马线等交通规则。
2. 知道在马路上不能做的事情。
3. 体验角色扮演的乐趣，养成自觉遵守交通规则的好品质。

活动准备

1. 红绿灯标志牌，斑马线。
2. 发生在斑马线上的交通事故的图片。

教学建议

1. 教师："小朋友们，平时你们跟着爸爸妈妈过马路的时候是怎么样做的？"
2. 请幼儿讲述，教师依据幼儿的话做讲解与分析。
3. 如果幼儿说有的马路上有红绿灯、有的马路上没有的时候，教师要注意分层次予以引导。
4. 介绍红灯停绿灯行、黄灯亮了等一等的交通规则。
5. 教师出示因不遵守交通规则而发生事故的照片，并解说生命只有一次，我们要好好珍惜。
6. 玩游戏"过马路"。

将全班幼儿分成两组，一组当行人，一组当司机；两名幼儿当交通警察，一个管行人，一个管汽车。未遵守交通规则的司机及行人，交通警察要给予处罚。

7. 教师与幼儿一起评析游戏。
8. 行人与司机交换角色后继续游戏。游戏结束后，教师与幼儿再次评议。

活动二：太阳当空照

活动目标

1. 用线条大胆地表现升起的太阳。
2. 能用自己喜欢的色彩给太阳涂上漂亮的颜色。
3. 体验活动的愉悦，享受成功的快乐。

活动准备

1. 油画棒，黑笔，画纸。
2. 音乐《太阳当空照》。

教学建议

1. 儿歌导入。请幼儿欣赏儿歌《太阳当空照》，然后请幼儿说说太阳长什么模样。
2. 引导幼儿回忆今天早上看见的太阳是什么样子的，并交代幼儿如果阳光太强烈，就不能用眼睛直接看太阳。
3. 教师与幼儿一起画太阳。教师出示太阳的图片，让幼儿看。
4. 创造表现：
（1）幼儿大胆地用绘画表现刚升起的太阳公公。
（2）幼儿给太阳公公穿上花衣服，戴上头发。
（3）教师在幼儿绘画时即时给予表扬。
5. 教师请幼儿欣赏自己的作品，交流作画的快乐。

活动三：我不会这样做

活动目标

1. 知道回家路上要注意安全。
2. 知道在回家的路上不能要零食吃。

活动准备

谈话活动。

教学建议

1. 教师："小朋友们，昨天下午放学的时候是谁来接你们的？有没有给你们带来什么吃的？"
2. 请两三名幼儿起来回答。
3. 与幼儿一起讨论这样做对不对。
4. 讨论为什么不对：
（1）吃零食会让自己吃不下晚餐，睡觉前又会饿，饿了又要吃零食。
（2）零食没有营养。糖吃多了，会让牙虫吃掉自己的牙齿。
5. 在回家的时候也不能让爷爷奶奶背自己，要学会自己走回家。要注意路途安全，乘坐自行车的时候要抓紧爷爷奶奶的衣服等。

项目三：上幼儿园必备的能力

任务一：我的一日生活流程

活动一：我的任务单

> 活动目标

1. 知道自己早上在幼儿园的工作任务有哪些。
2. 知道自己的工作是有顺序的。
3. 知道并学会独立，知道上幼儿园就要学会自己的事情自己做。

> 活动准备

1. 一日工作任务流程完成情况统计表。
2. 建议教师分几个时间段，让幼儿掌握每个时间段应该做的事情。

> 教学建议

1. 教师："小朋友们来幼儿园已经有一段时间了，你们喜欢幼儿园吗？"
2. 教师："你们每天在幼儿园做了哪些事情呢？"先让幼儿随意地说，教师将幼儿的发言记录在黑板上。
3. 教师："原来我们在幼儿园完成了这么多工作，为自己点个赞。"
4. 教师引导幼儿明白自己的工作是有顺序的，并从早上开始一一总结：
（1）早上自己背上书包进入幼儿园。
（2）先向门口的保安叔叔、园长、礼仪小天使问好。
（3）自己去门口的洗手盆洗手。
（4）去医生姐姐那里参加晨检。
（5）找到自己班级参加晨练的位置，向教师问好，并把书包放好。
（6）跟着教师开始锻炼、做早操。
（7）做完早操后，带上自己的物品回教室。
（8）洗手，喝水，准备吃早餐。
5. 教师："短短一个早上，我们居然完成了这么多工作，哪些事情是需要我们独立完成的呢？你有没有做到呢？"
同时，教师要强调幼儿早上问好、洗手与饮水的重要性。

活动二：我会自己洗手

活动目标

1. 初步掌握正确的七步洗手法。
2. 养成洗手时不玩水、不玩肥皂、节约用水的好习惯。
3. 养成饭前、便后、手脏时洗手的卫生习惯。

活动准备

水，洗手液，毛巾。

教学建议

1. 教师："小朋友们都很棒，都是自己吃饭的，吃得又快又好。请大家检查一下，我们的手有没有弄脏呢？手上是不是黏黏的？我们接下来要干嘛？当然是去洗手。"

2. 教师教导七步洗手法：

第一步，洗手掌，流水湿润双手，涂抹洗手液或肥皂，掌心相对，手指并拢相互揉搓；

第二步，洗背侧指缝，手心对手背，沿指缝相互揉搓，双手交替进行；

第三步，洗掌侧指缝，掌心相对，双手交叉沿指缝相互揉搓；

第四步，洗拇指，一手握住另一手大拇指旋转揉搓，双手交替进行；

第五步，洗指背，弯曲各手指关节，半握拳，把指背放在另一手掌心旋转揉搓，双手交替进行；

第六步，洗指尖，弯曲各手指关节，把指尖合拢在另一手掌心旋转揉搓，双手交替进行；

第七步，洗手腕、手臂，揉搓手腕、手臂，双手交替进行。

3. 教师边讲边让幼儿跟着一起做。

4. 待幼儿熟悉基本步骤后，让幼儿分组去洗手。教师检查幼儿的掌握情况，然后有针对性地给予个别辅导。

5. 教师："小朋友们都很棒，大家知道我们什么时候要洗手吗？"引导幼儿注意洗手的时机。

活动三：我会自己吃饭

活动目标

1. 知道要自己吃饭，不要别人喂。
2. 学习独立进餐的基本方法，学会正确握勺，能把饭菜一勺一勺送进嘴里细嚼慢咽。
3. 培养独立进餐的好习惯。

活动准备

1. 小勺若干。
2. 若干张自己班级或者其他班级吃饭时存在问题的图片，注意保护幼儿的隐私。

教学建议

1. 请几名幼儿演示握勺的方法，让大家说说谁的方法对或者哪里不对。
2. 教师询问："我们吃饭的时候，哪些行为是不对的呢？"然后出示几张图片，图片可以是自己班上出现的吃饭不认真、吃饭时要让别人喂、吃饭时地上与桌面到处都是饭菜的照片，让幼儿判断这个行为对不对。同时加强幼儿对"√"与"×"符号的认知。
3. 教师讲解吃饭时的注意事项：
（1）吃饭的时候要专心，不要东张西望。
（2）身体靠近桌子。
（3）一手护住碗，一手拿起勺子。
（4）一口饭一口菜地交替着吃。
（5）饭菜要全部吃完，如果不够，可以找教师添加。
4. 教师引导幼儿饭后要擦嘴、漱口，并检查一下桌面、地上是否干净。
5. 幼儿独立进餐的问题需要家园沟通。教师通过家园沟通途径，向家长宣传幼儿独立进餐的必要性。要求幼儿在家在园一个样，父母不要包办代替，尽可能坚持培养幼儿独立进餐的习惯；同时，随时保持家园联系，沟通了解幼儿的进餐情况。
6. 开展"进餐进步之星"评选活动，鼓励幼儿独立进餐。

活动四：我不挑食

活动目标

1. 知道人体需要各种不同的养分。
2. 知道蔬菜里面含有维生素 C、铁等不同营养成分。
3. 养成不挑食的好习性。

活动准备

照片三张，包括营养不良的儿童、肥胖的儿童、帅气的男孩或靓丽的女孩的照片。为了避免有歧视本班比较胖的幼儿的嫌疑，建议教师不要挑选本班幼儿的照片。

教学建议

1. 教师出示一张营养不良的儿童的照片问幼儿："为什么他这么瘦，好看吗？"引导幼儿回答：因为他没有吃的，因为他挑食，不吃蔬菜，不吃水果……

2. 教师出示一张肥胖儿童的照片问幼儿："他为什么这么胖？"引导幼儿回答：因为他只爱吃肉，吃得非常多……

3. 教师出示第三张照片，问幼儿："他们漂亮吗？为什么漂亮？"

4. 教师提问："小朋友想做哪张照片上的孩子？"

5. 教师总结："小朋友们要养成不挑食的习惯，多吃蔬菜、水果，适量吃肉。因为蔬菜、水果里面含有很多我们人体所需要的营养，包括维生素 C、铁。只有吃了它们，我们才更加强壮，才会长高高，才不会生病。"

注意：胖瘦跟遗传、食量、运动等有关，建议教师不要"一刀切"。教学时，教师可以多从食物的营养入手，教导幼儿不要挑食。

任务二：认识新朋友

活动一：我会介绍自己

活动目标

1. 乐意结交新朋友，体验认识新朋友的快乐。
2. 学会结交新朋友的方法。
3. 学会使用礼貌语言。

活动准备

1. 《找朋友》音乐。
2. 小布娃娃一个。

教学建议

1. 教师引导式提问："今天老师与你们一起玩一个认识新朋友的游戏，好不好？"
2. 教师交代规则："老师播放音乐，请小朋友轮流传递小布娃娃。当音乐停止的时候，娃娃停在哪个小朋友手里面，这个小朋友就要站起来介绍自己。"
3. 试玩一次，让幼儿展示、介绍自己。
4. 教师强调自我介绍的句式："大家好，我叫×××，我今年×岁，很高兴同大家一起玩。"
5. 继续玩游戏，当幼儿熟练掌握句式之后，可以让他们在此基础上自由发挥。
6. 活动结束后，请幼儿相互指认自己已经记住的小朋友。

活动二：我能和你一起玩吗

活动目标

1. 知道主动交往可以有更多的朋友。
2. 学习主动与人交往、参与游戏的方法。
3. 体验接纳与被接纳的感受。

活动准备

1. 一定数量的玩具。
2. 一台玩具小车。

教学建议

1. 教师出示新玩具，吸引幼儿兴趣，询问幼儿："有没有人想和我一起玩？你要跟我怎么说？"

2. 教师小结幼儿的回答，让他们明白：想要与别人一起玩，一定要大方、礼貌地说出自己的想法。在取得别人同意后，才能加入别人的队伍。

然后，教师引导式发问：

（1）能不能直接抢别人的玩具？为什么？

（2）如果别人不同意，我们该怎么办？我们可以等待，等待下次轮到我玩这个玩具的时候再玩。

3. 鼓励幼儿分享玩具，尝试主动交往。

（1）讨论：如果别人想玩你的玩具，或者想同你一起玩，你要怎么做？

（2）小结：大方、礼貌地商量，与别人分享能让别人更加喜欢你，更加愿意同你一起玩。下次他有玩具你也想玩的时候，他也会同你分享。

4. 教师表扬那些乐于分享的幼儿，并将事例告诉大家，号召大家向这些幼儿学习。

活动三：不挤不抢好朋友

活动目标

1. 洗漱、喝水、如厕时，不争抢，不推挤。
2. 形成不挤不抢的排队意识。

活动准备

1. 拍摄平时幼儿如厕、洗手时拥挤的照片，拍摄时注意保护幼儿的隐私。
2. 将照片制作成PPT。

教学建议

1. 教师展示PPT，让幼儿发现班集体中还存在哪些问题：
（1）谁做得好，谁做得不好？
（2）为什么做得不好，这样做会有什么危险？
2. 教师引导幼儿思考：为什么要排队？
3. 教师小结："洗手时，我们班的人多、水龙头少，小朋友们不能同时洗手，所以要排队等待，不能拥挤、争抢、推拉。因为这样做一方面不公平，另一方面容易滑倒、摔伤，还会引起小朋友之间的矛盾。"
4. 请幼儿说一说在幼儿园里，小朋友做哪些事情需要排队等待，轮流进行（喝水、如厕、洗手、滑滑梯等）。
5. 学习儿歌：

洗洗手，不推挤，小心滑倒伤自己。
排队等候别着急，安安全全记心里。
教师也可以把"洗手"换成其他的内容。

活动四：拼搭图形

活动目标

1. 认识三角形、圆形、长方形。
2. 学习 4 以内的唱数，并能手口一致地点数。
3. 能在一组玩具中找出最大的、最小的或最长的、最短的。
4. 能在分积木的时候学会分享、协商。

活动准备

1. 每个小组每人四块不同形状的积木，包括长方形、圆形、三角形等。
2. 不同长短与大小的长方形积木。

教学建议

1. 教师："上次老师已经告诉小朋友们要学会分享，今天，老师带领小朋友们一起玩积木。老师给每个小组都带来了一些积木，这里面有各种各样的形状，大家来看看。"

2. 教师："现在老师在黑板上展示一个形状，大家就从篮子里自己挑选一个一样形状的积木出来。注意要保管好哦，我们待会儿要用积木玩游戏。"

3. 教师依次展示三角形、长方形、圆形的图片，让每个幼儿从篮子里挑选一个一样形状的积木出来。在挑选的过程中，让他们彼此之间比比大小，看看谁的最大、谁的最小，或者谁的最长、谁的最短。

4. 如果幼儿之间出现争抢，教师要给予指导与引导。

5. 实物点数，请幼儿数一数自己拿了多少块积木。

6. 拼搭图形，请幼儿自己在桌子上拼搭一个图形出来，并与同桌进行分享。如果积木不够，而篮子里面有多的，也可以拿出来使用，看看谁拼的图形最有创意。

7. 教师总结每个幼儿拼搭图形的形状。

8. 鼓励幼儿在区域游戏、区域活动时认识不同的形状，认识家里不同电器、家具所拥有的形状。

任务三：我会拉便便

活动一：不一样的便便

活动目标

1．简单了解食物消化吸收并转化为粪便的过程。
2．认识几种不同动物的粪便，知道粪便与健康息息相关。

活动准备

不同动物的粪便的图片，包括大象、猴子、长颈鹿、河马等的。

教学建议

1．教师："小朋友看过自己拉的便便吗？是什么样子的？"
2．教师："大家知道我们人拉的便便与动物拉的便便有什么不一样吗？"
3．教师："老师今天从网上找到了一些不同动物的便便的图片，我们一起来看看。"
（1）教师出示大象的便便的图片：数量非常多。
（2）出示斑马的便便的图片：一粒粒的。
（3）出示人的便便的图片：一条条、黄色的。
4．教师："是不是不同动物的便便都不一样呢？数量、颜色都不一样，我们甚至可以依据便便的形状、颜色判断这个是谁拉的便便。"
5．教师出示河马拉便便的图片或视频，河马拉便便是边拉边甩尾巴。为什么会这样呢？教师告诉幼儿：因为这样能够告诉周围其他的动物，这是我的领地，你们不能侵犯。

活动二：我不会随地大小便

活动目标

1. 知道拉便便是人正常的生理需求。
2. 知道想拉便便时要告诉爸爸妈妈或告诉老师。
3. 懂得要在厕所拉便便，不能随地大小便。

活动准备

谈话活动；也可以准备一些踩着便便的人的图片。

教学建议

1. 教师问幼儿："我们应该在什么地方拉便便？"
2. 教师："你们有没有看见宠物狗随地大小便时，它的主人是怎么做的？"
3. 教师："他们这样做对不对？为什么？"请几名幼儿回答。
4. 教师总结随地大小便的坏处：
（1）不文明。
（2）污染环境，传播疾病。
（3）路人踩到后会弄脏鞋子，有异味。
5. 教师："我们能不能像河马这样拉便便呢？"然后教导幼儿：
（1）在幼儿园时，想拉便便的时候要自己去厕所拉。
（2）人多的时候要排队上厕所。
（3）便后要学会自己擦屁股，要洗手。
（4）不能随地大小便。

活动三：我会自己擦屁股

活动目标

1. 学习正确的擦屁股的方法，并能正确地擦干净自己的屁股。
2. 消除挑剔解便环境的情绪，养成需要解便时能在幼儿园解便的好习惯。
3. 克服依赖心理，养成便后洗手的良好的卫生习惯。

活动准备

1. 每名幼儿卫生纸 2 张。
2. 涂有少许颜料的正方形纸张一张，纸张要稍微硬一点。

教学建议

1. 教师组织幼儿谈话："小朋友们，大便之后，谁会自己擦屁股？请你说说你是怎么样擦屁股的。"
2. 教师与幼儿共同探讨擦屁股的正确方法：将卫生纸平拿在手上，而不是握成一团；从屁股的前面往后擦，然后将纸折叠后再擦。
3. 幼儿操作练习，把正方形纸张上的"便便"擦干净。教师巡回指导。
4. 组织幼儿讨论：怎么样擦屁股才能又干净又卫生。
5. 教师总结：
（1）纸一次次折叠整齐，手才会比较干净。
（2）纸叠得整齐，擦屁股时，屁股才不会疼。

项目四：我喜欢上幼儿园

任务一：心情我知道

活动一：我最喜欢玩的区域

活动目标

1. 了解每个人都有不同的爱好，也有相同的爱好。
2. 知道如果喜欢玩的人多而场地材料不够，就应该分批去玩。
3. 学会关注自己，学会"最喜欢……"的句式。

活动准备

1. 谈话活动。
2. 教师提前将班级各个区域编上号码。
3. 设计统计表"我最喜欢的区域"。

教学建议

1. 教师："小朋友们，大家喜欢我们班级的区域活动游戏吗？就是每天10点左右我们可以自由玩耍的地方。"
2. 教师："老师现在做一个小小的调查，看看我们班的小朋友最喜欢的区域活动有哪些。老师现在发放一个简单的统计表，大家可以在自己喜欢的区域活动后面做个记号，最多可以选择两个，也可以只选择一个。"
3. 教师示范如何在统计表上做记号。
4. 发放统计表，让幼儿独立思索、独自作答，不能交头接耳。
5. 教师收集统计表。统计数据的时候，可以让幼儿自由交流"我最喜欢的区域是……"
6. 教师："统计结果出来了，我们班小朋友最喜欢玩的区域是（　　），第二喜欢的是（　　），第三喜欢的是（　　）。"
7. 请幼儿分享喜欢该区域的原因，以及在这个区域与谁玩过。
8. 教师可以依据统计结果做相关教育，包括要排队、要分批次、要谦让等；同时，为自己设计区域及丰富区域活动材料提供思考素材。

活动二：认识我们班

活动目标

1. 了解我们班级的班名和位置。
2. 说出自己认识的小朋友的名字。
3. 具有班级集体荣誉感。

活动准备

谈话活动。

教学建议

1. 教师："小朋友们，我们来幼儿园快一个月了，大家知道我们是哪个班的吗？"

教师可以请幼儿回答，尤其是平时不爱回答问题、性格比较内向的幼儿。

2. 教师："我们一起生活了这么久，你认识的我们班的小朋友有哪些？请大胆地说出自己和他/她的名字，并走到他/她跟前同他/她握握手。"

3. 教师："小朋友们真棒！我们生活在一个班集体，都是相亲相爱的一家人。我们要相互照顾，别人有困难，我们要给予帮助；别人做错了事情，我们要原谅别人；我们对不起别人的时候要说'对不起'。"

4. 教师："如果还有小朋友互相不认识，我们可以在区域活动的时候，在放学的时候，大胆地走到他/她的跟前，自我介绍一下：'我叫×××，我能跟你做好朋友吗？'"

5. 教师："在周末，在节假日，在自己过生日的时候，我们也可以邀请同班同学去自己家串门，一起玩。"

6. 玩"找朋友"的游戏。

任务二：我的第一次

活动目标

1. 能大胆地在同伴面前表达自己。
2. 能够自我组织语言，将故事讲述完整。
3. 学会分享，感受成长的喜悦。

活动准备

1. 布置任务，让家长提前在家帮助幼儿组织"我在幼儿园的第一次故事分享"的表述内容，并给予适当的指导。
2. 谈话活动。

教学建议

1. 教师："看到小朋友们一天天长大，老师真为你们的成长感到开心。"这时，教师可以举几个例子，分析进入幼儿园后几名幼儿的前后变化。
2. 教师："今天，老师想同小朋友们一起谈谈心，想听听你们的成长故事，你们能自己讲讲吗？"
3. 邀请幼儿当着同伴的面讲述自己的成长故事。
4. 教师："听了大家的成长故事分享，老师感觉特别的幸福，因为老师感觉自己的付出有了回报，因为老师也收获了幸福！"

附表

表1-1 "我上幼儿园了"学习单

我的姓名			
老师是谁			
我在幼儿园哭的照片		我在幼儿园笑的照片	
我在幼儿园学会的第一句话			
我在幼儿园学会的第一首歌			
我在幼儿园认识的第一个朋友			
请家长在小朋友能达到的水平后面打"√"			
我会自己吃饭		我会按时起床	
我会自己洗手		我会主动喝水	
我会自己上厕所		我会帮助家里做事情	
我会自己穿衣服		我会自己穿鞋袜	

表1-2 幼儿园亲子阅读调查

尊敬的家长：

　　您好！

　　最近我们班级正在带领孩子去幼儿园阅览室进行阅读活动。为了培养孩子的阅读兴趣，我们隆重邀请家长利用休闲时间陪孩子阅读，并且养成亲子阅读的习惯，因为良好的阅读习惯有助于孩子的成长。为了便于了解孩子的阅读情况，我们设计了以下简单的调查表格，请您协助孩子完成填写。

小一班
2019 年 9 月 1 日

阅读时间	
陪读者	
阅读书本名称	
张贴亲子阅读的照片	
我知道的绘本内容	

表1-3　我是能干的小朋友

幼儿姓名		所在班级	
任务名称		完成情况	
1. 我自己背书包回幼儿园		☆我已经完成	○有待努力
2. 我在门口同园长打招呼		☆我已经完成	○有待努力
3. 我自己爬楼梯回教室		☆我已经完成	○有待努力
4. 我找到了自己放书包、鞋子的位置		☆我已经完成	○有待努力
5. 我找到了自己睡觉的床铺		☆我已经完成	○有待努力
6. 我知道厕所的位置并自己上厕所		☆我已经完成	○有待努力
7. 我知道自己的座位在哪里		☆我已经完成	○有待努力
8. 我会自己洗手		☆我已经完成	○有待努力
9. 我愿意参加老师组织的活动		☆我已经完成	○有待努力
10. 碰到问题我知道要告诉老师		☆我已经完成	○有待努力

注：请家长依据孩子的表现情况在"☆"或"○"上打"√"，或者让孩子自己在"☆"或"○"里涂色。

第二章 我爱我的家

第一节 主题网络图

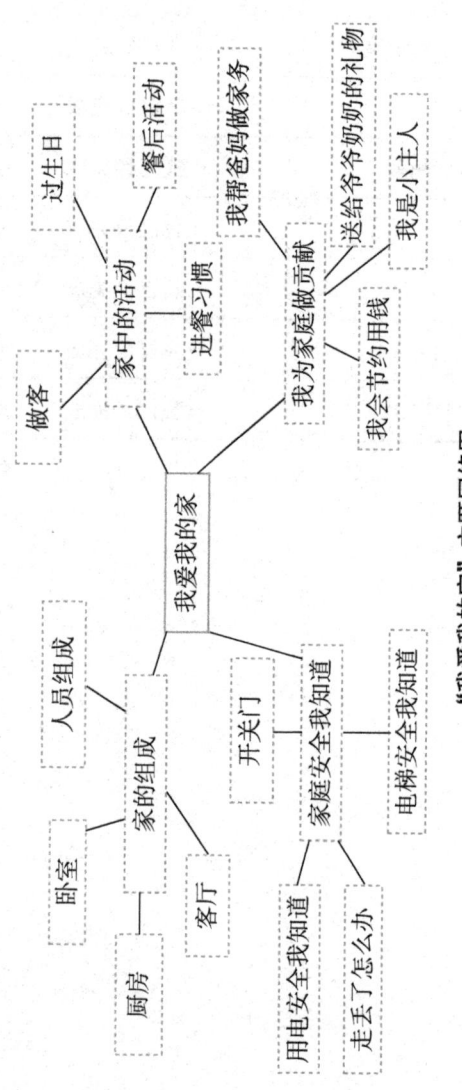

"我爱我的家"主题网络图

注：教师可以依据自己的需要及活动的延伸不断扩展内容，只要存在逻辑关系就行。

第二节 阶段性教育目标建议（小班）

一、健康

1. 认识各种食物。
2. 喜欢吃各种食物，不挑食。
3. 知道爸爸妈妈、爷爷奶奶、外公外婆等家庭成员喜欢吃的食物。
4. 练习并拢双脚跳和分开双脚跳。
5. 提高视觉辨识能力和身体的反应协调能力。

二、社会

1. 初步了解红色在中国传统文化中所代表的意义。
2. 知道不是自己的东西不能带回家，培养初步的自我控制能力。
3. 培养独立性和初步的自主意识。
4. 具有热爱自然的情怀。
5. 知道不能轻信陌生人的话，不能和陌生人走；有初步的自我保护意识及能力，能说出爸爸妈妈的名字。
6. 知道一般利器是很容易损伤皮肤的。认识利器，懂得正确小心使用利器的方法。

三、语言

1. 学习正确地按顺序翻阅图书，知道书有封面。
2. 获得听故事的乐趣；培养表演的兴趣；能够大胆地在集体面前表述自己的想法。
3. 学习儿歌，理解儿歌内容，体会儿歌每句结尾的相似的声韵。
4. 能用普通话比较完整地说词、短句，并能够在集体面前响亮地说话。

四、科学

1. 寻找并说出大自然中各种事物的颜色。
2. 通过实验、观察和探索等活动,逐步感知世界上有很多种颜色,颜色是有趣、奇妙、会变化的。
3. 培养对颜色的兴趣,发展观察力和探索能力。
4. 初步学习使用颜色的能力。
5. 直接比较物体的高矮,并会用"高""矮"等词汇来表达。
6. 准确分辨圆形、方形、三角形。
7. 学会用比较的方法辨别长短明显不同的两个物体。
8. 点数4个以内物体的数量。

五、艺术

1. 欣赏歌曲中呈现的大自然的美丽颜色。
2. 会用铅笔勾画《我的一家》,并能用口语介绍画中所表现的内容。
3. 学会几首表达家庭情感的儿歌。
4. 尝试用涂色、撕贴、粘贴等方法装扮动物。
5. 感受秋天大自然的美丽颜色。
6. 喜欢聆听、感受轻柔与宁静的乐曲。

第三节　主题教学建议

1. 建议家长利用周末带孩子走进大自然、亲近大自然，增进亲子之间的关系。
2. 与幼儿一起制作绘画《我的一家》。
3. 与幼儿一起收集各种各样的树叶，制作树叶标本。
4. 主题墙装饰：幼儿家庭的环境照片、家庭活动照片，要求家长以板报的形式提交上来，供幼儿欣赏、交流。
5. 游戏"收玩具"可以进行延伸活动：比较教室里的玩具"谁收拾得最好"。
6. 让幼儿自己穿裤子、鞋子，养成自己的事情自己做的好习惯。
7. 进行涂色练习。
8. 让幼儿知道一般利器是很容易损伤皮肤的。
9. 指导幼儿认识利器，懂得正确小心使用利器的方法。
10. 找出危险物品的图片并用笔在上面打"×"。知道危险的东西不能摸、不能玩，培养自我保护意识。
11. 将性教育渗透于日常生活中，注意保护自己的性器官，不能摸别人的，也不能让别人摸自己的。

第四节　写给家长的一封信

尊敬的家长：

您好！

孩子对爸爸妈妈、对家的爱仿佛与生俱来，特别是我们小班的孩子，整天都对家里的人念念不忘："妈咪呀、爹地呀、阿姨、婆婆"等等。"家"对于刚入园的孩子来说是他们的整个世界，家里的亲人，是他们信任、依赖，感觉最安全的人。所以，我们设计了"我爱我的家"的主题活动，通过"家的组成""家中的活动""家庭安全我知道"以及"我为家庭做贡献"等四个项目来促进孩子对家庭的理解；采用讨论、调查、游戏、制作、观察、表演、联欢等活动形式引导幼儿体会家人给予的关爱，激发幼儿热爱长辈的情感；同时，引导幼儿关心他人、帮助同伴、爱护同伴，能愉快地和同伴共同活动，进一步适应集体生活环境。这就需要您的大力支持与配合，我们已经得到您的全家照，并把它布置在活动室里，孩子们看到后非常开心，他们相互谈论着，介绍自己的家人。

我们在进行这项活动时，希望继续得到您的帮助与理解，有些工作还需要您的帮助，如能否提供一些家中的环境照、活动照，以及家庭成员的照片和生活资料，若能将父母的服饰用品让幼儿带回园会更好，我们将在主题活动结束后把它们归还给您。我们还将通过每周六给您的周计划表，让您了解我们每周活动的主要内容，在"家长工作"一栏继续跟进与您的联系。

如果您对我们的工作有什么意见和建议，请您告诉我们，我们将虚心接受！

最后，祝您工作愉快！身体健康！全家幸福！

小一班
2019 年 11 月 1 日

第五节　项目设计与任务分配

项目一：家的组成

任务一：家庭成员

活动一：我们家有几个人

活动目标

1. 学会1到5的实物点数。
2. 知道"我"的存在。
3. 理解"大家"与"小家"的含义。
4. 区分"男"与"女"。

活动准备

谈话活动，也可以设计成为作业单。

教学建议

1. 教师："小朋友们，你们知道自己的家有几个人吗？"
2. 请幼儿回答，说明统计的是哪些人。爸爸、妈妈与自己，有的还有爷爷、奶奶、外公、外婆，可以引导幼儿用掰手指的方法进行统计。
3. 介绍"大家"与"小家"。如果只有爸爸、妈妈和我，以及哥哥、姐姐、弟弟、妹妹等就是"小家"；如果包括爷爷、奶奶、外公、外婆等就是"大家"。在幼儿园里，我们也可以成为"大家庭"。
4. 按性别统计家庭人数，男的有多少人，女的有多少人。这种统计属于双重统计，教师要检查幼儿的理解情况，除了让幼儿定义自己家人之外，还要区分自己是"男"是"女"。
5. 教师总结，肯定幼儿的统计情况，说明家是由很多人组成的，我们要做相亲相爱的一家人。

活动二：我喜欢

> **活动目标**

1. 学会表达自己的情感，爱身边的人。
2. 学会使用"我喜欢……，因为……"句式。

> **活动准备**

谈话活动。

> **教学建议**

1. 教师请幼儿观看班级主题墙"相亲相爱的一家人"；提醒幼儿不要拥挤，可以分两批过去观看。
2. 教师询问幼儿："刚刚看的这张照片上面有谁，看过之后你有什么想法？"
3. 与幼儿交流：在家里我最喜欢谁？为什么喜欢？为什么不喜欢？待幼儿回答后，引导幼儿学会说"有时候我喜欢，有时候我不喜欢。"
4. 当幼儿说不喜欢的时候，教师引导幼儿：当自己不喜欢的时候，可以告诉爸爸妈妈，而不能发脾气。
5. 引导幼儿回忆：爸爸妈妈什么时候会生气？自己做了什么事情让爸爸妈妈生气？这时候我们可以怎么做。
6. 教师可以记录一些特殊事例，作为家长沟通工作的案例。
7. 教师总结谈话活动，结束时可以唱一首歌，活跃气氛。

任务二：最喜欢的玩具

活动一：我最喜欢的玩具

活动目标

1. 尝试按照一定的标准进行分类。
2. 能用较连贯、简单的句子描述玩具的特性、功能等。
3. 懂得一些安全常识，会安全地玩耍。

活动准备

1. 让幼儿从家里带一样自己最喜欢的玩具。
2. 设计作业单"我最喜欢的玩具"。
3. 发放家长通知，让每个幼儿带玩具来幼儿园。

教学建议

1. 教师提前将幼儿带来的玩具摆放在桌面上。教师可以挑选出一些容易分类的玩具，把不容易分类的放在一边盖住，稍后拿出来。
2. 教师引导幼儿："如果我们要将玩具分类的话，可以怎么分类？"然后让幼儿自由表达，并给予一定的提示。
3. 请幼儿到教师面前的桌子前进行分类操作，教师可以给予适当的指导。
4. 教师："所以啊，我们在家里摆放玩具的时候也可以按照一定的规则进行分类，这样我们找玩具的时候就不需要找来找去了。"
5. 教师请几名幼儿上前介绍自己的玩具，并说说自己为什么喜欢它。
6. 教师可以在幼儿描述的时候给予指导，可以做记录。记录内容为作业单，如果家长能力比较强，可以让家长在家询问孩子并完成记录内容。
7. 教师依据时间控制分享的幼儿人数。
8. 教师进行课堂总结。

活动二：我会分享玩具

活动目标

1. 体验与同伴分享玩具的快乐。
2. 愿意用简单的语言表达自己的想法。

活动准备

幼儿带回幼儿园的玩具若干。

教学建议

1. 教师："哇，小朋友们带来了自己的玩具，而且也放在了我们班级的区角里面，你们在玩的时候有没有分享？"
2. 教师："昨天你将你的玩具同谁分享了？分享的时候是什么感觉？"请幼儿回答。
3. 教师引导幼儿思考：
（1）如果你想玩别人的玩具怎么办？
（2）如果别人想玩你的玩具怎么办？
（3）如果我们没有分享，会导致什么样的情况出现？
4. 教师总结：和好朋友一起分享玩具，我们会感到很快乐。我们都是一个班级的同学，都是好朋友，有玩具大家一定要分享，今天你分享玩具给我，说不定明天我就会有一个玩具分享给你。

活动三：我来装扮小汽车

活动目标

1. 尝试使用不同颜色的蜡笔给汽车做装扮。
2. 能将颜色尽量涂在边缘线之内，掌握涂色技巧。
3. 掌握正确的绘画姿势，具有大胆动手绘画的能力。

活动准备

每名幼儿一盒蜡笔，打印好汽车线条画的涂色纸。

教学建议

1. 教师："小朋友们，平时你们在马路上看见过什么颜色的汽车？"
2. 教师："汽车上有图案吗？"
3. 教师："今天老师想给你们布置一个任务，给纸张上的小汽车穿上新装。"
4. 教师讲解、示范涂色的方法。重点讲解起笔和止笔的位置，强调要按照一定方向涂色。
5. 教师布置涂色任务，提出要求：
   （1）涂色时身体要坐正，纸张要摆放整齐。
   （2）右手拇指与食指拿蜡笔，左手按住涂色纸。
   （3）眼睛离桌面不能太近，要按一定方向仔细涂色。
6. 幼儿开始绘画。教师巡回指导，及时纠正幼儿的姿势，鼓励幼儿仔细大胆涂色，不要把颜色涂到边缘线外面去。
7. 对部分画得比较好的幼儿作品进行讲评。
8. 展示全部幼儿作品，请幼儿观赏，夸奖幼儿，激起他们下次绘画的欲望。

任务三：妈妈的爱好

活动一：妈妈最喜欢的

活动目标

1. 学会关注妈妈，了解妈妈的爱好与兴趣。
2. 创造亲子交流机会，增进亲子之间的情感。

活动准备

1. 在活动之前，要求幼儿采访自己的妈妈，了解妈妈最喜欢的事物，包括最喜欢吃的食物、最喜欢的颜色、最喜欢去的地方等等。
2. "妈妈最喜欢的"调查表格，见附表 2-1。

教学建议

1. 教师："小朋友们，昨天晚上你们有没有采访自己的妈妈，知道妈妈最喜欢吃的食物是什么吗？"
2. 请幼儿说说自己妈妈喜欢吃的食物，并描述自己采访时的情景。比如："我是这样问妈妈的：妈妈你最喜欢吃的食物是什么？妈妈我觉得你最喜欢吃的食物是……"
3. 教师引导幼儿思考：原来每个人都有自己的爱好，有些爱好是相同的，有些爱好是不同的。
4. 知道在妈妈过生日或者节日的时候，应该送妈妈最喜欢的东西。
5. 教师："平时同妈妈在一起最喜欢的活动是什么？"
6. 教师："知道妈妈最喜欢什么后，我们该怎么做？"
7. 引导幼儿总结妈妈最喜欢的事物。
8. 展示"妈妈最喜欢的"调查表格。
9. 除此之外，还可以组织"爸爸最喜欢的"活动。

活动二：妈妈的"项链"

活动目标

1. 学习将不同形状的小贴纸粘贴在纸张上的弧形线条上。
2. 在粘贴时，能将各种颜色间隔开来，具有一定的美感。
3. 将粘贴好的"项链"展示出来，或者送给妈妈，培养幼儿爱妈妈的情感。

活动准备

各种类型、不同图案的小贴纸，画上弧形线条的纸张。如果没有贴纸，可以用颜色纸张与胶水代替。

教学建议

1. 教师："今天我们一起做手工。为了感谢妈妈，我们一起帮妈妈做一条'项链'，下午放学回家时，我们送给妈妈好不好？"
2. 教师："我们在做的时候一定要先想好，我使用什么颜色，使用什么图形，要尽量多用一些妈妈喜欢的颜色哦。"
3. 教师发放纸张与小贴纸，请幼儿在教师说"开始做"的时候再做。
4. 向幼儿说明小贴纸是贴在弧形线条上的，要注意小贴纸之间的间隔、颜色和形状搭配等等。一定要做得漂漂亮亮的。
5. 幼儿操作，教师指导。
6. 让幼儿相互欣赏自己制作好的"项链"。鼓励幼儿放学回家后一定要交给妈妈，告诉幼儿："只要是你亲手做的，妈妈一定很喜欢。"
7. 除此之外，还可以组织"爸爸的'领带'"活动。

项目二：家中的活动

任务一：过生日

活动一：今天是我的生日

活动目标

1. 学唱歌曲《祝你生日快乐》，感受庆祝生日时欢乐、融洽的气氛。
2. 愿意为家人做一些力所能及的事。

活动准备

歌曲《祝你生日快乐》，模型蛋糕，蜡烛6根。

教学建议

1. 教师拿出生日蛋糕模型，播放歌曲《祝你生日快乐》，师生齐唱"祝你生日快乐"，感受庆祝生日的气氛。
2. 教师提问："小朋友们，今天是谁过生日呢？"幼儿自由回答。
3. 教师："其实老师也不知道今天谁过生日，老师只是想告诉你们，爸爸妈妈过生日的时候我们应该怎么做。"
4. 幼儿依据以往经验，自由表达：
（1）去蛋糕店定制蛋糕。
（2）告诉蛋糕店老板怎么写祝福语，例如，爸爸妈妈生日快乐，越来越年轻，等等。
（3）蜡烛要点几根呢？你过生日的时候点了几根蜡烛？如果爸爸妈妈30岁了，可以每10岁点一根，或者每一岁点一根。
（4）关灯，唱《祝你生日快乐》。
（5）开始切蛋糕。
5. 教师："除了吃蛋糕外，我们还可以说一些祝福语，帮助爸爸妈妈做一些力所能及的事情，如擦桌子、拿筷子等。"让幼儿多学几句赞扬爸爸妈妈的话语。
6. 教师简单点评，让幼儿回家把这首歌唱给爸爸妈妈听。

活动二：邀请小伙伴来我家过生日

活动目标

1. 会邀请同伴与自己分享生日蛋糕，接受同伴的祝福。
2. 学会谦让、合作，能与同伴一起玩。
3. 知道客人来了要以小主人的姿态接待同伴。

活动准备

1. 谈话活动。
2. 可以收集一些幼儿在家过生日的照片。
3. 投影机。

教学建议

1. 教师引导式发问：
（1）"小朋友们，平日在家里过生日的时候，都有哪些人和你过呢？"
（2）"有没有邀请小伙伴同你一起过生日呢？"
（3）"你有没有参加过其他小朋友的生日聚会？"
（4）"我们在参加别人生日聚会的时候应该怎么做呢？"
（5）"小伙伴来参加我的生日聚会时，我应该怎么招待他？"

2. 教师总结，鼓励幼儿邀请同班同学去自己家过生日，并且一定要记得自己是小主人，知道小主人该怎么做。

任务二：接待客人

活动一：今天我是小主人

活动目标

1. 会礼貌、热情地接待客人，会说礼貌用语。
2. 乐于助人、分享。
3. 知道人需要朋友，收到别人的礼物后会感谢。

活动准备

1. 桌椅、玩具、水杯、水果。
2. 音乐《让爱住我家》。

教学建议

1. 播放音乐《让爱住我家》，渲染气氛，引起幼儿兴趣。
2. 模拟电话响起："叮铃铃……"
"喂，你好，我是小明，我想让我妈妈带我去你家玩，好吗？"
"好，欢迎你来我家做客。"
3. 教师："作为懂礼貌的小朋友，我们应该怎么接待这位小客人呢？"
引导幼儿说出：提前扫地、拖地搞好卫生，请爸爸妈妈准备茶水、水果、糖果，我自己则准备一些自己喜欢看的图书、喜欢玩的玩具，等等。
4. 教师扮演客人，幼儿扮演小主人。
主人向客人问好："欢迎你，小明同学。"
主人请客人坐下："请喝水。"
客人说："谢谢！"
客人说："你这个玩具真好玩，我家没有，你可以让我玩一下吗？"
主人说："来，我来教你怎么玩，我们一起玩吧！"
5. 教师和幼儿一起点评：你认为主人做得怎么样？客人哪里做得好？能不能争抢玩具？能不能随便动主人家的东西？
6. 邀请两名幼儿进行情景表演。教师和幼儿再次点评。
7. 教师："现在时间比较晚了，妈妈说该回家了，主人和客人要如何分别？"
引导幼儿说出："再见，欢迎你下次再来我家玩。"

活动二：做个文明的小客人

活动目标

1. 愿意到别人家做客，不哭闹，不乱翻别人的东西。
2. 知道玩别人家的玩具一定要取得主人的同意。
3. 收到别人的礼物或者服务要说"谢谢"。

活动准备

1. 桌椅、玩具、水杯、水果。
2. 音乐《让爱住我家》。

教学建议

1. 播放音乐《让爱住我家》，渲染气氛。
2. 教师："今天我想去我的朋友家玩，在走进别人家之前，我们应该怎么做？"

提醒幼儿可以带一些礼物，或者一些自己喜欢的玩具，到时候与朋友分享。

3. 邀请两名幼儿上台进行表演。

教师针对幼儿的表演进行点评。告诉幼儿：当别人给自己茶水、零食、玩具时，一定要说"谢谢"。

4. 如果乱玩别人家玩具的情景没有出现，教师可以模仿去别人家乱玩主人玩具的情景，甚至可以在主人不让玩时装哭。

教师问幼儿："这样做对不对？我们应该如何做？"

5. 教师："如果主人不让客人玩自己的玩具，我们应该怎么做？"

可以让幼儿表演一下不让客人玩玩具的情景。

6. 表演离开的时候，一定要说："再见，谢谢你的招待。"
7. 教师点评幼儿的表演，总结本节课的内容。鼓励幼儿邀请同伴去自己家玩，并将一起玩的情况同大家分享。

任务三：我家的电视机

活动一：我家的电视机

> 活动目标

1. 知道电视机的特点和用途。
2. 能用完整的语言表达自己看电视的感受。
3. 知道电视机的品牌与大小。

> 活动准备

"我家的电视机"调查表格，见附表2-2。

> 教学建议

1. 猜谜语"一扇玻璃窗，里面亮堂堂，演戏又唱歌，经常换花样"（电视机、手机），激发幼儿兴趣。
2. 教师："你家有电视机吗？电视机里有些什么节目？爸爸妈妈喜欢看什么节目？电视机给我们带来哪些好处？"

引导幼儿回答：在家里就能看新闻，知道国内外大事，能看各种电视节目，等等。

3. 引导幼儿讲述自己看电视的经验与感受。

教师："你最喜欢看什么电视节目？为什么？你看电视节目的时候开心吗？为什么？把你看过的电视节目告诉大家，好吗？"

4. 教师："我们看电视的时候需要哪些东西呢？或者说，电视机播放画面出来需要哪些东西？"

包括电视机、电源、网络、天线。

5. 讨论"我家的电视机"调查表格。教师可以引导幼儿介绍自己的调查表，在介绍的过程中，教师可以不断总结。
6. 交代一些看电视时保护视力的注意事项。
7. 总结本节课的内容。

活动二：我会看电视

活动目标

1. 知道不能长时间看电视。
2. 知道看电视时应该跟电视机保持一定的距离。
3. 学会谦让，懂得安排自己的生活。

活动准备

谈话活动。

教学建议

1. 教师："老师知道小朋友们都喜欢看电视，平时在家是谁帮你们打开电视机的？"

请幼儿回答，并交代用电安全，强调插插座有触电的风险，所以要请大人帮忙。

2. 教师："看电视的时候，你们是坐在哪里的呢？离电视机有多远？"

听完幼儿回答后告诉他们，尽量离电视机远一点。

3. 教师："我们看电视的时候，妈妈最常说的话有哪些？"从侧面了解家长对幼儿看电视的态度。

4. 教师："看电视的时间过长会伤害我们的眼睛，一般看多久比较合适？怎么把握好时间呢？"

定闹钟，请家长提醒，只看一集动画片，等等。

5. 讨论：当我们看电视的时候，爸爸要看体育频道，我想看动画频道，怎么办？为什么？

建议幼儿：可以学会谦让，对爸爸说先让你看30分钟，然后再到我看30分钟。当碰见自己不喜欢看的电视节目的时候，我们可以先去玩玩具，或者看看图画书。

6. 提醒幼儿：当光线不好的时候，比如晚上，最好在房间里开一盏灯，要不然电视机的光线太强了，对我们的眼睛没有好处。

7. 总结本节课的主要内容。

任务四：爸爸的手机

活动一：小手机本领大

活动目标

1. 认识各种类型的手机。
2. 知道手机的部分功能。
3. 探索手机的秘密，知道手机的使用方法。

活动准备

准备3~4个不同品牌、不同型号的手机。

教学建议

1. 教师提问：
（1）你见过手机吗？你见过什么样的手机？爸爸的手机是什么样的？
（2）手机有哪些本领？（照相、发短信、上网、游戏、闹钟……）
2. 比较以前的手机和现在的手机有什么不一样。
（1）教师可以提前准备PPT，反映手机的发展历史。
（2）引导幼儿自由表达。
3. 教师："什么时候我们会用到手机？你知道拨打电话的时候需要提供什么吗？"（手机号码）

如果有幼儿记得爸爸妈妈的电话号码，可以尝试现场拨打电话，来一段免提式对话，吸引幼儿的兴趣。

4. 教师："爸爸让我们玩手机吗？为什么？"
5. 教师总结这节课的内容，告诉幼儿：改天我们自己设计一款"手机"。

活动二：我来装扮小手机

活动目标

1. 适当懂得颜色搭配，对颜色的使用有自己的看法。
2. 用恰当的手段表达手机的功能。

活动准备

1. 画有手机大小的长方形线条的纸张，人手一张。
2. 贴有数字的彩色纸碎片、胶水。
3. 彩色蜡笔若干支。

教学建议

1. 教师："老师知道你们经常玩爸爸妈妈的手机，如果能拥有一部自己的手机就好了。今天老师带领你们来做一个假的手机，虽然是假的，但可以看出每个小朋友的创意。"

2. 教师："现在老师给每个小朋友发一张纸，上面有个长方形的方框，我们可以把它设想成一部手机的框架。现在我请小朋友们想一想：我想把手机设计成什么样子？它有什么功能？为什么要这么设计？"

3. 教师："你们拿到纸后一定要先想一想，然后再开始画，比如，我想它有什么功能，怎么样实现呢？托盘里面有各种颜色的碎纸，还有蜡笔、胶水，你们可以随意使用。"

4. 幼儿作画，教师巡回指导。鼓励幼儿积极创意，并且与幼儿交流他为什么这么做，促进幼儿的语言表达能力。

5. 展示幼儿作品，并请一些有创意的幼儿上前介绍自己的作品。

6. 教师总结本节课的内容，与幼儿一起将作品展示在美术作品栏中。

活动三：爸爸，请不要玩手机

活动目标

1. 知道爸爸手机的型号与品牌。
2. 通过手机活动鼓励家长多多陪伴孩子。
3. 知道玩手机的一些注意事项，避免玩上瘾。

活动准备

谈话活动，音乐《爱我你就抱抱我》。

教学建议

1. 教师播放音乐《爱我你就抱抱我》，渲染气氛，可以与幼儿一起唱起来。待音乐结束后，教师说："最近我们在研究手机的相关任务，今天我们研究爸爸的手机，你们想研究些什么呢？"
2. 让幼儿自由表达。可以提醒幼儿回忆：爸爸什么时候会玩手机；如果你想玩他的手机，他有什么表现。
3. 教师依据幼儿的回答组织下一个问题，比如，玩手机游戏应该注意时间长短，当爸爸妈妈正在用手机做事情的时候不要吵闹着玩手机。
4. 建议幼儿对爸爸说："少玩手机，多陪我聊天、玩游戏、看图书。"
5. 让幼儿每人对爸爸说一句关于手机的话语。教师记录，并在放学时放置在家园联系栏里。
6. 教师总结这节课的主要内容。

任务五：我去过的地方

活动目标

1. 体验亲子乐趣，增进亲子之间的感情。
2. 知道自己去过哪些地方，能够说出一两件趣事。
3. 能大胆地在同伴面前表达自己。

活动准备

1. 利用周末组织班级或亲子外出活动。
2. 可以用手抄报的形式，准备一份"我去过的地方"名单，内容包括我去过的地方名字叫什么、哪些人陪我去的、我最喜欢玩的是什么。可以用图文描述，家长提前一天给予幼儿一定的辅导。

教学建议

1. 教师："秋天是丰收的季节，也是外出旅游的季节，小朋友们最近与爸爸妈妈去哪里玩过，或者曾经去过哪里玩，你们还记得吗？"
2. 请幼儿拿出自己的手抄报，挨个介绍父母帮忙做的手抄报。教师在幼儿介绍的时候，可以依据文字介绍给他们一些提示，因为小班的孩子会遗忘得比较快。
3. 当幼儿介绍比较好玩的玩具或者好吃的食物的时候，教师可以问问其他的内容，如这种玩具你在哪里玩过、这种食物你在哪里吃过。
4. 及时表扬表达比较清晰的幼儿，对于个别不善于表达的幼儿，可以给他机会，逐步增强其自信心。
5. 将幼儿的手抄报装订成册，提醒幼儿在区域活动时与小朋友一起分享自己的经历，介绍自己的爸爸妈妈或者爷爷奶奶。
6. 教师总结本节课的内容，表扬今天表现比较棒的、有进步的幼儿。

项目三：家庭安全我知道

任务一：不给陌生人开门

活动目标

1. 具有初步的安全意识。
2. 通过图片、故事让幼儿知道不能随意给陌生人开门。
3. 通过谈话及情景表演，知道随意给陌生人开门存在一定的危险性。

活动准备

1. 音乐《小兔子乖乖》。
2. 课件《别给陌生人开门》。
3. 表演用的大灰狼和小兔子的头饰。

教学建议

1. 播放音乐《小兔子乖乖》，可以多播放几遍，让幼儿记住旋律、歌词，了解这是在讲述一个什么样的故事。
2. 教师："这只小兔子聪明吗？为什么不能开门？"组织幼儿讨论。
3. 展示课件。幼儿边看课件边回答问题：如果我是课件里的小明同学，我该怎么做？
4. 总结：当爸爸妈妈不在家时，听见敲门声，一定不要轻易开门；当爸爸妈妈在家时，要等爸爸妈妈来开门。
5. 活动延伸：请一名幼儿扮演大灰狼，另外一名幼儿扮演兔妈妈，其他幼儿扮演小兔子，进行故事情节的表演。
6. 教师总结，外出活动的时候，要尽量跟着爸爸妈妈，牵着爸爸妈妈的手；少哭闹，有什么要求要主动跟爸爸妈妈讲清楚。

任务二：用电安全我知道

活动目标

1. 认识"有电危险"的标志。
2. 具有初步的安全用电意识。
3. 认识不同类别的插座，知道自己不能随便插插座。

活动准备

1. "有电危险"的标志图片一张。
2. 各类插座图片若干。
3. 各类触电伤害的图片若干。

教学建议

1. 教师出示"用电危险"的标志，提问："小朋友们，你们知道这是什么标志吗？"
2. 教师："我们无论是在幼儿园还是在家里，都要注意用电安全。那么，我们在家里应该注意哪些用电安全呢？"提醒幼儿应该注意用电安全，尤其是插座使用安全。
3. 教师出示各种类型的插座，让幼儿了解哪些地方会出现插座。
4. 教师："如果我们不注意用电安全会怎么样呢？"然后出示各种触电伤害的图片，告示幼儿：如果我们乱插插座就可能电伤自己，还可能引发火灾。
5. 给幼儿发放"有电危险"标志，请他们带回家；或者在教室里寻找插座，在旁边贴上"有电危险"标志。
6. 通过家园联系渠道，让家长了解幼儿今天的学习内容，并配合孩子把"有电危险"标志贴在家里插座的旁边。

任务三：我会这样在小区玩

活动一：我会乘坐电梯

> 活动目标

1. 了解不同的电梯，初步认识电梯里的各种标志。
2. 学习乘坐电梯的方法。
3. 学会谦让，遵守公共场所的礼仪。

> 活动准备

1. 在电梯里拍摄一张照片，上面有安全乘坐电梯的几个标志。
2. 电梯事故视频一份。
3. 不同电梯的图片。

> 教学建议

1. 教师："小朋友们，你们见过电梯吗？你们见过哪些电梯？我们住的小区里面也有电梯，所以电梯在我们日常生活中是很常见的。"
2. 教师出示图片，介绍不同的电梯及其作用。
3. 教师："你们知道怎么安全乘坐电梯吗？"引导幼儿自由表达。
4. 观看电梯事故视频。在观看之前，提醒幼儿视频也许有点恐怖，但没有关系，只要我们安全乘坐电梯，就不会发生这样的事情。引导幼儿学习遵守安全规则。
5. 电梯安全我知道：
（1）乘坐电梯要牵着爸爸妈妈的手。
（2）站在电梯的黄线内，不乱蹦乱跳。
（3）不乱按电梯按钮。
（4）不用身体阻挡电梯门的开与关。
（5）先下后上，等候电梯时靠门两边站。

活动二：餐后爸爸妈妈陪我玩

活动目标

1. 知道餐后要散步。
2. 知道自己在爸爸妈妈陪自己玩的时候应该注意哪些事项。
3. 回忆过去的事情，并学会表达。

活动准备

谈话活动。

教学建议

1. 教师："小朋友们，吃完饭以后老师经常带你们去干嘛？你们在家吃完饭后，爸爸妈妈经常陪你们做什么？"
2. 教师："你们在家最喜欢玩什么？当需要回家的时候，爸爸妈妈经常说的话是什么？"
3. 教师："你知道回家的路线吗？"
4. 教师："在小区里面碰见不认识的小朋友，你是怎样交朋友的？"
5. 教师："你经常带玩具出去玩吗？有没有同别人一起分享？分享过后是什么感觉？"
6. 在小区玩的时候应该注意的问题：
（1）不脱离爸爸妈妈的视线范围。
（2）去哪里玩一定要告诉爸爸妈妈。
（3）当碰见危险事情的时候一定要呼喊。
（4）玩大型器材时一定要学会谦让。
（5）看不见爸爸妈妈了就在原地等。
（6）不吃陌生人给的食物。
（7）在水池边玩的时候要注意安全。

项目四：我为家庭做贡献

任务一：我做家务事

活动目标

1. 知道日常在家可以帮忙做点力所能及的事情。
2. 学会感恩父母，知道怎么让爸爸妈妈开心。
3. 感受帮助父母做事情的快乐。

活动准备

1. 提前几周安排家长协助幼儿记录好"今天我做了"任务完成情况记录表格，见附表2-3。
2. 统计好幼儿帮助父母做得最多的事情。
3. 谈话活动。

教学建议

1. 教师："小朋友们，昨天你们帮家里做了什么？"通过聊天唤醒幼儿的记忆，提醒幼儿回忆自己的感受，以及爸爸妈妈对自己说了什么话。

2. 教师总结本周任务完成情况，统计幼儿帮爸爸妈妈做得最多的事情是什么，做得最少的事情是什么。为什么？请幼儿分析。

3. 教师说出期望：希望幼儿把这些事情永远坚持下去，因为我们是相亲相爱的一家人。

4. 教师提醒幼儿：当碰到父母不让做的事情时，一定要知道什么才是自己力所能及的事情，不要做危险的事情。

5. 告知幼儿：我们以后可以继续让爸爸妈妈记录"今天我做了"任务完成情况记录表格，也可以不用记录，最好养成一个好习惯。

6. 教师可以根据季节、节日保持本节课的连续性，例如，鼓励幼儿同爸爸妈妈商讨怎样过年、一起准备年货等相关活动。

任务二：送给爷爷奶奶的礼物

活动目标

1. 知道爷爷奶奶喜欢的物品。
2. 能用较完整的语句讲述送给爷爷奶奶这个礼物的原因。
3. 初步知晓尊敬老年人，乐意关心、照顾身边的老年人。

活动准备

1. 谈话活动。
2. 如果是美术活动，就准备美术材料。
3. 如果是购买货物的活动，就准备一些食物图片，供幼儿挑选。
4. 提前通知幼儿了解爷爷奶奶最喜欢吃的食物。

教学建议

1. 教师："小朋友们，每天早上我看见我们幼儿园大部分小朋友都能自己进幼儿园，但有些小朋友还要让爷爷奶奶背着进幼儿园，这样对不对？"
2. 教师："爷爷奶奶对我们这么好，可我们知道爷爷奶奶喜欢吃什么吗？"
3. 请幼儿自由表达，教师给予表扬。
4. 讨论：我们应该怎么做呢？
引导幼儿回答：夹菜给爷爷奶奶吃，帮爷爷奶奶做一些力所能及的事情。
5. 画一幅画送给爷爷奶奶，上面有教师提前写好的字："感谢您，爷爷、奶奶！"
6. 出示食物图片，让幼儿帮爷爷奶奶挑选食物，也可以引导幼儿说明哪些食物不适合老年人，因为老年人的牙齿松动了、眼睛花了、腿脚不稳等等。
7. 提问：如果爷爷奶奶、外公外婆在老家，我们怎么向他们表示感谢？可以打电话，可以过年过节的时候去看望他们，可以邀请他们来同我们一起生活……

任务三：我会节约用钱

活动一：我来买玩具

活动目标

1. 会使用完整的句式"妈妈，我要……"来表达自己的需求。
2. 当爸爸妈妈不给自己买玩具的时候，会接受，不哭闹。

活动准备

谈话活动。

教学建议

1. 教师："小朋友们去商场买过玩具吗？一般都是什么时候去的？怎么买的？是你主动要求的，还是爸爸妈妈送给你的？"

2. 教师："小朋友们买玩具的时候是不是想买就买？有没有爸爸妈妈没有帮自己买的时候？爸爸妈妈经常说的原因是什么？"

3. 教师："爸爸妈妈不给买的时候，你怎么办？"引导幼儿学会表达自己的意愿："妈妈，我要……"

4. 教师："当爸爸妈妈说家里玩具太多，或者碰巧没有带钱时，要怎么办？"引导幼儿学会：不吵闹，可以下次再买；或者告诉爸爸妈妈，等过年或者自己生日的时候再买。

5. 教师总结本节课的主要内容。告诉幼儿要理解爸爸妈妈赚钱不容易，要把钱用在更需要的时候，要有节约意识。

活动二：买卖玩具游戏

活动目标

1. 会用"老板，我要买……"来表达自己的需求。
2. 引导幼儿注意听游戏的规则，并能在集体面前大胆说话。

活动准备

1. 4个托盘，每个托盘里面装一个玩具。
2. 充当钱的卡片，人手3张，可以将幼儿分成4个小组。
3. 一些欢快的音乐。

教学建议

1. 播放音乐，引起幼儿兴趣，让每个小组自己商量谁当老板、谁当顾客。
2. 游戏开始，先问"老板，这个玩具多少钱"，然后还可以讲讲价钱，看能否便宜一点。
3. 引导幼儿思考：支付的方式有哪些？我可以怎么支付？
4. 没有自己喜欢的玩具怎么办？
5. 请2～3名幼儿示范游戏的玩法。
6. 轮换角色玩游戏，教师鼓励胆怯的幼儿主动交流。
7. 教师巡回指导。
8. 教师可以尝试让一名幼儿扮演妈妈，带领孩子去买玩具，让另一名幼儿扮演哭泣的小孩子，让幼儿自主表现不同的角色。
9. 教师总结本节课的主要内容。下次区域活动的时候可以继续玩。

附表

表 2–1 "妈妈最喜欢的"调查

尊敬的妈妈:

您好!为了帮助孩子关注自己的父母,感恩自己的父母,我们开展了"妈妈最喜欢的"调查活动,包括您的爱好、饮食等。希望您利用休闲时间与孩子一起交流调查表上的问题,并协助孩子完成调查任务。多谢您的参与!

小一班

2019 年 11 月

幼儿姓名		所在班级	
妈妈的名字		妈妈的电话	
妈妈最喜欢吃的食物			
妈妈最喜欢的颜色			
妈妈最喜欢的运动			
我最喜欢妈妈怎样陪我			

注:以上内容可以用图文并茂的方式展示。

表 2-2 "我家的电视机"调查

尊敬的家长：

您好！

为了培养孩子善于观察周围事物的意识，我们本周将就家里的电视机的相关问题组织幼儿进行探讨，希望得到您的配合，多谢！

小一班
2019 年 11 月

幼儿姓名		班　级	
记录日期			
我家电视机的品牌			
我家电视机的大小			
看电视前需要做的事情	1. 2. 3. 4.		
我最喜欢看的节目	1. 2. 3. 4.		

表2-3 "今天我做了"任务完成情况记录[①]

尊敬的家长：

您好！

为了培养孩子的感恩意识，帮助家庭做一些力所能及的事情，本周我们将教育孩子在家帮助爸爸妈妈完成一些家务。请各位家长本着认真负责的态度，对孩子的完成任务情况给予记录，对于没有完成的可以进行文字补充。我们将依据记录的结果进行统计，并当作教育的素材，希望得到您的配合，多谢！

小一班

2019年12月

家 务 活 动	完 成 情 况
递茶水	
捶背	
摆筷子	
扫地	
自己整理书包	
主动刷牙	
与妈妈一起收衣服	
其他	

[①] 教师可以在网上搜集图片，以图文并茂的方式呈现给孩子。坚持记录一周。

第三章 交通工具我知道

第一节 主题网络图

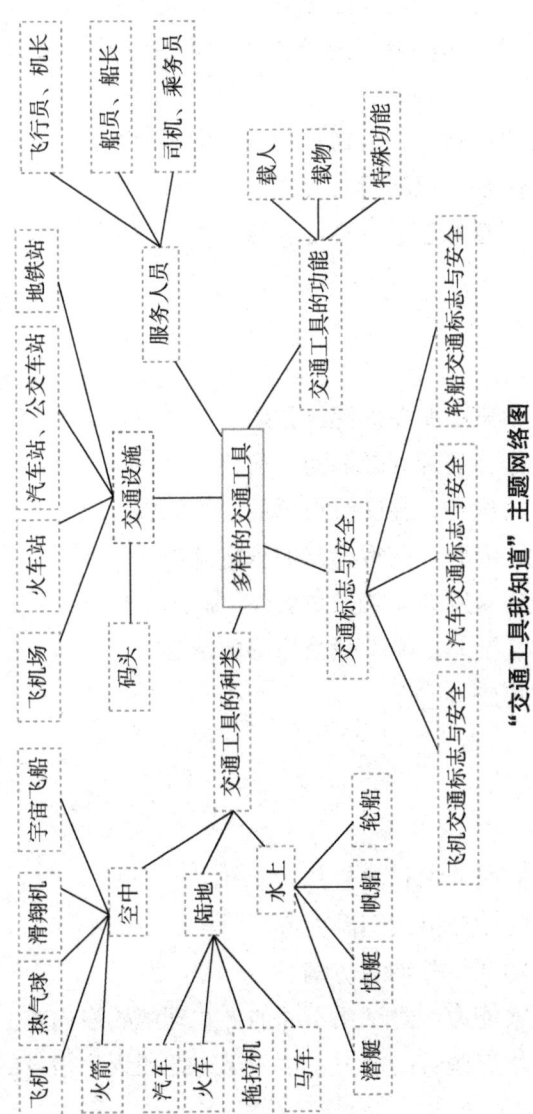

"交通工具我知道"主题网络图

注：依据幼儿园自身条件与幼儿兴趣需要，各个分支还可以继续延伸。

第二节 阶段性教育目标建议（中班）

一、健康

1. 会听从信号做好队列训练的基本动作。
2. 学习和提高跳、投掷、平衡、钻爬等基本动作技能。
3. 练习对肢体的控制，增进肢体协调度，享受玩沙包的乐趣。
4. 学习如何与同伴合作游戏，愿意互相协调并达成一致，增强身体的协调性。
5. 提升合作游戏的经验，获得初步的竞赛意识。
6. 形成牙齿卫生保健意识和行为习惯。
7. 培养按时睡觉、按时起床的良好生活习惯。

二、社会

1. 为自己是一名中班小朋友而感到自豪。
2. 尝试与同伴合作，遇到问题能协商解决。
3. 学习欣赏别人的优点，会交流自己的成长经验。
4. 提升合作游戏的经验，获得初步的竞赛意识。
5. 了解基本的交通规则并知晓其重要性。
6. 懂得尊重国徽、国旗，激发热爱祖国的情感。
7. 激发爱家乡的情感。

三、语言

1. 认识并说出不同交通工具的名称。
2. 学习按照一定的顺序讲述图画内容。
3. 感受诗歌美好的意境并创意仿编。
4. 培养细致的观察能力，尝试用不同的方式理解故事内容。
5. 在传话游戏中培养倾听的能力；学习迅速把握语言信息的习惯和能力。

四、科学

1. 初步学习通过寻找资料来丰富知识。
2. 初步学习对物体进行分类记录。
3. 学习比较的方法，学习使用不同的记录方法。
4. 初步了解遥控技术。
5. 知道火箭升空的原理，了解反作用力。
6. 知道不同交通工具行驶的不同地方、形式，以及快慢与路面的关系。
7. 了解船前进的不同动力来源，体会帆船与行驶快慢的关系。
8. 认识 15 以内数的形成，会手口一致地点数 15 个以内的物体，并说出总数。
9. 能进行 15 以内的按数取物。
10. 能正确辨认旁边、中间等空间位置。
11. 认识长方形、半圆形，知道其名称和明显特征。
12. 能将相关物品配对。
13. 理解 10 以内相邻两数相差为 1 的关系（如 2 比 1 多 1、1 比 2 少 1）。
14. 能将 15 以内的等量具体物、图像数量和抽象数字做对应。

五、艺术

1. 学会用纸折纸船。
2. 比较与学习纸飞机的不同折法。
3. 培养美术创作的能力。
4. 学习利用废旧物品进行立体造型。
5. 学习看指挥进行乐器演奏。
6. 了解什么是间奏，并准确地表现间奏部分，尝试体验和表现音乐的情绪；培养对声音的联想。

第三节 主题教学建议

1. 开学初,根据幼儿的生日时间布置生日栏。
2. 可以请家长提供一些给不同的人庆祝生日的照片,和幼儿分享中国庆祝生日的一些传统方式。
3. 布置亲子作业单,记录"我"从出生到现在的成长过程。
4. 利用亲子作业单,学写"我的心情日记",鼓励幼儿与同伴分享自己的心情。
5. 举办生日会,增进幼儿间的感情。
6. 请家长在节日期间带孩子参观本地风景名胜,并把拍摄的照片带回幼儿园供大家欣赏、交流,尤其是乘坐交通工具的照片。
7. 列队时渗透队列训练。
8. 教师与幼儿一起玩交通灯的游戏,也可以邀请做交警的家长进课堂。
9. 可将"开心枕"和"出气包"放进角色活动区,让幼儿自由进活动区疏解情绪。
10. 提醒幼儿饭后要及时漱口或刷牙,同时,家园配合,督促幼儿养成早晚刷牙的习惯。
11. 视天气情况,考虑利用户外活动给幼儿开展赤足、日光浴等活动。
12. 引导幼儿户外活动后正确洗脸的方法。
13. 引导幼儿认识安全标志的名称、含义、特征和作用;通过设计安全标志,教育幼儿生活中要注意自我保护,增强幼儿的安全意识。
14. 教导幼儿初步掌握上车时、乘车过程中及下车时的安全常识;教育幼儿要注意安全,树立自我保护意识。
15. 让幼儿知道任何时候都不能互相触碰身体的隐私部位;不偷看同伴上厕所;学习保护自己的隐私处。
16. 让幼儿知道身边的人(父母、老师、同伴)的性别不随年龄、情景、地点等变化而改变。
17. 让幼儿了解中国符号:长城、功夫、京剧、书法、熊猫等。
18. 让幼儿了解国庆节前后的国家公共庆祝、纪念等活动。

第四节　写给家长的一封信

尊敬的家长：

  您好！

  随着社会的发展，各种各样的交通工具和我们小朋友的生活联系得更紧密了，搭乘交通工具是孩子们生活经验的重要组成部分。汽车是孩子们最感兴趣的玩具之一，汽车的形状、颜色和移动的特性都深深地吸引着孩子们，而它们与人们的生活更是息息相关。

  在小班的时候，我们鼓励孩子经常自带玩具分享，到了中班，这个习惯也延续了下来。通过仔细观察，我们发现，孩子们带交通工具玩具的居多，例如赛车、遥控车、飞机等，说明他们对交通工具有浓厚的兴趣。于是我提议进行交通工具的主题活动，得到了孩子们的一致响应。希望他们能在新的主题活动里，有新的进步和发展。

  在活动中，我们可以采用观察、参观、访问、录像、研究讨论、操作、制作、游戏等形式，通过对"马路上跑着车""特殊的车辆""有趣的交通标志""飞机和轮船""交通工具用处大"等问题的探索，帮助孩子们认识和了解与我们生活息息相关的汽车、火车、轮船、飞机等交通工具及其有关常识，提高孩子们的认知能力，培养具有良好规则意识的行为，拓展他们的思维，激发探索和创造的兴趣，进一步增强环保和安全意识。

  希望您继续关注我们教师办公室门外张贴的周计划，配合我们圆满地开展活动。最后，祝您全家生活幸福、身体健康！

中一班

2019 年 9 月 10 日

第五节　项目设计与任务分配

项目一：交通工具的种类

任务一：交通工具大调查

活动一：我喜欢的交通工具

活动目标

1. 学会按照不同功能对交通工具进行分类。
2. 知道什么是交通工具，知道交通工具的基本功能。
3. 勇敢表达自己的所见、所闻、所想。

活动准备

1. 完成"家长调查问卷"，见附表 3-1。
2. 谈话活动，准备有关交通工具的图片、PPT 等。

教学建议

1. 教师："我们很多小朋友喜欢玩汽车玩具，也有很多小朋友坐过许多种交通工具，请小朋友们告诉老师，你去什么地方，坐了什么交通工具。你为什么会选择这种交通工具呢？"
2. 选 3～5 名幼儿解说自己的"家长调查问卷"，介绍自己乘坐某种交通工具的经历，并分享这次旅行中的趣事。
3. 介绍我家的交通工具，它有什么好处，我们经常利用它做哪些事情。
4. 鼓励幼儿多介绍几种不同的交通工具，从其外表、特点、舒适度等方面进行介绍。
5. 教师可以借助图片、PPT 介绍不同交通工具的特点，以及人们选择交通工具的几个判断标准。
6. 教师将全班幼儿的"家长调查问卷"进行展示，或者装订成册，让幼儿有空的时候看看别人的调查问卷，相互沟通交流。

活动二：公交车上的秘密

活动目标

1. 尝试坐一次公交车，知道坐公交车的基本流程。
2. 学会观察公交车上的安全设施及乘客。
3. 勇敢表达自己的所见、所闻、所想。

活动准备

1. 完成"乘坐公交车调查"表格，见附表 3-2。
2. 向家长收集幼儿乘坐公交车的照片。
3. 谈话活动。

教学建议

1. 教师播放幼儿乘坐公交车的照片，帮助幼儿树立自豪感：我会乘坐公交车。
2. 教师询问幼儿有没有坐过公交车，是与谁一起坐的，坐了哪一路公交车。提醒幼儿要按照自己的"乘坐公交车调查表"上的内容说。
3. 教师询问幼儿乘坐公交车的时候做了哪几件事情。教师记录幼儿所说的内容，相同的可以不给予板书。
4. 教师将乘车的流程进行排序，让幼儿自我总结，并对每个步骤进行编号。借机让幼儿知道什么是"流程"。
5. 教师询问幼儿乘坐公交车的时候发现了哪些有趣的物品、有趣的事情。包括司机、窗口、座位颜色等。
6. 教师将全班幼儿的"乘坐公交车调查"表格进行展示，或者装订成册，让幼儿有空的时候看看别人的调查表，相互沟通交流。
7. 教师将乘坐公交车的流程做成作业单，打乱乘车步骤的顺序，让幼儿用数字进行编号、排序，或者给幼儿数字贴纸，让幼儿将贴纸贴在相对应的位置上。

任务二：认识不同类型的飞机

活动一：飞机结构与种类

> 活动目标

1. 通过观察，知道飞机主要部件的名称和用途。
2. 认识客机、直升机、战斗机的外形特征，飞机的种类及各自特点和用途。

> 活动准备

1. 不同种类的飞机图片各一张，或不同类型的飞机模型各一架，每位幼儿制作纸飞机的操作材料一份。
2. 飞机结构图一份。

> 教学建议

1. 猜谜语"说是鸟，没羽毛，说是蜻蜓没有脚，天上万里来回跑"（飞机），引出课题。
2. 观察活动：组织幼儿每人选择一架飞机的模型或一张飞机图片进行观察，了解飞机的结构、外形特征。
3. 交流活动：请幼儿介绍自己认识的飞机，帮助幼儿了解不同飞机的特征、结构。教师拿出飞机结构图，简单介绍一下飞机的基本结构，如飞机头、机身、机翼、尾翼等。
4. 了解飞机的种类和用途，丰富幼儿的词汇量：直升机、战斗机等。
5. 介绍无人机，与幼儿一起讨论无人机有什么用处。
6. 与幼儿一起折叠制作纸飞机，共同放飞纸飞机。

活动二：飞机的发展历史

活动目标

1. 了解飞机发展的一些简单历史。
2. 知道人要有梦想，只要有梦想，就有可能成功。
3. 知道只有不怕困难的人才会成功。

活动准备

1. 介绍飞机发展历史的 PPT。
2. 介绍第一架飞机产生的故事。

教学建议

1. 教师："小朋友们，老师今天想问问大家，为什么会有人想到发明飞机呢？"引导幼儿自由表达，提醒幼儿从飞机给人类带来的好处方面回答。

2. 教师介绍莱特兄弟发明飞机，是因为他们想像小鸟一样飞翔，在开始试飞的时候不知道失败过多少次……

3. 飞机发展的历史：滑翔机→喷气式飞机→直升机→民航机→巴士飞机。

4. 总结飞机发展的历程：飞机飞得越来越快、运的东西越来越多、飞的时间越来越长、飞行安全系数越来越高……

5. 教师提示：我们试想一下，如果没有人想像小鸟一样飞行，飞机会出现吗？人只要有梦想就可能会有实现的一天，如今宇宙飞船、无人机等的出现，都是人不断探索、不怕失败的结果。

6. 教师："我们今天自己设想着设计一架飞机，要想一想为什么要这么设计，待会儿把它画在纸上面，老师会帮助你们记录自己的设想。"

7. 展示幼儿设计的作品，教师将幼儿的设想用文字记录在作品旁的空白处。

8. 总结本节课的主要内容。

活动三：制作纸飞机

活动目标

1. 学会用四角向中心折、沿中心线对折等方法折飞机。
2. 养成有条理地做事情的好习惯。

活动准备

1. 每人一张正方形的折纸。
2. 制作纸飞机的手工示意图。

教学建议

1. 教师拿出纸飞机，模拟飞行的样子，询问幼儿想不想学会自己折这样一架纸飞机玩。
2. 猜想这架纸飞机是怎样折出来的。
3. 教师分发折纸，分步骤教幼儿折纸飞机。教师指导：
（1）准备正方形折纸一张，先把两边对齐压平。
（2）找到中线，然后用一边斜着折，让边缘对齐中线。
（3）将另外一边用同样方法对齐中线，压平边缘。
（4）将两边合并，翻转折纸，从中间将折纸向外折，让边缘对齐背脊中心。
（5）用同样的方法折另外一边。
4. 纸飞机折好了，看看谁的纸飞机折得最整齐。教师巡回指导。
5. 户外活动：鼓励幼儿飞一飞自己的纸飞机，看看谁的纸飞机飞得最远。
6. 教师总结折纸飞机的经验。
7. 活动延伸：让幼儿回家与爸爸妈妈一起折纸飞机、放飞纸飞机，看看还有哪些不同的折法与玩法，下次再与小伙伴一起分享。

任务三：水上行走的交通工具

活动目标

1. 在集体或分组进行谈话活动时，了解水上交通工具的名称与特点。
2. 学会倾听同伴的谈话内容，会使用简单易懂的语句表达自己所想。
3. 学会围绕一定的话题谈话，不跑题。

活动准备

1. 收集水上行走的交通工具的图片，写上名字，并制作成PPT。
2. 轮船的汽笛声。

教学建议

1. 教师播放轮船的汽笛声，让幼儿猜猜这是什么交通工具。待幼儿猜对以后，再提问幼儿："水上的交通工具有哪些？"让幼儿自由发言。

2. 教师播放PPT，介绍水上的交通工具有哪些、主要用途是什么、有什么特点。

3. 教师："船在水上行走的时候，应该注意哪些问题呢？"

4. 教师："小朋友们坐过船吗？坐过什么船？感觉如何？"

5. 教师："你们对水上行走的交通工具有什么疑问吗？想探讨哪些问题呢？包括船为什么会浮起来？人其实也可以，因为人会游泳。在大海里没有方向感，船是怎么行走的呢？"激发幼儿的好奇心，培养幼儿提问题的能力。

6. 教师总结本节课的主要内容，将下节课要进行的活动给幼儿预知一下，也可以让幼儿折纸船，感受船在水里是如何行走的。

项目二：了解交通设施

任务一：认识客运站

活动目标

1. 知道客运站是乘坐长途客车的地方。
2. 知道坐长途客车要先买好票，过安检。
3. 知道要确定由哪个入口上车。

活动准备

拍摄客运站里面的一些照片，包括安检机、售票厅、验票口等。

教学建议

1. 教师："小朋友，你们外出坐过长途客车吗？一般是在哪里坐呢？今天我们就认识一下客运站，知道如果坐长途客车应该做哪些事情。"
2. 请幼儿自由表达。
3. 观看视频、图片，了解客运站里有些什么基本设施。
4. 坐长途客车首先要买好车票，一般要提前 1 个小时到客运站。
5. 买好票后，就要过安检。过安检时，人要通过安检门，货物要过 X 光机。通过安检，就能知道你有没有带铁制物品，包括刀具等，通过 X 光机也就是检查行李里是否有危险品。当然，我们不要随便过 X 光机，因为有辐射，会影响我们的身体健康。
6. 通过安检后，就要看我们乘坐的车是在哪个验票口进站，然后就在验票口附近候车。候车的时候也要注意安全，注意保护好自己的物品。
7. 在客运站里面不要随意走动，要跟紧爸爸妈妈，提前上好厕所，因为上了长途客车就需要过很长时间才有服务区，才能上厕所。
8. 留意听客运站广播通知，他们会定时通知车辆到站与上车情况。
9. 教师可以组织幼儿玩过安检、上车验票的角色游戏。
10. 教师总结本节课的主要内容。

任务二：认识公交车站

活动目标

1. 知道乘坐公交车需要在公交车站等候。
2. 了解公交车站的一些基本构成部分。
3. 初步了解公交车站站牌的含义。

活动准备

1. 拍摄几张不同风格的公交车站的照片。
2. 拍摄几张不同内容的站牌路线图。

教学建议

1. 教师："小朋友们坐过公交车吗？有没有在公交车站等过公交车？在公交车站你发现了哪些东西？"引导幼儿自由讨论与表达。

2. 教师拿出不同城市的公交车站的图片，让幼儿发现它们有什么不同。有些只有站牌，有些有雨棚，有些还有座位，有些雨棚大，有些雨棚小，这都体现了不同城市的设计者关心乘客的程度不一样。教师可以分析一下原因。

3. 教师出示站牌路线图，告诉幼儿使用站牌的方法：首先看看自己要去哪里，坐几号车，站牌上的颜色表示什么意思，上面的字表示什么意思，我们如何判断行车方向（这个对中班幼儿而言有点难，但可以让他们知道行车方向是可以判断的）。

4. 在等车的时候应该注意哪些安全？包括不要随意走动，待车停稳后再排队上车，上车的时候要从公交车的前门上。

5. 如果下雨，我们要带雨伞，不要怕麻烦。

6. 教师总结本节课的主要内容，提醒幼儿：可以让爸爸妈妈带领自己去公交车站乘坐公交车，注意乘车安全。

任务三：认识火车站

活动目标

1. 知道火车站是乘坐火车的地方。
2. 知道乘坐火车的基本流程。
3. 知道候车时的一些注意事项。

活动准备

1. 收集一些火车站的图片。
2. 收集世界上最大的十个火车站的图片资料。

教学建议

1. 教师："我们乘坐火车的地方叫什么？小朋友们去过火车站吗？在那里看到了什么？"引导幼儿自由讨论。

2. 教师："世界上最大的火车站是哪个？是美国的纽约中央车站。中国目前最大的火车站是西安北站。"

3. 教师为幼儿讲解：坐火车一般要提前两个小时去候车，才不会因为迟到而导致坐不上火车，火车运行都有严格的时间控制。

4. 教师："我国的火车是靠左行驶的，小朋友们今后乘坐火车的时候可以留意一下。"

5. 火车轨道没有汽车道那么宽，轨道间的宽度也是全世界统一的，是两匹马屁股的宽度。（教师可以上网搜索一下相关资料）

6. 火车也有车次，有数字号码，不同号码的车次代表去不同的地方。

7. 买好车票后，要依据车次及火车站的安排去不同的候车室候车。

8. 在候车室候车时，要留意广播通知，看看车辆是否到了，在几号站台上车。教师可以补充说明站台的含义。

9. 教师总结本节课的主要内容。让幼儿将来跟父母乘坐火车的时候留意观察，看看又有什么新的发现。

项目三：服务人员

任务一：乘务人员大比拼

活动目标

1. 知道不同类型交通工具的乘务人员是不一样的。
2. 初步了解乘务人员的服务内容与职业要求。
3. 知道碰到困难了可以寻求乘务人员的帮助。

活动准备

1. 准备不同类型交通工具的乘务人员的图片，包括飞机、高铁、火车、客车、轮船等。
2. 不同乘务人员的称谓。

教学建议

1. 教师："小朋友们，我们去餐厅吃饭的时候都有服务员，那么我们乘坐交通工具的时候有服务员吗？他们分别叫什么？"引导幼儿自由表达。
2. 教师分别拿出图片，介绍不同类型交通工具的乘务人员的称谓及其制服。
3. 飞机上的乘务人员叫空姐，汽车、火车上的乘务人员叫乘务员，他们的制服款式与颜色是不一样的。
4. 询问幼儿最喜欢哪个乘务人员，为什么？让幼儿自由表达。包括制服颜色、气质，以及服务的态度与内容，等等。
5. 教师总结本节课的主要内容，告知幼儿：工作不分贵贱，努力工作的人都值得尊敬。当我们碰见困难或者有什么需要的时候，可以寻求乘务人员的帮助。
6. 可以进行角色扮演游戏。

项目四：交通标志与安全

任务一：客运站标志我知道

> **活动目标**

1. 知道客运站里面由售票厅、候车室、厕所等组成。
2. 知道客运站的标志分别表示什么意思。
3. 知道安全通道的意义与位置。

> **活动准备**

1. 本地区比较大的客运站的图片，包括室内、室外的各种标志等。
2. 客运站里面的汽车的图片。

> **教学建议**

1. 教师："小朋友们，你们去客运站坐过长途客车吗？"这时，拿出一张图片让幼儿看看这是什么地方。

2. 客运站是人们坐长途客车的地方。因为人们要前往不同的地方，为了方便管理，避免出现安全问题，所以就把长途客车集中在一个地方，通过客运站这种模式进行运营管理。

3. 教师提醒幼儿：我们不能随便坐非法运营车，因为容易出现安全问题，出了安全问题也没有人负责。可以向幼儿解释什么叫作非法运营车。

4. 教师："客运站一般包括哪几个地方呢？"教师出示图片，告诉幼儿，这是售票厅，这是候车厅，有些候车厅还有不同号码，不同车次的乘客要在不同地方候车。所以我们乘车时，要看售票厅的指示牌上面的说明，了解自己在几号候车厅候车。

5. 候车厅有哪些标志？禁止吸烟牌、厕所指示牌、安全通道、安全出口、"小心被夹"等等。教师引导幼儿说说不同标志代表的含义，并做小结。

6. 教师提醒幼儿：无论走到哪里，我们一定要了解安全出口在哪里、厕所在哪里，坐车前要提前上好厕所。

7. 活动延伸：依据不同地域的实际情况，可以开展火车站、机场等实地教学活动。

任务二：马路上的交通标志

活动目标

1. 认识马路上的各种交通标志，知道这些标志所表达的含义。
2. 具有交通安全意识。

活动准备

1. 收集有关交通标志的图片。
2. 在网上搜索一些介绍交通规则的视频。

教学建议

1. 教师引导幼儿回忆："走在马路上，你看见过什么交通标志，它们代表什么含义？"
2. 针对最常见的马路上的红绿灯，邀请幼儿说一说红、绿、黄分别代表什么意思。
3. 教师播放人行道的指示灯视频，告诉幼儿它们分别代表什么意思，尤其是慢节奏的"滴—滴—滴"与急节奏的"滴滴滴"分别代表什么含义。慢节奏是告诉大家红灯亮要等待，当急节奏的"滴滴滴"响起就表示绿灯的意思，应该快速通过。
4. 斑马线的含义是什么？
5. 出示各种常见的交通标志，让幼儿理解这些标志分别表示的含义。
6. 教师："今天我们学习了很多交通标志的含义，我们在过马路的时候要遵守交通规则，乘坐交通工具的时候也要遵守交通规则，以免发生交通安全事故。"
7. 组织幼儿玩交通规则游戏。
8. 有条件的话，可以组织幼儿到幼儿园附近的马路边实地考察。

项目五：轮胎的秘密

任务一：为什么汽车轮子是圆的

活动一：车子轮胎的形状

活动目标

1. 知道车子轮胎有不同的花纹，但都是圆形的。
2. 知道摩擦力的存在。

活动准备

1. 不同大小、花纹的轮胎图片。
2. 不同材质的（条状布块、塑料块）跑道。

教学建议

1. 教师："小朋友们认识了各种各样的交通工具，但你们有没有注意到这些交通工具的轮胎？飞机有轮胎吗？有的。"教师可以出示飞机起落架上的轮胎的图片。

2. 轮胎都是什么形状的？除了圆形还有什么特点？如果幼儿园有轮胎，建议直接去有轮胎的场地开展教学活动。引导幼儿发现轮胎上的不同特点，包括花纹及其深浅、形状等等。

3. 教师带领幼儿做实验：利用同样的木块、一样的坡度，演示同样一个物体从上面滚下来的效果，看看幼儿有什么发现。引导幼儿讨论物体在布上与在玻璃上滚动的区别在哪里，让幼儿认识到摩擦力的存在，了解越粗糙的东西摩擦力越大。

4. 利用不同的物品，包括不同形状的物品的滚动，让幼儿记录哪个物品滚得快。教师可以设计两三对不同形状物品的滚动速度快慢的比较统计表。

5. 展示作品，教师引导幼儿发现不同、总结经验，包括不同物品的摩擦力是不一样的，不同形状的物品滚下来的速度也是不一样的，等等。

6. 教师总结本节课的主要内容，布置下节课将研究"为什么轮胎是圆形的"，幼儿回家可以请教一下自己的爸爸妈妈。

活动二：圆形的轮胎滚动得最快

活动目标

1. 知道可以通过做实验的方法来证明自己的结论是否正确。
2. 初步形成严谨的科学探究态度。

活动准备

1. 10根圆形木棍，10根方形木棍。
2. 装有比较重的物品的筐子。
3. "为什么车轮是圆的"实验记录，见附表3-4。

教学建议

1. 教师："小朋友们，上次我们研究了轮胎的不同形状、花纹，知道了摩擦力，今天我们来探讨一下为什么轮胎是圆形的。"

2. 教师："待会儿我们要做一个实验，下面老师发一张实验记录表。你认为我们这筐东西放在哪个上面滑动得比较快、比较省力呢？"请幼儿猜想，提醒幼儿在实验记录表相应的表格里打"√"。

3. 教师："我们都知道实践才能出真知，那我们今天做个实验，分小组感受一下，看看我们的猜想是否正确。"

教师将幼儿分成四个小组，分别将装了物品的筐子放在方形与圆形的木棍上，让幼儿感受哪个滚动得快、用的力气小。

4. 幼儿得出答案，筐子放在圆形的木棍上滚动得更快、更省力，所以交通工具的轮胎都是圆形的。教师让幼儿自己记录刚才实验的结果。

5. 教师提醒幼儿：还有一种交通工具，那就是磁悬浮列车，它们可以克服摩擦阻力，运行得更快。

6. 展示实验记录，教师总结经验：当我们心中有疑问的时候，一定要多思考、多实验，多多询问大人。当然，危险的实验就不要做了。

任务二：我设计的交通工具

活动目标

1. 知道自己设计的交通工具的名字，并表达自己的设计的功能与特点。
2. 能够大胆地在同伴面前介绍自己设计的交通工具。
3. 会使用教师提供的材料并大胆创新。

活动准备

1. 交通工具图片若干。
2. 各种拼图、积木、橡皮泥、废旧纸箱、塑料瓶等。

教学建议

1. 教师出示交通工具的图片，总结这些交通工具的特征与功能，归纳发明家发明的交通工具给我们的生活带来了哪些便利，猜想今后的交通工具会朝哪个方向发展。然后，请在座的小发明家们开动脑筋，制作属于自己的交通工具。

2. 教师提醒幼儿：设计的时候要考虑到乘客的需求和自己的需求，即：我乘坐这个交通工具时，需要别人为自己提供什么样的服务。

3. 教师将幼儿分成若干个小组，或请幼儿自由结伴，分组选择材料进行创意拼搭、摆设等制作活动；选派小组长，一切行动要听从小组长的安排。

4. 关注、帮助能力较弱的幼儿，主动了解他们的想法，并及时介入，给予指导、鼓励。

5. 鼓励每个小组选派负责人介绍自己的作品，感受创造带来的乐趣。

6. 教师记录每个幼儿的表达，并将幼儿的作品拍摄成照片，将记录语言放在照片下面，成为幼儿的学习档案。

7. 教师总结本节课的内容，表扬与鼓励幼儿的大胆创造，告诉他们：很多创造都是团队的成果，所以当我们在一个小组时，一旦有自己的想法，就一定要学会表达自己的想法，要学会与别人协商。

8. 鼓励幼儿回家以后继续进行交通工具的创造。

附表

表3-1 家长调查问卷

尊敬的家长：

您好！

孩子进入中班，他们的经验增多，需求面也越来越大了。结合孩子已有的经验，本学期我们将开展"交通工具我知道"主题教学。为了让孩子懂得更多的知识，我们准备分四周完成这一活动，打算以车、船、飞机及交通安全为主线展开教学。在该主题活动中，我们将提供幼儿能观察、感知到的与交通工具有关的丰富资料，希望孩子们在愉快中学习，增强学习的兴趣。同时，我们也希望得到您一如既往的支持，为我们提供相关图书、图片、玩具、模型、废旧纸盒、矿泉水瓶、瓶盖等。下面还有几个问题，请你们协助幼儿完成（幼儿口述，家长记录）：

1. 你认识哪些交通工具？它们各有什么用途？

2. 你最喜欢哪一种交通工具？

3. 你家里有交通工具吗？它们叫什么？（幼儿可以以作画的形式加以表现）

表3-2　乘坐公交车调查

尊敬的家长：

您好！

请您和孩子乘坐一次公交车，根据要求共同完成调查表。具体要求和做法如下：

你乘坐的是几路公交车？请用数字记录下来吧！我坐的是_____路。

坐车要投币/刷卡几元呢？请用数字记录下来吧！上车后我投币/刷卡___元。

你是从哪一站上车的呢？请用文字记录下站名！我的上车站是_____。

你是从哪一站下车的呢？请用文字记录下站名！我的下车站是_____。

照片粘贴区：

坐公交车啦！请粘贴孩子乘坐公交车的照片！

我的新发现：

引导幼儿观察公交车上乘客的言行，记录一件有意义的事情。

我在公交车上看到了什么？（如座椅、扶手、禁烟标志、刷卡机……）

你在公交车上听到了什么？（如报站声、喇叭声、开门声……）

如何乘坐公交车？有哪些需要我们注意的问题？（请选取四个你发现的秘密，用绘画或打印、剪贴的方法分别记录在下面，并用简单的文字加以说明，包括乘车等待、准备零钱、公交车上的礼仪、公交车的注意事项等）

中一班：　　　　　（幼儿姓名）

表3-3 "交通工具用处大"调查

1. 马路上有许多车,你认识哪些车?说说它们的名称好吗?

2. 我们生活中还有一些特殊用途的车辆,你知道它们的名称和用途吗?(如警车、救护车、消防车等)

3. 你坐过火车吗?它是什么样的?

4. 你最喜欢什么车?请你把它画下来。

表3–4 "为什么车轮是圆的"实验记录

班级：　　　　　　　　　　　　　　　　　　　幼儿学号：

我猜想		
我实验的结果		

注：请在自己觉得正确的答案下面画"√"。

第四章 冬天的秘密

第一节 主题网络图

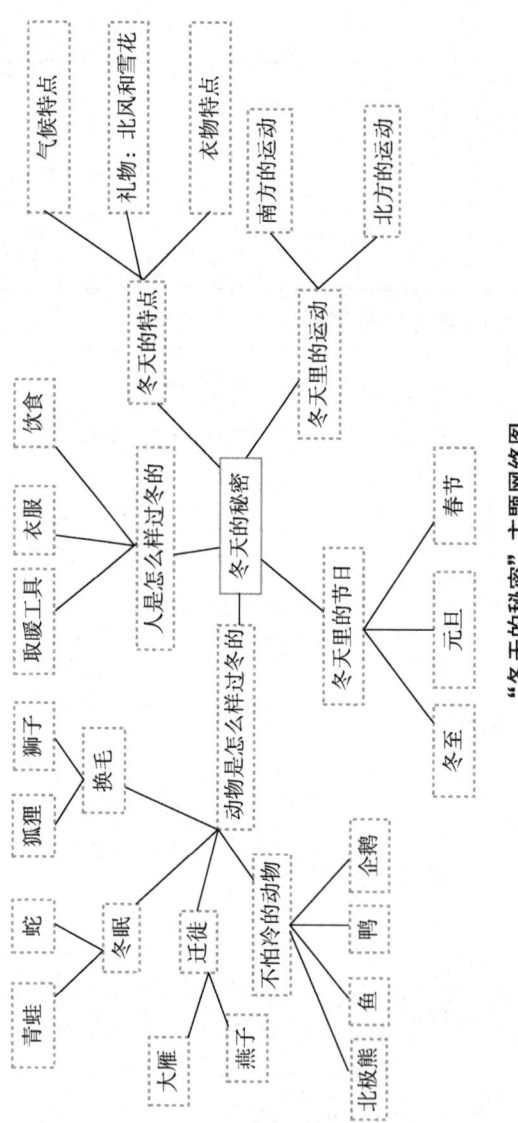

"冬天的秘密"主题网络图

注：依据幼儿园自身条件与幼儿兴趣需要，各个分支还可以继续延伸，如植物是怎么过冬的等。

第二节　阶段性教育目标建议（中班）

一、健康

1. 积极参与体育游戏活动，遵守活动规则和要求。
2. 发展爬、跳、跑、走等基本动作技能（如行进跳、走跑交替、跳起够物等）。
3. 能单手将沙包向前投掷 4 米左右。
4. 强化走、跑、跳、投掷、钻爬等基本动作技能，提高动作技能的熟练程度。
5. 了解引起肚子痛的几种原因，防止秋季腹泻的发生，懂得要讲卫生、爱清洁，才能防止和减少疾病，身体才能更健康。
6. 知道天气寒冷时要多穿些衣服、多运动及吃热的食物等，注意保暖。
7. 懂得遇到不愉快的事情时，要想办法解决问题，保持良好的情绪。

二、社会

1. 具有环保意识，能够参与环保行动，包括垃圾分类。
2. 积极参与"冬天的秘密"主题环境的布置任务，学会与别人合作。
3. 初步学会热情、主动地招待小客人，激发做小主人的自豪感。
4. 初步了解中国人春节拜年的传统习俗，体验过新年的愉快情绪。

三、语言

1. 能用连贯通顺的语言表达对冬天的认识和情感。
2. 能发音准确、有感染力地朗诵儿歌。
3. 能根据连续画面中提供的信息，大致说出故事情节，喜欢阅读、听故事，并乐于与他人分享自己对故事的理解。
4. 通过对图片中的故事发生、发展和结果的有序观察，理解故事情节的发展变化。
5. 增强对错误语言的敏感度。

6. 尝试运用现代工具传递信息，增进表达能力。

四、科学

1. 知道一年四季的景象各不相同，冬天是一年中最寒冷及干燥的季节。
2. 知道南北方冬季景象是不同的，了解冬季的主要特征。
3. 通过故事形式，了解部分动物不怕冷的原因，加深对它们的了解。
4. 了解动物过冬的主要方式，丰富对动物的认识。
5. 能不受物体的大小、形状和排列形式及其他特征的影响，正确认识15以内数的形成，会手口一致地点数15个以内的物体，并说出总数。
6. 能在相同的基准点，比较5个物体的粗细、厚薄、轻重，并用正确的词汇进行表达。
7. 知道一星期有七天，能说出星期一到星期日。
8. 能在相似图形中，辨别出两个相同的图案。
9. 会把一个图形分成两个或三个部分，并能将几个部分拼成一个图形，以了解几何图形间简单的变换关系。
10. 能按照图案推测事情发生的顺序。
11. 能发现物品摆放的规律，如AAB、ABB等规律。

五、艺术

1. 感受、赞美冬天的艺术作品，尝试用绘画、手工、语言叙述等方法表达对冬天的认识。
2. 感受线条组合带来的美感，培养形象思维和创造性想象能力。
3. 能够发挥创造力，运用多种材料布置冬天主题环境。
4. 掌握旋律节奏，并用乐器进行演奏。
5. 创编各种形体动作来表现音乐内容。

第三节 主题教学建议

1. 引导幼儿通过对四季衣物的比较，了解冬天是一年中最寒冷及干燥的季节。

2. 使幼儿知道南北方冬季景象是不同的，了解冬季的主要特征。

3. 通过故事的形式，使幼儿了解部分动物不怕冷的原因，加深对它们的了解；了解动物过冬的主要方式，丰富对动物的认识。

4. 让幼儿知道元旦（阳历年）、春节（阴历年）两个新年的不同之处，感受中国特有的民族文化。

5. 使幼儿认识室温计的原理和作用，进一步认识天气和温度之间的关系。

6. 激发幼儿参加冬季体育锻炼的积极性，增强幼儿体质。

7. 以欣赏的态度对待幼儿，注意发现幼儿的优点，接纳他们的个体差异，不与同伴做横向比较。

8. 建议家长配合，不要过多地给孩子购买零食，保证幼儿一日三餐的饮食质量和数量。

9. 日常生活中，鼓励幼儿想一想比较的方法，引导他们体会基准点的重要性。

10. 引导幼儿参与贺新年活动，学会向老师、同伴、家人说"新年好！祝你新年快乐！"等祝福语。

11. 让幼儿知道任何时候都不能互相触碰身体的隐私部位；不偷看同伴上厕所；学习保护自己的隐私处。

12. 引导幼儿了解身边的人（父母、老师、同伴）的性别不随年龄、情景、地点等变化而改变。

13. 引导幼儿了解简单的求助方式，懂得使用110、120、119等各种报警电话。

14. 引导幼儿认识常见的易燃易爆品，知道火的危险性，不玩火。

15. 让幼儿知道钉子等尖利的物品如果使用不当就会伤害身体。学习剪刀、筷子、笔、钉子等物品的正确使用方法，形成使用尖利物品的安全意识。

第四节　写给家长的一封信

尊敬的家长：

　　您好！

　　为期一个月的主题活动"交通工具我知道"结束了。这一个月来，我们师生共同探究和了解了车、船和飞机的发展史，认识了各种常见交通工具的名称和主要用途，切身体验了它们给生活带来的方便和快捷，同时也认识到它们存在的一些不足和危害，激发了幼儿将来创造更先进和环保的交通工具的美好愿望。我们还一起认识了各种交通标志，教育孩子做一个遵守交通规则的好孩子。在这个主题活动开展的过程中，我们力求为幼儿营造一个轻松自由的学习环境，鼓励幼儿大胆地将自己的所见所闻讲述出来，注重幼儿间、师生间的交流和沟通，我们也高兴地看到孩子们的可喜变化：他们会很主动地和同伴交谈自己的认识，很大胆地讲述自己的经历，很积极地表现自己的进步，很聪明地解决困难和问题。

　　我们的主题活动又一次得到了您的支持和配合，各种交通工具的玩具和模型，既激发了孩子们探索交通工具的兴趣，又丰富了他们的日常活动，他们在玩乐和相互欣赏中了解了更多的有关交通工具的常识。当然，我还要在这里感谢各位家长，你们制作的各种交通工具的纸工作品，不仅让孩子们大开眼界，营造了浓厚的主题氛围，更是孩子们参与制作的催化剂。

　　接下来，我们计划进行"冬天的秘密"主题活动，主要目标是：知道一年四季的景象各不相同，冬天是一年中最寒冷及干燥的季节；知道南北方冬季景象的区别，了解冬季的主要特征，从而培养幼儿观察生活和环境的良好习惯；发展幼儿的口语表达能力，激发幼儿喜爱冬天的情感；鼓励幼儿积极参加冬季体育锻炼，增强幼儿体质。希望您继续关注我们的周程计划，配合我们圆满地进行活动。

　　最后，祝您全家生活幸福、身体健康！

中一班
2019 年 11 月

第五节 项目设计与任务分配

项目一：我眼中的冬天

任务一：北方的冬天

活动一：寒冷的冬天

活动目标

1. 培养幼儿不畏严寒的精神。
2. 了解并能说出冬季的自然特征和人们生活的变化。
3. 知道秋天过去了，冬天就来了。

活动准备

1. 冬天仍在户外工作的人的图片。
2. 介绍冬天的相关视频。

教学建议

1. 教师："冬天很快就要来了，我们一起寻找冬天，看看树木的变化、人的身体感受，等等。"
2. 出示本班幼儿在冬天拍摄的照片，说说到了冬天，大家衣着上有什么变化，为什么要穿厚衣服。
3. 观看人们冬天吃的食物和做的事情的视频，说说大家为什么要这么做。
4. 冬天来了，人们的生活有什么变化？如盖棉被、多穿衣服等。
5. 讨论：如何预防冬季感冒？如何在冬天为自己保暖？
6. 出示冬天仍在户外工作的人的图片，鼓励幼儿向他们学习，坚持每天早早起床到幼儿园，做个勇敢的好孩子。

活动二：我国冬天最冷的地方

活动目标

1. 通过视频、图片等资料介绍北方冬天的特点。
2. 知道东北三省是我国冬天最冷的地方之一。
3. 知道哈尔滨举行国际冰雕大赛，通过欣赏作品提升幼儿的审美能力。

活动准备

1. 哈尔滨国际冰雕大赛作品的图片。
2. 东北冰天雪地的图片。

教学建议

1. 在南方是很少碰见下雪的，而在北方下雪是很常见的。随着全球气温的升高，下雪的概率比以前降低了很多，所以我们要注意保护地球。
2. 教师："谁见过下雪？能说说自己的感受吗？"
3. 教师："在我们的印象中，下雪后可以玩什么游戏呢？"幼儿自由表达，如堆雪人、打雪仗等等。
4. 教师："下雪了，我们有什么发现？到处都是白茫茫的一片。我们喜欢这样吗？为什么？"让幼儿自由表达，能说出自己的理由就行。然后，观察一下图片中北方的田野、树木的变化，让幼儿表达自己的所看、所想。
5. 中国有句话叫"瑞雪兆丰年"，下雪了，意味着麦子又会丰收了。
6. 教师："我国东北有个地方叫哈尔滨，每年都举行冰雕比赛，我们一起欣赏一下各个国家冰雕大师的作品吧。"让幼儿从各个角度去欣赏冰雕作品，表达自己的看法。
7. 教师："所以北方的冬天是很美的，有兴趣的小朋友可以与爸爸妈妈一起去北方玩一玩。"
8. 教师总结本节课的内容，让幼儿比较南方与北方的冬天的不同特征。

活动三：冬天的棉大衣

活动目标

1. 会用粘贴的方式做娃娃的棉衣。
2. 体会创作的快乐。

活动准备

1. 不同款式的棉大衣的图片、棉花图片。
2. 棉花或药棉、棉签、糨糊。
3. 每人一张人体线条画。

教学建议

1. 教师："冬天来了，很多小朋友穿上了羽绒服，轻薄又保暖，但也有很多地方有穿棉大衣的。下面我们一起认识一下各个地方的棉大衣。"

2. 教师展示长的、短的等各种款式的棉大衣的图片。棉大衣一般都是用棉花做成的，教师出示棉花的图片或实物，并向幼儿说明："棉大衣是可以看出制衣材料的，现在很多小朋友穿的衣服都是棉质的，只是我们的制作工艺水平提升了，所以看不见棉花了。"

3. 教师："冬天来了，小朋友们都穿上了厚衣服，但我知道有一个娃娃还没有穿上厚衣服呢！你们愿意帮她穿上吗？小朋友们帮帮她吧！等你们制作好了我就送给她，好吗？"

4. 教师示范如何粘贴作画。

（1）教师分发给每名幼儿一张人体线条画。

（2）教师分发棉花与糨糊。没有棉花的，可以用药棉撕开代替。

（3）教师示范如何将棉花撕开，如何将糨糊涂在纸上：用棉签蘸上糨糊在纸上抹一抹，小棉花粘一粘，穿件棉衣暖乎乎。

5. 幼儿粘贴作画，教师巡回指导。

6. 展示作品，引导幼儿欣赏，并请幼儿解说如何才能让自己做的衣服更加保暖。

7. 教师表扬幼儿："老师替这个娃娃谢谢你们，她穿上你们做的棉衣就不冷啦，谢谢小朋友们！"

任务二：南方的冬天

活动一：幼儿园里的冬天痕迹

活动目标

1. 通过自己的观察，发现幼儿园冬天的变化。
2. 能够将自己观察到的东西表达出来。
3. 会提出问题，会寻求帮助。

活动准备

"冬天踪迹大发现"观察记录单，见附表4-1。

教学建议

1. 教师："小朋友们，冬天到了。南方的冬天虽然比北方稍微暖和一点，但我们也能感觉到冬天已经来了，小朋友们可以从哪些方面来判断呢？"

提醒幼儿可以从以下方面来判断：①衣服穿得更多了；②有些树叶开始枯萎了；③早上起床更难了；等等。

2. 教师："今天老师带领大家去幼儿园寻找冬天的踪迹，如果大家在哪里发现了什么，就装到篮子里。记住是在幼儿园哪里发现的，为什么你说它是冬天的踪迹？"

3. 教师将记录单、篮子以小组为单位，发给小组长。有条件的幼儿园可以发放放大镜、小锄头等工具。

4. 幼儿开始寻找、交流，教师巡回指导，提醒幼儿一定要注意安全，知道为什么要选择这个物品。

5. 返回课室或者找个风不大的地方，教师与幼儿一起将物品贴在记录单上，如果贴不住的，就用笔画在记录单上。

6. 教师个别辅导，用文字帮助幼儿记录幼儿表达的内容，告诉幼儿下节课将讨论与分享这些内容。

活动二：研究我的冬天踪迹

活动目标

1. 通过对自己的记录结果的研究，具有初步的研究意识。
2. 通过思索，能完整地表达句子。
3. 学会提问并能初步回答别人的提问。

活动准备

1. "冬天踪迹大发现"观察记录单。
2. 谈话活动。

教学建议

1. 教师："小朋友们，上次我们在幼儿园寻找了冬天的踪迹，你发现了几个？贴在我们记录单上的有几个？自己数一数，学习数字。"
2. 教师："我们一起来分享研讨一下，向小伙伴介绍一下你发现了什么，为什么说它与冬天有关呢？"
3. 教师："大家可以对小伙伴刚刚表达的内容进行提问，你可以支持他，也可以提出自己心中的疑问。"
4. 多邀请几名幼儿进行表达与提问。
5. 教师总结："冬天有几个非常突出的特点，就是很多植物都枯萎了，树木花草的生长好像变慢了；如果是在北方，树叶肯定变黄了，或者已经掉落了。天气变冷了，植物需要的水也没有以前多了。我们人都需要喝热水，植物为什么要喝冷水呢？"可以继续引导幼儿思考。
6. 教师："我们可以把记录单放在班级区角里面，也可以带回家与爸爸妈妈交流一下冬天的踪迹，也许爸爸妈妈会给你更多的信息呢。"

项目二：植物是怎么过冬的

任务一：植物过冬的方法

活动一：植物过冬方法大解密

活动目标

1. 了解植物怎么过冬，感知植物与气候的变化。
2. 通过观察与教师的介绍，进一步感知各种植物在冬季的不同状态。
3. 有探索植物奥秘的兴趣及爱护植物的认知。

活动准备

植物过冬的PPT。

教学建议

1. 教师："这么冷的天气，花草树木会冻死吗？植物们准备好怎么过冬了吗？上次我们在幼儿园里发现了很多冬天的踪迹，今天老师就专门给小朋友们介绍一下植物过冬的方法，看看你见过或者知道的有多少种。"

2. 植物过冬的方式：

（1）用落叶的方法过冬。一些植物采用丢掉"包袱"和"累赘"的方法，以便让自己安然过冬；通过落叶可以降低对养料的消耗，产生冬眠素。

（2）用种子的方法过冬。韭菜、莲藕等则有两种方法过冬，一方面结籽留种，另一方面也毫不留情地"丢叶图存"，第二年再发芽长新叶。

（3）用地下活着、地上死亡的方法过冬。比如芭蕉树、部分野草等的地上部分全部死掉，有时候还需要人帮助砍掉地上的部分。

（4）靠蜡质膜或油脂过冬，如松树等，既可以防寒，也可以阻止水分蒸发。有时候人们还用自制的液体在树根处刷上一层保护膜，让树度过冬天。

（5）用幼苗过冬。如柳树、杨树等，通过留芽，待春天来了再长出树枝。

3. 引导幼儿积极思考：除了这些方法之外，还有其他方法吗？鼓励幼儿发挥想象力，如吹空调、穿衣服等，允许幼儿异想天开。

4. 教师总结本节课的主要内容。

活动二：不怕冷的植物

活动目标

1. 了解南方四季如春的原因。
2. 知道有些植物不怕冷。
3. 自由结伴讨论，了解"极限"的意思。

活动准备

1. 种植水仙，在自然角观察水仙，讨论养水仙的方法，并做好记录。
2. 音乐视频《一剪梅》。

教学建议

1. 教师："天这么冷，有没有不怕冷的植物呢？"引导幼儿自由讨论。
2. 教师："在南方，因为气候温暖，所以很多地方都是四季如春的。今天老师介绍两种不怕冷的植物，一种是水仙，另一种是蜡梅。"教师播放音乐《一剪梅》。
3. 教师播放音乐视频，提醒幼儿关注歌词，培养幼儿的听觉。如果幼儿没有听清楚或者看清楚，可以多播放几次。
4. 强调音乐里的歌词，解释"若非一番寒彻骨，哪得梅花扑鼻香"的意思是蜡梅不怕冷，如果不是这冷的天，也许就没有花香扑鼻，也反映了如果人不吃苦耐劳，是不会有所收获的。
5. 教师："当然，无论什么情况下都有一个极限，老师也听说过树甚至是蜡梅被冻死的情况。所谓极限就是有一个度，就像我们吃饭一样，如果我们吃饱了还继续吃就会非常难受，有时候甚至会出现危险。"
6. 教师总结本节课的内容，告知幼儿可以在家养养水仙，尤其是过年的时候养水仙更好，水仙象征着花开富贵、来年好运。

任务二：这种植物是这样过冬的

活动目标

1. 学会观察一种植物过冬的完整过程。
2. 养成观察、记录与思考的习惯。
3. 会依据以前学的知识和经验判断该植物过冬的方式。

活动准备

1. 寻找一种四季变化比较明显的植物进行长期观察。
2. 再寻找一种冬季会枯萎的植物。

教学建议

1. 教师："小朋友们，我们从现在开始要做一个小科学家。科学家是比较累的哦，我们要天天去观察，看看这种植物有什么变化，它是怎么度过冬天的。"

2. 教师交代观察要求：每隔一段时间就要去观察，观察叶子的变化、树根周围的变化；这个观察也许还需要跨学期观察，直到幼儿了解这种植物是如何过冬的。

3. 每隔一段时间，教师就带领幼儿去观察。每次带领幼儿观察之前，可以自己提前去观察。

4. 每次观察之后都让幼儿学会记录，包括记录树叶的变化、树根周围的变化、春天来了植物苏醒的变化等。

5. 如果幼儿园找不到四季变化明显的植物，可以用PPT的方式将植物的四季变化展示给幼儿。

6. 注意坚持观察，并用适当的符号进行记录。

项目三：动物是怎么过冬的

任务一：狗狗是这样过冬的

活动一：狗狗怕冷吗

活动目标

1. 学会观察小狗在冬天的变化，知道冬天时狗狗会怕冷。
2. 能找到一些帮助狗狗御寒的方法。

活动准备

1. 在网络上搜集一些狗狗的图片，包括穿衣服的狗狗的图片。
2. 在网上搜索一些狗狗保暖的方法。

教学建议

1. 教师："小朋友们喜欢狗狗吗？你们家有养狗狗吗？"引导幼儿自由表达，如果有幼儿说家里没有养狗，教师也要给予指引，帮助幼儿分析家里没有养狗的原因。

2. 教师："现在冬天到了，小朋友有没有发现狗狗的变化？毛多了，体重好像也重了一点，脂肪多了，有些狗狗还穿衣服了。"

3. 教师通过PPT展示动物的变化，包括狗狗怕冷的三种表现：

（1）不愿意出门运动。因为少运动就可以少消耗能量，保存脂肪，而脂肪可以保暖。

（2）身体发抖。颤抖可以增加热量，人也能够通过发抖调整身体状态。

（3）偶尔还会哀号。尤其是狗狗把身体蜷缩起来，不自觉地保护头部和肚子。如果看见这种情况，就说明狗狗冷了。

4. 是不是狗狗也怕冷呢？当然是。现在很多狗狗成为家里的宠物，人们对它的照顾还是非常周全的。

5. 其实很多动物都是怕冷的，引导幼儿说出三种以上怕冷的动物。

6. 教师总结这节课的主要内容，布置下节课的讨论内容：狗狗是怎么保暖的。

活动二：狗狗是这样保暖的

活动目标

1. 知道狗狗是非常忠于主人的动物，所以很多人都喜欢养狗狗。
2. 知道狗狗保暖的措施，并欣赏狗狗穿的衣服。
3. 愿意与家人、同伴讨论狗狗保暖的方法。

活动准备

1. 幼儿提前在家里与父母讨论狗狗是如何保暖的。
2. 在网络上收集各种各样的狗狗的冬季服装。

教学建议

1. 教师："狗狗是怕冷的动物，上次老师给小朋友们布置了任务，让大家回家与爸爸妈妈讨论狗狗是怎么保暖的，你们有没有同爸爸妈妈讨论？"

2. 请幼儿自由表达，要求幼儿使用这样的句式：我与谁谁讨论，谁告诉我狗狗是这样保暖的……

3. 教师总结狗狗保暖的方法：
（1）穿衣服。
（2）喂狗狗适量合适的食物，让它可以多吃点。
（3）准备适量的干净的温水。
（4）狗狗睡觉的地方也要注意保暖。
（5）要适量运动。

4. 教师："今天老师在网络上收集了很多狗狗穿着衣服的图片，我们一起来欣赏，看看你最喜欢哪只狗狗穿的衣服。要说明自己喜欢的原因。"

5. 教师引导幼儿自由讨论、自由表达，可以采用举手表决的方式，投票表决最漂亮的狗狗衣服。

6. 教师分析幼儿喜欢的原因，有时候是因为狗狗可爱，并不一定是衣服好看。

7. 教师总结本节课的内容与幼儿的表现。

任务二：青蛙是这样过冬的

活动一：什么是冬眠

活动目标

1. 知道冬眠的基本含义。
2. 知道冬眠分三个阶段。
3. 能说出三种以上会冬眠的动物。

活动准备

1. 准备一些冬眠动物的图片。
2. 谈话、传授活动。

教学建议

1. 教师："小朋友们，今天老师教你们一个新的知识：冬眠。冬眠也是动物的一种过冬方式。那么，什么是冬眠呢？眠就是睡觉的意思，冬眠就是冬天里动物一直睡觉，不吃也不运动，这种状态就叫冬眠。"

2. 教师讲授冬眠的知识：

（1）冬眠是某些动物在冬季避开寒冷、避开食物匮乏危机的一个"法宝"，不食不动，也不怎么呼吸，一觉睡过一个冬天。

（2）冬眠与温度有关，温度越低，动物的冬眠状态越深，睡得越沉。当然，如果太冷了，它们也会冻死。

（3）冬眠分为入眠、深眠和出眠三个阶段。在冬眠之前，动物要多吃，要储存脂肪，一方面可以保持体温，另一方面要提供给冬眠时的体能消耗。

3. 会冬眠的动物有刺猬、乌龟、青蛙、蝙蝠等。

4. 对幼儿提出问题，了解幼儿的掌握情况：

（1）冬眠的动物会呼吸吗？当然会，只是很慢。

（2）冬眠的动物会不会冻死？当然会。

5. 教师出示几张动物冬眠的图片。让幼儿对冬眠感兴趣，让他们懂得：我们冬天感觉冷不想起床，也是避开冷的一种方法。冬天时，人的睡眠时间也会变多一点。

6. 教师："请小朋友们回家后与爸爸妈妈讨论青蛙是怎么冬眠的。"

活动二：青蛙是这样过冬的

活动目标

1. 知道冬眠是一种动物过冬的方式。
2. 知道青蛙冬眠常见的地方。
3. 知道冬眠状态会随温度的变化而变化。

活动准备

1. 青蛙冬眠的视频。
2. 青蛙冬眠的相关图片。

教学建议

1. 教师："我们都听说过小蝌蚪找妈妈的故事，那你们知道青蛙是怎么过冬的吗？过冬之前它们要做哪些事情？"

2. 引导幼儿说：青蛙在冬眠之前应该多吃一些，青蛙是益虫，吃的是害虫，如蚊子等。吃多一点，它们储备的脂肪就更多了。

3. 青蛙一般在10℃以下就会冬眠，它们一般会选择住在哪里呢？

落叶覆盖的土里、石子、朽木下或者池底的泥土、腐叶土里，也就是比较松软的土地里面。常见的地方是河流、湖泊、坑塘岸边或稻田埂等处的土中。

4. 青蛙冬眠的方法：当气温下降到10℃以下时，青蛙选好冬眠地点，蹲在比较松软的土地上，后肢左右摇摆，一点一点地坐进土里。最后，在青蛙的周围形成一个洞穴，四壁非常光滑。如果把青蛙取出来，土穴就像翻砂铸件的砂模一样。

5. 教师总结：所以每个人都要勤劳，都要学会储备粮食。只有这样，我们才能度过寒冷的冬天。

6. 教师总结本节课的内容。布置下节课的主要内容：哪些动物不怕冷呢？

任务三：不怕冷的动物我知道

活动一：冬天不怕冷的动物

活动目标

1. 知道世界上最冷的地方在地球的两端：南极洲与北极圈。
2. 知道在北极圈里有不怕冷的北极熊，南极洲里有不怕冻的企鹅。
3. 研究北极熊的身体特征，知道它不怕冷的原因。

活动准备

1. 地球仪。
2. 北极熊与企鹅的图片。

教学建议

1. 教师拿出地球仪，告诉幼儿：这是地球仪，我们生活的这个地球从太空里看就是蓝色的球体。为什么是蓝色的？因为地球上海洋比较多，海水是蓝色的，所以地球在太空看起来就是蓝色的。

2. 地球上最冷的地方是地球的两端，一端叫北极圈，一端叫南极洲，在这里生活的动物，肯定是不怕冷的动物。

3. 教师边出示图片，边告诉幼儿：生活在北极圈的有北极熊，并介绍北极熊的体型特点与饮食；生活在南极洲的有企鹅，并介绍企鹅的饮食与生活习惯。

4. 教师引导幼儿讨论：为什么北极熊与企鹅不怕冷。

5. 教师总结本节课的内容。

活动二：冬天"不怕冷"的人

活动目标

1. 了解冬天仍在户外工作的人，并表达对他们的敬意。
2. 知道冬天锻炼好处多，要早早起床回幼儿园。
3. 装饰一副冬天用的手套。

活动准备

1. 在网络上搜索一些冬天仍在户外工作的人的图片，包括清洁工、交通警察、边防战士等。
2. 手套的线条画及贴纸、蜡笔等。

教学建议

1. 教师引导："冬天来了，天气好冷，可是有许多人'不怕冷'，他们坚持早起，有的还在户外工作。"教师可以启发式提问：①这几天，你在家里看到谁比你起得早？②他们起来后做些什么事？

2. 教师："爸爸妈妈不怕冷吗？为什么他们要早早起来？"引导幼儿学会感恩父母。

3. 教师："我们冬天起床有什么感觉？为什么会有这种感觉？怎样克服它呢？"

4. 教师提问："早上除了爸爸妈妈之外，你还知道谁起得早？"可通过幼儿早上的生活环节，启发幼儿讲述：早点店的阿姨、送牛奶的工人、幼儿园厨房的阿姨、清洁工人起得早，为大家做事，真了不起。

5. 教师："那我们该怎么感谢他们呢？清洁工人在冬天工作，他们的手一定很冷，我们一起做个手套送给他们吧。"

6. 组织幼儿观察讨论图案，应从图形、色彩、位置安排（手背装饰、手心不装饰）等方面讨论，为装饰绘制时的技能表现扫除阻碍。条件允许的情况下，可以让幼儿装饰真的白手套。

7. 鼓励幼儿将自制的手套赠送给自己觉得最了不起的人。

8. 教师总结本节课的内容，告知幼儿克服寒冷的做法。

活动三：冬天我不怕冷

活动目标

1. 不怕冬天的寒冷，自己参加体育锻炼。
2. 体验冬天里锻炼前后的身体感受。

活动准备

1. 谈话活动、现场体验。
2. 搜索表现人常见的保暖方法的图片。

教学建议

1. 教师询问幼儿今天是谁最早到幼儿园的，然后请早到的幼儿表达自己是怎么做到来得这么早的，又有什么克服寒冷的做法，并及时给予表扬。
2. 人是世界上最高级的动物，人在冬天保暖的方式有哪些呢？例如，多穿衣服、开暖气、运动、烤火、用热水袋等。
3. 教师引导幼儿思考：在幼儿园，我们没有暖气，也没有火烤，那我们靠什么保暖呢？冬天，我们在幼儿园里要注意做到以下几点：
（1）多穿衣服，多吃饭，多运动。
（2）洗手的时候不要把衣服弄湿了。
4. 在幼儿园里，哪些运动是可以保暖的呢？（搓手、跺脚、跑步）
5. 教师："我们现在感觉手怎么样呢？"让幼儿自由表达。
6. 教师："我们使劲地搓搓手，现在又是什么感觉？"让幼儿自由表达。
7. 如果去户外上课的话，可以让幼儿跑跑步，然后让幼儿讨论跑步前后的感觉有什么不同。
8. 教师总结本节课的内容：冬天是寒冷的季节，也是疾病暴发的季节，流感、手足口病等都是比较常见的传染性疾病。只要我们好好锻炼身体，就能战胜寒冷、战胜疾病。

任务四：动物的迁徙

活动一：会跑来跑去的动物

活动目标

1. 初步了解动物迁徙的含义。
2. 知道迁徙也是一种躲避寒冷的方法。

活动准备

1. 动物迁徙的视频。
2. 歌曲《小燕子》。

教学建议

1. 教师播放歌曲《小燕子》，与幼儿一起欣赏，播放之后询问幼儿歌里面说了些什么。

2. 让幼儿自由表达：燕子有一个习惯，冬天快来的时候，它们就成群结队地往南飞，因为南方比北方要暖和很多，所以它们就去南方过冬。一到春天，它们又飞回北方。

3. 我们把动物的这种行为叫作迁徙。迁徙是动物适应大自然环境的一种生存本能，有些是为了适应气温，有些是为了生宝宝，有些是为了食物。适者生存，所以我们要学会自我调节。会迁徙的鸟除了燕子之外，还有大雁等。

4. 教师："燕子在迁徙的过程中会碰到哪些困难呢？"引导幼儿思考，如方向问题、能量问题，它们中途会不会掉队，等等，并开展相关教育。

5. 如果幼儿有兴趣，可以学唱这首歌曲。

6. 教师总结本节课的主要内容，并说明：冬天我们也要多多锻炼，学会适应，回家之后与爸爸妈妈一起讨论还有哪些动物有迁徙的习惯，为什么它们会迁徙，等等。

活动二：动物过冬方式我知道

活动目标

1. 知道不同动物的过冬方式。
2. 能够依据图片对相同的动物过冬方式进行归类。
3. 学会连线与书写 3 以内的数字。

活动准备

1. 作业单。
2. 谈话活动。

教学建议

1. 教师：通过这段时间的学习，我们知道了冬天里的很多秘密，尤其是动物过冬的方式，那今天老师就考考大家：

（1）不怕冷的动物有哪些？（北极熊、企鹅等）

（2）在冬天睡在地底下的动物有哪些？（青蛙、蛇等）

（3）在冬天会跑到暖和一点的地方的动物有哪些？（燕子、大雁等）

2. 待与幼儿回忆交流之后，拿出作业单，让幼儿连线，并统计各类动物的数量。

3. 教师巡回指导，并检查幼儿完成的情况。

4. 展示幼儿作品，并分析对与错。让幼儿自我检查与更正作业单。

5. 教师总结本节课的主要内容。

项目四：冬天的节日

任务一：过冬至

活动一：认识冬至

活动目标

1. 通过收集相关资料，了解"冬至大过年"的含义。
2. 感受冬至的喜庆氛围，感受传统节日的文化底蕴。

活动准备

收集有关冬至习俗的介绍资料，制作成PPT。

教学建议

1. 通过谈话引入冬至，在广东有"冬至大过年"的说法。冬至是二十四节气里面一个很重要的节气，冬至这天的白天最短、黑夜最长。冬至到了，就意味着冬天来到了。过了冬至就开始"数九"，九九八十一天后，就能感受到春天的气息了。

2. 冬至是举家团聚的日子，冬至的风俗：北方地区有冬至宰羊、吃饺子、吃馄饨的习俗；在南方，冬至这一天则有吃姜饭、冬至糯米饭及长线面的习惯。

3. 南方的天气比较暖和，冬至来了，才终于有了凉爽的感觉。

4. 让幼儿回家询问爸爸妈妈，看看冬至是怎么过的，氛围怎么样。回到班上再与小伙伴分享自己家是怎么过冬至的。

5. 为了让幼儿感受冬至的氛围，幼儿园可以邀请爸爸妈妈同幼儿一起做糯米饭、包饺子。谁的爸爸妈妈有空，我们就邀请他们。

6. 教师总结本节课的内容，告诉幼儿：中国人最注重过节，最注重家庭情感的凝聚。

活动二：冬至吃糯米饭

活动目标

1. 认识传统的节日，知道冬至的由来。
2. 知道本土过节的习俗"吃糯米饭"，知道糯米饭的制作过程。
3. 感受过传统节日的乐趣。

活动准备

PPT、制作糯米饭的材料。

教学建议

1. 谈话导入。

教师："今天是什么节日？今天是冬至。冬至是中国传统的二十四节气之一，是冬天真正来临的日子。在南方，有'冬至大过年'的说法。"

2. 引出过节的习俗。

教师："小朋友们知道我们过冬至要吃些什么吗？有些地方吃糯米饭，有些地方包饺子，总之是一家人团聚的日子。为什么冬至这一天要吃糯米饭呢？吃糯米饭有什么好处？因为它寓意可以驱除邪恶、永保平安健康。今天，我们一起来学做糯米饭。"

遇上传统节日，可以开展"家长进课堂"活动。

3. 制作糯米饭。

（1）介绍制作糯米饭的材料。

（2）第一步，洗米；第二步，切食材；第三步，煮饭。

幼儿可以参与洗米的过程。

4. 向幼儿介绍食材，让他们认识这些食材。

5. 邀请大家品尝糯米饭。让幼儿说出糯米饭里面有什么食材，是什么味道，跟我们平时吃的白米饭有什么区别。

6. 教师总结这节课的主要内容。

活动三：冬至包饺子

活动目标

1. 认识我国传统节日冬至，并了解冬至的习俗。
2. 了解包饺子的过程：和面、擀皮、剁馅、包饺子。
3. 尝试动手包饺子，感受冬至气氛，体验包饺子的乐趣。

活动准备

1. 面粉、饺子馅、生粉。
2. 电磁炉、锅、大漏勺、大托盘、一次性桌布。

教学建议

1. 介绍我国的传统节日冬至，以及冬至的习俗：冬至有吃饺子、吃汤圆、吃糯米饭的习俗。
2. 介绍助教家长：今天我们邀请了×××妈妈为我们包饺子。
3. 助教家长演示和面、擀皮、剁馅和包饺子的过程。
4. 幼儿分组包饺子，助教家长与教师巡回指导。
5. 教师和助教家长煮饺子。
6. 邀请幼儿品尝饺子，并表达自己的感受。
7. 教师总结此次活动。

任务二：我们这样过年

活动一：认识春节

活动目标

1. 感受节日喜庆的气氛，体验节日的快乐。
2. 知道"春节"是我国的传统节日，了解春节的习俗与待人接物的礼仪。
3. 愿意参加活动，感受春节的热闹气氛。

活动准备

1. 音乐《闹新年》，视频《年兽来了》。
2. 过年风俗介绍 PPT。

教学建议

1. 以音乐《闹新年》导入，激发幼儿的兴趣。让幼儿知道这是过年时经常听到的歌曲。
2. 分享过年的习俗，询问幼儿过年的时候做了什么好玩的事情、看见了什么景象，引导幼儿积极表达，如贴春联、放鞭炮、吃年夜饭等。
3. 欣赏视频《年兽来了》。

年兽最怕三种东西：光、声响、红色。人们为了吓走年兽，常用贴春联、穿红衣、放鞭炮等方式来过年。见面时，还彼此说"恭喜发财、红包拿来"，祝福彼此平安。

4. 教师总结本节课的主要内容。

活动二：学剪窗花

活动目标

1. 欣赏窗花，知道窗花是我国劳动人民的智慧结晶，激发幼儿对民间艺术的喜爱。
2. 学习剪窗花，能发现窗花的对称美。

活动准备

1. 各种颜色的电光纸、剪刀、胶水、白纸。
2. 音乐《过新年》。

教学建议

1. 播放音乐《过新年》，师生拍手伴奏。
2. 教师引导发言："新年到了，很多地方有贴窗花的习俗，我们一起来欣赏窗花吧。"教师逐一出示人物、动物等造型的窗花，让幼儿评价窗花是否好看，为什么。

窗花有的地方左边和右边是一样的，有的地方上面和下面是一样的。我们把左边与右边一样图案的叫作左右对称，把上面与下面一样图案的叫作上下对称。

3. 教师引导幼儿学习剪窗花，演示剪纸步骤：

将纸对折再对折，折成三角形；教师在三角形的每条边上都画上不同的形状，然后让幼儿沿着轮廓剪；最后打开，美丽的窗花就完成了。

4. 幼儿操作，要注意提醒幼儿别把中心线剪断。对于动手能力强的幼儿，可以鼓励多种对折的方法，让他们剪出不同的图案。
5. 展示幼儿作品，大家共同欣赏。
6. 教师总结本节课的主要内容。鼓励幼儿在家、在幼儿园区域活动时多剪剪窗花，剪出自己喜欢的图案。

活动三：学说祝福语

活动目标

1. 学会倾听，知道向不同的人送不同的祝福，懂得关心周围的人。
2. 知道说祝福语是中国人过新年的一种方式。

活动准备

谈话活动。

教学建议

1. 教师："我们马上要过新年了，谁知道中国人是怎么过新年的？"

舞狮，贴对联、贴"福"字、放鞭炮、放烟花、办年货、张灯结彩，把家里布置得喜气洋洋，穿得漂漂亮亮的，说祝福的话……

2. 教师："今天，我与大家一起学说过年的祝福语。你们会说些什么祝福的话呢？"让幼儿自由表达。

3. 教师："小朋友们说得都不错。大家有没有发现，针对不同的人要说不同的祝福语。"

（1）送给小朋友的：聪敏伶俐、快高长大！

（2）送给老年人的：身体健康、平平安安、长命百岁、精神百倍、笑口常开！

（3）送给爸爸妈妈的：恭喜发财、身体健康、笑口常开！

（4）送给老师的：恭喜发财、新春快乐、身体健康！

4. 具有广东地方特色的祝福语：恭喜发财！

教师可以适当介绍过年利是的风俗习惯。

5. 教师总结本节课的主要内容，建议幼儿回家向爸爸妈妈了解过年的其他习俗。

附表

表4-1 "冬天踪迹大发现"观察记录单

班级：　　　　　　　　　　　　　　　幼儿姓名：

我的发现	
发现地址	
选择理由	
教师评价	

第五章　了不起的身体

第一节　主题网络图

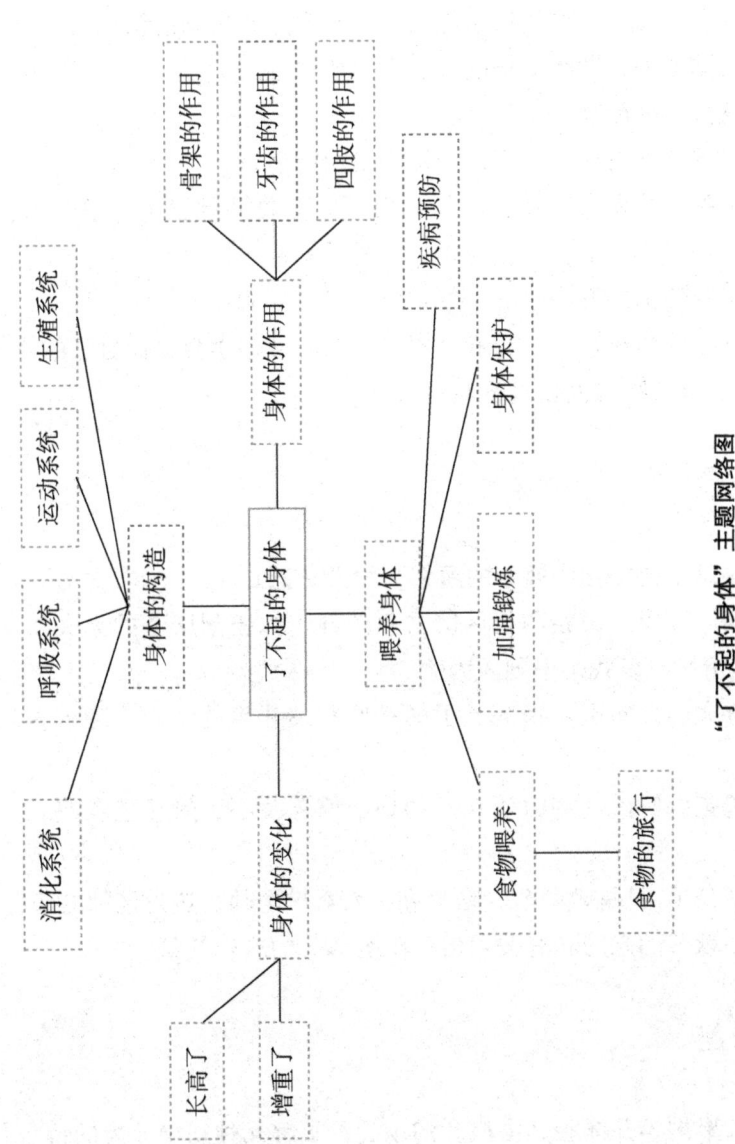

注：依据幼儿园自身条件与幼儿兴趣需要，各个分支还可以继续延伸。

第二节 阶段性教育目标建议（大班）

一、健康

1. 学做大班早操，参加队列训练，做好队列训练的各项动作。
2. 掌握投掷和躲避的技能。
3. 学会左右转弯走，增强行走能力，提高对左右概念的认识。
4. 培养投掷能力，训练动作的灵敏性、协调性。
5. 发展身体的平衡感。
6. 练习双脚站立由高处往下跳，发展跳跃能力。
7. 了解一些有关牙齿的知识。了解换牙时需要注意卫生，学会保护新长出来的牙齿。
8. 学会正确的刷牙方法。
9. 了解骨架的初步知识，知道骨架对人的意义，学会保护自己的骨架。
10. 初步了解食物的消化过程与意义。

二、社会

1. 了解中国传统文化中换牙的习俗，学念童谣。
2. 感受不同国家、民族和地区的文化差异，知道国庆节的意义与庆祝内容，具有爱国情怀，以我是中国人为荣。
3. 礼貌并大胆地向医生提问，了解一些有关牙齿的知识。理解古代人的一些洁牙方法。
4. 帮助爸爸妈妈做一些力所能及的事，培养关心、热爱爸爸妈妈的美好情感。
5. 知道 9 月 10 日是教师节，培养和激发尊敬老师、热爱老师的情感。
6. 了解中秋节的来历和有关习俗，感受节日的欢乐气氛。

三、语言

1. 理解故事内容并体验其中换牙的乐趣，了解几种动物牙齿的特点。

2. 了解保护牙齿的方法。了解牙齿的主要构造及其对人的重要性，知道龋齿的形成原因和过程，学习正确的刷牙方法，养成良好的口腔卫生习惯。

3. 熟练地朗诵儿歌，了解问答调的传统儿歌形式，尝试推断故事情节。

4. 通过看革命电影、听革命故事和开展比赛，知道今天的生活来之不易，要好好珍惜。

四、科学

1. 认识骨架的存在及意义。
2. 知道牙齿的重要性以及刷牙的重要性。
3. 初步了解食物的通道以及消化的意义。
4. 发现自己的手指指纹，挖掘与利用自己的手指功能。
5. 不受物体摆放形式影响地点数 20 个以内的物体数量。
6. 辨识数字 11～20。
7. 获得每 5 个一数、每 10 个一数的按群计数的经验。
8. 能按照 ABC、AABC、AABB 等规律摆放物品。
9. 了解顺序的意义，会从不同方向确认物体的排列顺序，并能指出具体的第几个。
10. 能用几个小几何图形拼成一个大几何图形。
11. 能依据线索用七巧板拼出指定图形。
12. 能用生活中的物体作为工具进行简单测量，初步探索测量工具与测量结果之间的关系。
13. 能在比较过程中体验量的相对性。
14. 能从不同角度对同一物体分类。

五、艺术

1. 愿意与同伴合作完成任务，并分享自己的画作。
2. 画出不同表情中牙齿的特征。
3. 根据动物牙齿的特点制作能够使用的牙刷。
4. 积极主动地参与欣赏活动，感受天安门雄伟壮丽的景象，并以作画的形式表达自己对祖国的爱。
5. 大胆地用色彩表现节日的欢乐场面，表达对节日的认识和情感。
6. 辨别音乐中的音色、速度、力度的对比。

7. 发展集体合奏的技能。
8. 感受坚定有力的进行曲风格。
9. 感受乐曲中的旋律与表现力度。

第三节 主题教学建议

1. 让幼儿在游戏中学习早操，提高效率。
2. 引导幼儿与家人分享自己掉牙的经历。
3. 在练习报数时，除了让幼儿学习按顺序报数外，还学习1、2报数和1、2、3报数等，训练幼儿学会迅速地从一队变成两队、三队。
4. 引导幼儿书写数字1～10，巩固10以内的点数和10以内的倒数。
5. 在班级区角投放几条花样各异的项链，请幼儿说说这些珠子有什么规律（如圆形、椭圆形、星形等）。
6. 在班级益智区投放七巧板，鼓励幼儿进行自由造型。
7. 在日常活动中，通过比高矮的形式让幼儿体验长和短的概念。
8. 鼓励幼儿使用不同的测量工具，如手、脚步等。
9. 结合教师节、中秋节、国庆节，讲述相关故事或神话传说，如《嫦娥奔月》《猪八戒吃西瓜》等。
10. 观看革命电影《鸡毛信》或《闪闪的红星》。
11. 让幼儿知道黄色警戒线的作用，在天台游戏、行走时要注意安全，防止事故发生，培养幼儿的安全意识和自我保护能力。
12. 通过观看视频中一个个形象生动的小故事，让幼儿获得如何预防意外伤害的常识，并了解发生事故时应如何自救。让幼儿联系日常生活，在互相交流中进一步增强安全意识。
13. 引导幼儿如厕、换衣服时不能互相触碰身体的隐私部位。不随意窥视别人如厕、换衣服。学会认识各种性别符号，学会根据不同的性别符号分辨男厕和女厕。

第四节　写给家长的一封信

尊敬的家长：

　　您好！

　　孩子进入大班，意味着年龄的增长，意味着能力的增强，意味着再过一年他们就要开始小学生活了。看着孩子们一天天长大，我拿什么奉献给自己班级的孩子呢？

　　身体对每个人来说都是熟悉的，每个人对自己的身体都有或多或少的了解。身体的各个部位每天都伴随着我们，我们可以时刻感受到它们的存在。身体对于孩子们来说既熟悉又神秘，对于大班的孩子来说，一方面，他们对身体各部位有了好奇的意识，许多孩子对于自己及同伴的长高、长胖现象产生了明显的兴趣，还有一些孩子对肢体的活动、运动也产生了浓厚的兴趣；但是对于自己身体的各个部位及其作用的认识还很不够，尤其是在保护意识方面还很欠缺。另一方面，孩子对自己的身体有很强的探索欲，他们很想探索身体的秘密。因此，我们开展主题活动"了不起的身体"，通过有趣的游戏、生动的故事、动听的歌曲让孩子了解身体的秘密，知道如何正确有效地保护自己，从而养成自我保护的习惯。

　　在"了不起的身体"课程单元中，我们从多元的角度，让孩子展示自己与众不同的特点。关注自己的特点，挖掘自己的能力，从观察自己的外貌、身体、情绪、能力等和别人的不同之处开始，孩子将学习建立与他人的友谊，并通过各种游戏，享受表达"我最棒"时的那份愉悦。

　　如果您对教学活动有什么好的建议，或者听到、看到孩子某些方面的变化，请及时告知我们，这都是课程延续与深化的好契机。

　　最后，祝您家庭幸福，每天好心情！

大一班

2019 年 9 月

第五节　项目设计与任务分配

项目一：身体的五种感觉

任务一：视觉

活动一：明亮的眼睛

活动目标

1. 知道人的眼睛有两只。
2. 知道眼睛有很多种颜色，在我们周围有两种：黑色、棕色。
3. 知道眼睛的功能与部位。

活动准备

1. 在网络上搜索各种不同颜色眼睛的图片。
2. 一张五官图片，从家里带来的小镜子。

教学建议

1. 教师："老师今天说一个谜语让小朋友们猜一猜：上边毛、下边毛，中间一个黑葡萄（打一身体器官）。"谜底就是眼睛。

2. 教师："每位小朋友都照照镜子，看看自己的眼睛是怎样的，和小伙伴的眼睛有什么不同和相同的地方。"

3. 教师："眼睛是我们的视觉器官之一，今天我们一起来认识眼睛。我们的眼睛一共有两只，它们在脸上的哪个位置呢？"教师出示眼睛的图片，和幼儿一起边照镜子边了解眼睛的位置，以及眼球、瞳孔、眼睫毛、眉毛。

4. 教师："小朋友们，你们知道吗？人的眼睛有很多种颜色，它们一般有哪些颜色呢？我们自己的眼睛是什么颜色？"幼儿回答"黑色"，教师给予鼓励，并说明："实际上我们的眼睛带点棕黄色。"

5. 教师拿出从网络上收集的各种颜色的眼睛的图片给幼儿欣赏。让幼儿知道人的眼睛有很多颜色，包括黑色、蓝色、棕色等。

6. 讨论：我们的眼睛有什么作用？

7. 到室外寻找各种色彩。

8. 教师："每个人都有两只眼睛，一般要在有光的情况下才能看见东西。当然，有些动物晚上才能看见，白天反而看不见，如猫头鹰等；有些动物的眼睛是白天和黑夜都可以看见的，如猫和小狗。"

9. 延伸活动：教师提前准备好一张画有鼻子的白纸，让幼儿在纸上画眼睛，看看位置是否画对，眼睛的结构是否清晰。

活动二：保护眼睛

活动目标

1. 能够感知眼睛的重要性，改掉伤害眼睛的坏习惯。
2. 能够养成良好的坐姿，并知道对眼睛有益的方法。

活动准备

1. 收集有关眼部疾病的图片资料并制作成 PPT。
2. 对班级幼儿的视力情况进行初步了解。
3. 看不见光的眼镜一副（或遮眼罩）。

教学建议

1. 教师出示有关眼部疾病的图片，提问："这个小朋友为什么会揉眼睛？眼睛会生什么病呢？"（红眼病、结膜炎等）。
2. 师生讨论眼睛为什么会生病。例如，用脏手擦、揉眼睛，看书时姿势不对、光线不好，看电视、玩手机太疲劳，坐姿不端正，等等。
3. 让幼儿带上看不见光的眼镜走路，体验视力不好的不便之处。
4. 师生讨论：怎样保护视力？例如，看电视时，要与电视机保持一定距离，看电视时间不能超过半小时；看书时，光线要充足，不能趴着或仰着看书，看书的时间不能太长，要经常远眺，多看看绿色植物，也不能在光线太强的地方看书；写字的姿势要正确；等等。另外，多吃胡萝卜对保护视力有好处，眼睛生病了就要寻求医生的帮助。
5. 教师询问幼儿该如何保护眼睛，了解课堂效果，及时补充护眼知识。
6. 在日常生活和学习中，随时提醒幼儿注意保护自己的视力。

任务二：听觉

活动一：耳朵本领大

> 活动目标

1. 通过游戏活动，知道耳朵的用处。
2. 学习用耳朵辨别各种声音，并能用语言表达出来。

> 活动准备

1. 装有大米、硬币、黄豆的小罐子若干，标上不同的编号。每组发一套。
2. 汽车喇叭声、火车汽笛声、小狗小猫的叫声、某名幼儿的声音、某名幼儿妈妈的声音等。
3. 辨别三种东西的声音的作业单。

> 教学建议

1. 教师："今天，老师与小朋友们一起讨论我们每个人都有的东西——耳朵。小朋友们知道耳朵的作用吗？当然是听声音了。"
2. 教师："老师现在播放一些声音，大家听到后，如果能说出这种声音是谁发出来的，请马上举手回答。"
3. 教师依次播放汽车喇叭声、火车汽笛声、小狗小猫的叫声，请幼儿回答，并表扬："小朋友们的耳朵真能干。"
4. 教师："老师今天准备了一些你们平时听不见的声音。我们现在以小组为单位，每个小组选一名小组长，自己做实验，猜一猜这个声音是什么，然后把瓶子上的序号写到作业单上面。"
5. 幼儿做实验，教师巡回指导。
6. 鼓励每个小组自我检查，邀请每个小组选派的代表上前表达自己小组的猜想，教师给予肯定。
7. 教师播放提前录制的幼儿与幼儿妈妈的声音，让大家听听是谁在说话。
8. 教师总结："原来我们的耳朵本领这么大，所以我们要注意保护自己的耳朵。下节课，我们一起探索耳朵与听力保护的问题。"

活动二：耳朵的结构与听力的保护

活动目标

1. 初步掌握耳朵的基本结构。
2. 知道在生活中如何保护自己的耳朵。

活动准备

1. 耳朵的模型或者模型图片。
2. 保护耳朵的 PPT。

教学建议

1. 教师："上节课我们讨论了耳朵的功能，这节课我们一起来研究一下耳朵的结构，以及如何保护自己的耳朵。"

2. 教师拿出耳朵模型，或者出示耳朵模型的图片，介绍耳朵分为外耳、中耳、内耳三个部分。脑袋外面长着的部分叫耳郭，专门收集声波，如果有一天我们听不清远处的声音，可以用手掌拢住耳郭，增大它的面积，就会听得更清楚。耳朵里面有个鼓膜，外面的声音传到耳朵里面，通过鼓膜震动传递给听神经，让我们听见声音。

3. 教师带领幼儿了解耳朵的另外一种功能：辨别声音的方向与位置。

教师邀请 3 名幼儿上台做游戏，其中 1 名幼儿蒙住双眼，其他幼儿在不同的方位发出声音，让蒙眼的幼儿辨别发声的幼儿在哪里，也可以让蒙眼的幼儿旋转几圈再开始游戏。

4. 如何保护自己的耳朵：

（1）当听见巨大声音的时候，我们要掩耳、张口。

（2）当乘坐飞机上升与下降的时候，要张开嘴巴，或者吃东西。

（3）当耳朵进了虫子的时候，可以用手电筒照射耳朵，让虫子朝着光亮的地方爬出来；不行的话，就要求助于耳科医生。

5. 教师总结保护耳朵和听力的方法，如不去吵闹的地方，不用尖锐的东西挖耳朵，不让污水进入外耳避免感染，等等。洗澡的时候，只要稍加注意就不会让耳朵进水；就算进水了也不怕，单脚侧跳就可以让水流出来。

6. 教师总结本节课的内容，告知幼儿下节课将研究声音是如何产生的。

活动三：会跳舞的米粒

活动目标

1. 初步了解并感受声波震动传播的现象，萌发对科学的探究欲望。
2. 能观察到小米"跳舞"会随音乐音量的大小、节奏的快慢变化而变化。

活动准备

小鼓2个，米粒若干。

教学建议

1. 教师："小朋友们，你们知道声音是怎么产生的吗？什么情况下会发出声音？"引导幼儿自由讨论发言。
2. 请幼儿到教师跟前，摸摸教师说话的时候喉结部位的感觉。
3. 告知幼儿：声音是由于震动产生的。震动越大，声音越大。
4. 观察、探索米粒"跳舞"：将米粒放在鼓面上，教师慢慢敲打鼓面给幼儿观察，声音由小变大，米粒跳得越来越高。
5. 让幼儿亲自试试米粒"跳舞"，感知声音大小与米粒"跳舞"的关联。
6. 活动延伸：米粒在声波的震动下可以"跳舞"，纸屑、水等都可以"跳舞"，大家可以在家里尝试一下。
7. 在区域活动中，可以为幼儿准备传声筒游戏，材料包括听筒与绳子。

任务三：嗅觉

活动一：鼻子本领大

活动目标

1. 知道不同动物的鼻子。
2. 理解鼻子有呼吸、嗅觉和帮助发音三个主要功能，体会它的重要性。

活动准备

1. 各种各样动物的鼻子的图片、人的鼻子的图片。
2. 分别装有水和醋的瓶子各一个。

教学建议

1. 教师出示各种动物的鼻子的图片，让幼儿猜一猜，这是什么动物的鼻子。也可以设计成作业单。
2. 教师出示人的鼻子的图片，让幼儿观察鼻子的外观与内部结构。教师小结：鼻子分为内鼻和外鼻，外鼻就是我们能看到的鼻梁、鼻翼、鼻孔，两个鼻孔之间还有一个间隔。
3. 鼻腔里面有鼻毛，小孩子的鼻毛还看不见，年龄比较大的就看得清楚一点。鼻毛可以阻挡飞尘、细菌等，让我们呼吸进去的空气更加干净，所以我们不能随便剪鼻毛。
4. 体验活动：感知鼻子的功能。
（1）用手捏住鼻子，看谁憋的时间长。问问幼儿有什么感觉（难受），鼻子有什么作用（呼吸）。
（2）教师拿出一个装有水的瓶子、一个装有醋的瓶子，让幼儿闻一闻。说明鼻子有什么功能（闻气味）。
（3）让幼儿捏住鼻子说话，感受说话有什么不同（发音不清晰）。所以鼻子的第三个功能是帮助发音。
5. 教师总结鼻子的三个功能，了解幼儿的掌握情况，交代下节课讨论鼻子的嗅觉功能。

活动二：我会破案

活动目标

1. 知道一些保护鼻子的方法。
2. 学会分辨常见的几种气味。

活动准备

1. 分别装有白醋、酒、花露水、纯净水的杯子。
2. 提前让幼儿与家长讨论警犬破案的故事。

教学建议

1. 教师："小朋友们有没有跟爸爸妈妈讨论警犬的故事？警犬靠什么来破案？警犬用鼻子闻坏人的气味，然后一路跟踪，找到坏人。有些警犬还可以嗅出炸弹、毒品等。狗狗的鼻子特别厉害，它的嗅觉特别灵敏。"

2. 嗅觉就是闻气味的能力，所以我们能够闻到各种各样的气味。

3. 教师：今天老师带来了四个杯子，你能通过液体的颜色猜出杯子里面装的是什么东西吗？单从颜色来看，我们是不是看不见什么颜色，所以不知道是什么物品？那我们用鼻子闻闻：

（1）一号杯子里是什么？（酒）你家里有人喜欢喝酒吗？

（2）二号杯子里是什么？（白醋）我们什么时候会用到醋呢？

（3）三号杯子里是什么？（花露水）可以用来驱蚊。

（4）四号杯子里是什么？（水）水一般没有气味，所以闻不出来。当然，臭水沟里的水除外。

4. 破案题：一个小偷进了一个家里偷东西，现在警察抓住了三个人。1号人物说我刚刚在家吃了一碗醋面；2号人物说我没有去别人家偷东西，我刚刚在草坪上休息，因为蚊子多还擦了很多花露水；3号人物说我刚刚去喝酒了。这个时候警察发现小偷逃跑时被门钩下了一块布条。现在请闻一闻布条，看看是谁去过这户人家，谁是小偷。

5. 教师总结：我们的鼻子真管用！当然，鼻子也有不舒服的时候，比如感冒鼻塞、患鼻炎、鼻子受伤流血等，这个时候我们就闻不到气味了。所以，我们要保护好自己的鼻子。比如，流鼻血的时候压住鼻孔、用冷水敷前额，寻求大人的帮助，等等。

任务四：味觉

活动目标

1. 通过观察，了解舌头的外形特点和构造。
2. 知道舌头是人的味觉器官。
3. 引导幼儿认识在生活中怎样保护自己的舌头。

活动准备

1. 调味品若干份（包括酸、甜、苦、咸等），吸管一根。
2. 舌头结构图片若干，舌头功能相关介绍视频，并制作成PPT。

教学建议

1. 教师："今天，老师与小朋友们一起讨论另外一个器官——舌头。舌头一直隐藏在我们的口腔里面，一般不会伸出来。小朋友们有没有伸出过自己的舌头？"

2. 引导幼儿回忆以前的看病经历，尤其是看中医的时候、早上晨检的时候。

3. 教师引导幼儿之间相互观察，结合舌头结构图片，介绍舌尖、舌根、舌体。

4. 教师与幼儿一起研究舌头的作用。

（1）试试舌头不动时能不能说话；如果能，说话说得清不清晰。所以，舌头的其中一个功能是配合发音。

（2）舌头除了能配合发音，还有什么作用？幼儿自由讨论。

5. 让幼儿品尝各种调味品，然后告诉教师是什么味道。为什么舌头能品尝到味道呢？因为舌头上有许多小小的味蕾，这些味蕾对味道特别敏感。

6. 舌头是最灵活的，所以我们的牙齿一般咬不到舌头。那么，我们如何保护自己的舌头呢？舌头最怕刺激性强的食物，我们不要吃太辣、太烫或太冷的东西，也不要吃得太快；不能边吃边说，以免咬着舌头；要早晚刷牙，饭后漱口，保持口腔卫生，让小细菌无法生长。

任务五：触觉

活动一：摸一摸

活动目标

1. 能够用手感知不同物品的特征（软硬、光滑、粗糙、冷热等感觉）。
2. 提升触觉的感受力。

活动准备

1. 不同质地、形状的材料，如积木、丝绸、钥匙、玻璃球、冷热水袋等。
2. 纸箱若干个。在每个纸箱上面挖一个孔，大小刚好可以伸进一只手。

教学建议

1. 教师同幼儿一起玩游戏，如"大风吹，吹哪里，脑袋"，让幼儿感受手摸脑袋是什么感觉。

2. 教师告诉幼儿这种感觉就是触觉。触觉除了让我们感知周围事物之外，还有特别的保护功能，比如我们的手一放到火上，马上就感觉到痛，就会马上把手收回。

3. 教师向幼儿提供不同的物品和材料，让幼儿随意摸一摸，然后询问幼儿，哪些东西是软的，哪些是光滑的，哪些是粗糙的，哪些是凉冰冰的，等等。

4. 玩游戏"盲人摸物"。让幼儿用布蒙上眼睛，然后用手摸桌子上的物品，摸到一个物品就要说出它是什么。说对了的幼儿应该给予表扬。

5. 按指令摸物：让幼儿按照教师的要求在纸箱中摸出相应的物品，如"摸出一个正方体的积木""摸出一个软的东西"等等。

6. 活动结束后，可以将纸箱放在班级区角内，让幼儿自由地玩"摸一摸"的游戏，教师可以不断更换箱子里面的材料。

活动二：爱我你就抱抱我

活动目标

1. 知道人与动物都喜欢抚摸与暖暖的东西。
2. 知道亲人之间要经常相互拥抱，感受亲人之间的温暖。

活动准备

1. 音乐《爱我你就抱抱我》。
2. 几块塑料布与几块毛茸茸的布。

教学建议

1. 播放音乐《爱我你就抱抱我》，幼儿与教师相互游戏，跟着歌词相互做动作。

2. 让幼儿感知塑料布与毛茸茸的布有什么差别，问幼儿喜欢哪块布的感觉，并请幼儿说明原因。

3. 教师向幼儿介绍美国心理学家哈洛做的一个实验：这位心理学家将刚出生的小猴子和猴妈妈及同类分开，结果发现小猴子对铁笼里面的绒布产生了极大的依恋，因为触摸绒布能让小猴子有满足感。所以，如果别人拿走绒布，小猴子就会发脾气。

4. 教师："小朋友们知道为什么很多小朋友喜欢玩布娃娃吗？实际上就是一种触觉的满足。"

5. 为什么人需要拥抱呢？正如歌曲里面唱的那样，因为拥抱是一种亲密关系的体现，能够让人获得安全感与满足感。

6. 让幼儿相互拥抱，说说自己的感觉。为什么感觉不好，因为不投入。只要我们投入了，感觉一定特别的好。所以，如果我们爱爸爸妈妈，回家之后就要经常抱抱爸爸妈妈，或者让爸爸妈妈抱抱我们。

7. 教师总结本节课的内容，告知幼儿回家后，只要觉得开心，就一定要给爸爸妈妈一个拥抱。

活动三：表情创意拼贴

活动目标

1. 能分辨各种情绪，并能用语言描述感觉。
2. 通过表情了解对方的心情。

活动准备

1. 纸张碎片或者画笔、胶水等。
2. 表情符号图，最好是与贴纸表情相关的图片。

教学建议

1. 教师："在之前的课上，我们研究了五种人体感觉，又研究了人体面部的几个器官。我们经常听大人们说五官端正、眉目清秀，小朋友们知道是哪五官吗？是眉、眼、耳、鼻、口。"

2. 教师："其实人的五官给予了我们丰富的表情，我们每个人的心情都可以通过五官的形状与搭配显示出来。"教师出示各种表情图片，让幼儿判断图片上的表情是开心，是在哭泣，还是在生气、瞧不起，等等。

3. 教师分发剪刀、剪纸、胶水等工具，让幼儿剪贴出五官的形状，分别在画纸上面拼贴出几种不同的表情，如开心、生气、难过等。

4. 教师巡回指导。待作品完成后，请幼儿介绍自己的作品。

5. 教师引导幼儿讨论：如果是对方表现出害怕、生气、哭闹等负面情绪的时候，我们该怎么办？

6. 教师总结："五官真奇妙，可以表达出不同的感情。下课后，小朋友可以继续做不同的表情拼搭。"

7. 延伸活动：可以收集幼儿各种表情的照片，在班级内做一面表情墙。

项目二：身体的构造

任务一：消化系统

活动一：消化系统的组成

活动目标

1. 通过观察、感知，了解人体消化系统中主要器官的名称。
2. 知道胃是人体的消化器官，懂得保护胃的基本常识。

活动准备

消化系统图片、胃的结构图片。

教学建议

1. 教师通过提问"今天我们吃了什么早餐"，引导幼儿说出早餐里面包括粥、糕点等。教师再提问："我们的食物到哪里去了呢？"

2. 教师："其实我们能长高，是因为人体有一个强大的消化系统。"教师拿出消化系统的图片，让幼儿认识到：人的消化系统是由口腔、食管、胃、肠等组成的。今天我们就认识一下食物的打磨场地——胃。

3. 胃是人体重要的消化器官，具有消化、吸收食物的作用。如果我们不好好保护胃，就会缺少营养。教师鼓励幼儿大胆地表达自己的看法。

4. 食物进入胃里，胃便会分泌胃酸。胃酸不仅能杀灭有害细菌，更如粉碎机一般，将食物粉碎成"食糜"，然后经过蠕动，让更多的消化分泌物充分混合，直至食物完全分解。

5. 教师："胃会跟我们一辈子，我们补充能量就全靠它了，所以我们要好好地保护它。常见的胃病有胃痛、胃胀等。如果小朋友爱吃零食、爱喝饮料、爱吃冰冷的食物，就会让胃生病的机会越来越多。"

6. 如何保护胃呢？少吃零食，少喝饮料，不吃太多的冷饮，要将食物在口腔中充分咀嚼以减轻胃的负担，不暴饮暴食，少吃过于刺激的食物，等等。

7. 教师总结本节课的主要内容，交代幼儿下节课将会探讨"食物的旅行"。

活动二：食物的旅行

活动目标

1. 了解食物在消化系统里消化吸收的基本过程，发现其中的规律。
2. 知道每个器官都具有自己的功能。
3. 养成良好的饮食和卫生习惯。

活动准备

1. 在网上搜集食物消化过程示意图。
2. "食物旅行"作业单。

教学建议

1. 教师："今天红萝卜弟弟想去消化道里面旅行，谁来帮它策划一下旅行路线呢？"

2. 教师："我们先用勺子将红萝卜弟弟放到嘴巴里面，然后用牙齿咀嚼，我们一定要慢慢嚼，咬碎一点，为什么呢？因为这样可以减轻胃的负担。这个时候牙齿的作用真大，所以我们要保护好牙齿。"

3. 教师："接下来要进入下一个通道了，这里有两个分叉，一个是气管，一个是食管。这里有一个开关，如果在吃饭的时候说话，打开的就是气管，食物进了气管，我们就会有生命危险，所以红萝卜弟弟一定要走食管，千万不能去到气管里面。所以，我们吃饭的时候能不能说话、大声吵闹？"

4. 教师："紧接着，红萝卜弟弟就到了第三个地方，也就是我们上节课研讨过的器官——胃。胃就像一个口袋，将食物不停地蠕动，把食物磨得更细、更烂，便于人体吸收。"

5. 教师："第四个地方是哪里呢？对了，是小肠。小肠就像一个加工厂，把食物的营养基本都吸收了。"

6. 教师："那么下一站又是哪里呢？是大肠，大肠也会吸收营养，只是没有小肠吸收的种类多。"

7. 教师："经过大肠之后，就通过肛门拉出便便排出去了。红萝卜弟弟在人体的食物旅行就结束了。"

8. 教师将每个身体部位用图表示出来，让幼儿排序，完成作业单；同时，让幼儿学会书写数字，了解其中的规律。

任务二：呼吸系统

活动一：我的肺活量大

活动目标

1. 知道鼻子、咽喉、气管、支气管、肺是呼吸器官，可以帮助我们呼吸。
2. 知道肺活量的意思，知道通过锻炼可以提高肺活量。
3. 知道肺活量是人呼吸功能的标志之一。

活动准备

吸管若干，吹嘴若干。

教学建议

1. 教师："上节课，我们研究了消化系统，今天我们开始研究呼吸系统。人的呼吸系统是由鼻子、咽喉、气管、支气管、肺等组成的，是人赖以生存的系统。如果人不能呼吸，说明已经没有生命了。"
2. 教师让幼儿捂住鼻子、闭上嘴巴，看看能坚持多久，由此感知呼吸系统的重要性。
3. 教师："今天老师教小朋友们一个新的名词——肺活量。肺活量反映了一个人肺部的能力。"
4. 教师让幼儿吹吸管，看看谁的气泡吹得最多。提醒幼儿：只能吹一口气哦。
5. 如何才能提高肺活量：跑步是最好的方法。跑步时，吸气的时候用鼻子，呼气的时候用嘴巴，这样就可以让自己跑步更顺畅，还不会肚子痛。
6. 教师与幼儿一起练习呼吸的方法。
7. 教师总结本节课的内容，询问幼儿什么是肺活量。

活动二：为什么会咳嗽

活动目标

1. 知道冬天来了，呼吸道疾病会更多了。
2. 知道呼吸道疾病会让人难受。
3. 知道一些保护呼吸器官的方法。

活动准备

1. 空气污染导致呼吸道疾病的图片。
2. 抽烟导致肺部疾病的图片。

教学建议

1. 教师和幼儿一起巩固上节课探讨的内容：我们的呼吸器官有哪些。

2. 教师引导幼儿自由讨论：我们的呼吸器官有没有生过病？呼吸器官生病时，你有什么感觉，这对呼吸有什么影响？幼儿依据自己的经验讲述生病时的感受。

3. 教师小结：如果我们不好好保护自己的呼吸器官，它们就会生病。呼吸器官生病的时候，就会让人感到头痛、咽喉痛、鼻塞，还会觉得呼吸急促、困难。

4. 教师："呼吸就是我们需要吸入空气。我们吸进去的叫作氧气，呼出来的叫作二氧化碳。如今，随着工业的发展，空气污染特别严重，所以患上呼吸道疾病的人越来越多。"请幼儿观察空气污染的图片，以及人因空气污染而生病的图片。

5. 呼吸道疾病还同我们身边的人有关系。教师出示香烟的图片，询问幼儿家里是否有人抽烟。指出抽烟会影响健康，所以幼儿要奉劝大人少抽烟，因为抽烟会引起自己以及周围的人患上呼吸道疾病。

6. 教师展示抽烟的人与不抽烟的人的肺部对比图，说明抽烟有害健康。

7. 教师：为了更好地美化环境，我们要多种植物，因为植物会生产氧气；我们要少去人多的地方、空气污染比较严重的地方，如垃圾站、地下车库、人流量非常大的地方。

8. 教师总结本节课的主要内容。

任务三：运动系统

活动一：找关节

活动目标

1. 知道关节能使身体弯曲，对人体活动有重要作用。
2. 学会简单的保护关节的方法。

活动准备

1. 英文音乐 *Head Shoulder Knees and Toes*。
2. 可折叠与不可折叠的玩具若干个。

教学建议

1. 教师与幼儿一起玩音乐游戏 *Head Shoulder Knees and Toes*。玩一会儿后，问幼儿：为什么我们能弯下腰去摸到自己的脚？是因为我们有关节。
2. 教师："今天老师与小朋友们探讨另外一个人体系统——运动系统。人体的运动系统由三大部分组成：骨、关节和肌肉。今天我们就认识关节。"
3. 教师请幼儿自己找身体上的各个关节，包括手指、手臂、臀部、脚等部位。教师提问：有了这些关节，人体会怎么样？没有这些关节又会怎么样？引导幼儿结合生活实际经验，说出关节的重要作用。
4. 教师："关节这个部位非常重要，而且受伤了不容易恢复，所以我们要注意保护自己的关节。那么我们怎样保护自己的关节呢？"

（1）我们经常在玩耍的时候出现推、拉、拽等现象，容易造成关节伤害。所以，我们在活动中不要硬拉、硬拽同伴的胳膊，不要推、撞同伴。

（2）我们在玩轮滑的时候，很多部位需要保护，包括手腕、膝盖等。

（3）我们在体育活动中要注意互相躲闪，避免相撞。

（4）我们在提重物时要注意保护自己的关节，不使关节拉伤或者扭伤。

活动二：我们的骨架

活动目标

1. 知道骨骼是人体的支架，初步了解骨骼的作用。
2. 懂得一些保护骨骼、促进骨骼生长的方法。

活动准备

1. 人体骨架模型或图片。
2. 缺少营养的骨架图片或变形的骨架图片。

教学建议

1. 教师："小朋友们，请你用手捏一捏自己的手指和手臂，有没有摸到什么硬东西？你摸到的东西就叫作骨头。人体就是由这些骨头支撑起来的。就像雨伞没有支架就撑不起来一样，人没有骨头，就会像泄气的皮球。"

2. 教师出示人体骨架图，讲解人体的骨架包含 200 多块骨头，每块骨头之间因为有关节连接，所以特别灵活。

3. 教师介绍脊柱：脊柱是关节最多的地方，也是神经最多的地方，神经就好比电源线，连接着四肢与大脑。如果我们平时不注意坐姿，就会让脊柱长斜或者错位，这样我们就不帅、不漂亮了。所以，我们要注意保持良好的坐姿，要坐端正。

4. 教师：小朋友们正处于发育阶段，骨头的柔韧性是比较强的，所以摔跤也不怕，但也要注意安全。那么，该怎么样让骨头长得更好呢？

教师总结：喝牛奶、晒太阳促进钙的吸收，多运动，坐得直、站得稳，等等。

活动三：玩转轮胎

活动目标

1. 能够依据数字进行实物摆放，锻炼幼儿的大肌肉。
2. 能够用数学知识完成教师提出来的任务。
3. 在游戏活动中具有团队意识，能够自我解决碰到的各类矛盾与困惑。

活动准备

1. 一组背景音乐，如《数一数》《小种子》《豌豆》《小青蛙》等。
2. 轮胎40个，每个轮胎喷上不同的1~9的数字。
3. 1~9数字牌（可以竖立）。

教学建议

1. 播放背景音乐，所有幼儿滚着轮胎进场。
2. 教师发给每名幼儿一张卡片，卡片上是10以内的数字，同轮胎上的数字一致，从1~9都有。教师："小朋友们，你们看过光头强没有？知道熊大、熊二吗？好，今天我们就玩一个关于光头强与熊二的游戏。假装老师是光头强，你们都是熊二。老师一说'光头强来了'，你们要迅速奔跑，去寻找与自己手中数字一样的轮胎，并保护好它。"
3. 教师巡回指导，检查幼儿识认、辨别数字的情况。在此过程中，教师可以交换其中几个数字识认能力比较弱的幼儿的数字牌。
4. 教师："你们都很棒，都能找到保护对象。不过老师昨天晚上问了熊二：'为什么最近你学习这么认真？'原来熊二准备去营救熊大，但碰到了几条河，熊二不知道怎么计算数字，所以一直没有架好桥。今天，老师就看看你们会不会比熊二聪明一点。看这边，老师在每个圈与圈之间都标上了数字，现在请小朋友们依据自己手中的数字去寻找其他小朋友，只要你们俩的两个数字相加刚好等于圈里的数字就可以了，然后把轮胎抬过去铺设好桥。"
教师用呼啦圈摆设几个间隔，开始的数字小一点，然后慢慢变大。相同数字的幼儿可以站在一起。
5. 铺设好后，教师可以引导孩子过轮胎桥，去营救熊大。配班老师可以装扮成熊大。
6. 依据时间与幼儿掌握情况安排游戏次数与难度系数。

活动四：它能穿越弯管吗？

活动目标

1. 能在活动中提出自己的假设，乐意通过实验加以验证，并做记录。
2. 通过实验获得有关物体特性的经验。
3. 喜欢操作，乐意将操作结果告诉同伴，懂得实验是验证猜想的方法。
4. 锻炼幼儿精细动作、手眼协调的能力。

活动准备

弯管 12 根，记录表 12 张，装实验材料的盘子 4 个，容易穿过弯管的螺帽 16 个，比弯管长的绳子 12 条，装着沙子的盘子 4 个（大小能让幼儿在里面实验），松筋单裤 1 条，黑色发夹 13 根（其中 1 根教师用）。

教学建议

1. 导入——铺垫经验。

教师拿出一条没有橡皮筋的短裤，问幼儿："橡皮筋出来了，怎么再穿进去呢？小朋友们有没有见过妈妈或者奶奶是怎么处理的？能不能直接把橡皮筋穿进去？"

教师："老师小时候看见我妈妈这样做过，用夹头发的发夹把橡皮筋夹住，借助发夹的硬度钻过去就可以了。"教师迅速演示，然后提问："神奇吗？老师是个爱动脑筋的人吗？"

2. 问题探究。

教师："本来老师也想让小朋友试试给短裤穿橡皮筋，可老师没有这么多坏了的短裤。所以今天老师与大家一起来做做小实验，学会用本领解决问题。你们愿意吗？"

第一步，介绍弯管："今天老师带来了什么？"（管子）

教师一边做弯曲的手势一边问："这是什么样的管子呢？"（弯管子）

第二步，介绍实验材料，交代实验方法："老师今天带来了沙子、螺帽、绳子，它们都想到这根弯管的身体里面去旅行，可是它们到底能不能穿越这个弯管呢？它们想咨询一下小朋友，让小朋友们来猜一猜，好吗？"

第三步，引导幼儿猜想并记录。

教师交代记录方法：如果能通过就打"√"，如果不能通过就打"×"。

教师也可以提前准备一些红纸片、绿纸片，绿纸片表示能够穿越，红纸片代表不能够穿越。幼儿认为可以穿越的，就在它的上面贴上绿纸片，不能穿越的就贴上红纸片。

第四步，教师与幼儿一起统计预测结果，公布于黑板上。

教师："小朋友们真能干！让我们一起来看一下你们猜测的结果吧！"然后询问打"×"或贴红纸片的原因，并鼓励幼儿当众表达出来。

第五步，验证并记录。

教师："小朋友们对各种材料都有不同的意见，它们到底能不能穿越弯管呢？老师为你们准备了一些实验材料，请你们去做个实验，然后把实验的结果用红色和绿色的纸片记录到黄色的统计图上。记住：每一样东西都要试一试哦！"

教师巡回观察、指导，了解幼儿的实验过程及出现的问题，提醒幼儿及时记录自己的实验结果。

教师与幼儿一起观察、探讨、交流实验结果，总结：很多时候，我们只要敢于发现、敢于实践，就能得到正确的答案。

3. 学习应用。

表扬幼儿，提出新任务："沙子、螺帽都已经穿越弯管的身体，进行了神秘之旅，但是绳子妹妹却哭了，因为她没有机会进行神秘之旅，你们愿意帮助她吗？请小朋友们开动自己聪明的小脑袋，帮助绳子妹妹穿越这个弯管。"

教师巡回指导。当发现幼儿行为正确且成功之时马上分享，让幼儿相互学习，完成穿越任务。

项目三：身体的喂养

任务一：食物喂养

活动一：食物安全我知道

活动目标

1. 初步知道什么是食物中毒；具有安全意识，克制自己少吃零食。
2. 认识食品包装上的生产日期及安全标志。

活动准备

幼儿食物中毒的视频；食物包装盒的 PPT。

教学建议

1. 观看幼儿食物中毒的视频，让幼儿知道食物中毒的后果是十分严重的，所以吃东西或者购买食物的时候一定要具有安全意识。

2. 教师："小朋友们，你们有没有注意过食品包装上的安全信息呢？在正规超市买的食品包装上会有生产日期或安全标志，你们知道吗？"

老师打开 PPT，或者把早上喝牛奶的盒子留下来，让幼儿观察、辨认，哪里是生产日期，哪里是安全标志。

3. 教师引导幼儿认识包装袋上的数字和图案，并给出正确的生产日期、保质期及安全标记，告知幼儿：

食物一定要有生产日期、安全标示、生产厂家，否则就是"三无"产品，不能吃；食物一定要在保质期内吃。

吃蔬菜一定要吃新鲜的，去正规的菜市场购买，因为这里的菜在卖之前已经经过检验，不要购买路边菜。

不要吃变绿的土豆，不要吃腐烂的蔬菜，因为这些都已经产生了毒素；不要吃过夜的蔬菜，因为它产生了亚硝酸盐，也有毒。

路边卖的零食往往存在食物安全隐患，尽量不要吃。

4. 布置作业，从家里带一个食品包装盒，上面要有生产厂家、生产日期、有效期、安全标示等，下节课在班级集体分享。

活动二：我爱吃蔬菜

活动目标

1. 知道蔬菜是人的必需品，养成不挑食的好习惯。
2. 认识常见蔬菜的外形特征，按食用部分进行分类。

活动准备

白菜、胡萝卜、西红柿、芹菜、菠菜、大蒜等蔬菜实物或者图片。

教学建议

1. 教师："小朋友们平时最喜欢吃哪些蔬菜，或者吃过哪些蔬菜？为什么要吃蔬菜？"请幼儿自由讨论、表达。

2. 教师："我们吃蔬菜的时候都吃哪些部位呢？"引导幼儿回答：叶子、根、茎、枝、果实等。

3. 教师介绍几种蔬菜的营养：

菠菜含有大量的胡萝卜素和铁，它让我们的身体更强壮。

西红柿里面含有大量维生素，它能让我们的牙齿和骨骼变得更坚固，还能防止牙龈出血。

芹菜中含有大量的铁、胡萝卜素和多种维生素，尤其是纤维素，不仅有营养，还有利于排便，对预防高血压、心脏病等也有好处。

4. 教师可以制作作业单，让幼儿统计图片中的蔬菜品种、数量，并学会书写与计算品种数字之和。

5. 教师讲解不吃蔬菜的坏处，例如，会得坏血病，导致牙龈出血、排便困难，等等。

6. 教师总结本节课的主要内容，强调如果想要身体健康，就一定要保障饮食营养均衡，还要多多锻炼身体。

活动三：水是生命之源

活动目标

1. 知道每天都需要喝水，水是生命之源。
2. 了解饮料对人体的不良影响，在日常生活中能做到主动喝白开水。
3. 了解水污染的危害，知道节约用水。

活动准备

干枯土地的图片、水污染的图片、沙漠里行走的人的图片。

教学建议

1. 教师："对于人来说，最离不开的两种东西是什么？"可以引导幼儿先自由表达，然后再说是空气与水。

2. 教师："虽然地球上有很多水，但海水能喝吗？我们喝的水是淡水，不是海水，因为海水含盐量太高，所以不能喝。"

3. 教师先请幼儿回忆口干时的感受，然后说："如果我们没有水喝，会怎么样呢？植物会枯萎死掉，人也会脱水死亡。"教师展示一些稻田干涸、人在沙漠中行走的图片，表示：他们想喝水，却没有充足的水。

4. 教师组织幼儿讨论水的用途：在幼儿园里，我们用水做了哪些事情？饮用、洗手、浇花、炒菜、煮饭等。

5. 教师出示水污染的图片：随着工业发展，以及人对水环境的污染，水资源越来越少了，很多地方的水变成了污水，很多人没有水喝。就连生活在水里的鱼也被毒死了；即使有些鱼活着，也不能食用。

6. 教师强调："我们每天要多喝水，每天至少喝800毫升的水。"教师可以用幼儿自己的水杯、幼儿园的水杯进行容量讲解，告诉幼儿应该喝水的杯数。提醒幼儿每天早上必须喝一杯温水，这样能促进肠胃蠕动。

任务二：身体的防护

活动一：保护好我们的皮肤

> 活动目标

1. 通过观察、了解皮肤，注意保护皮肤的清洁并尽量不使皮肤受损伤。
2. 能大胆地在集体面前表述自己的想法。

> 活动准备

放大镜人手一个，网络上搜集的皮肤结构图几张。

> 教学建议

1. 教师："小朋友，我们平时都需要穿衣服吗？为什么要穿衣服？我们游泳的时候没有穿衣服，是什么在保护我们？是的，我们人体的每个部位上都有一层皮，我们叫它皮肤。"

2. 教师："皮肤摸上去有什么感觉？皮肤看上去是什么样子的？皮肤上有什么？你见过什么颜色的皮肤？"

3. 幼儿拿出显微镜观察皮肤，皮肤上有什么？汗毛。

4. 教师拿出皮肤的结构图，讲解："我们的皮肤分为三层：表皮层、真皮层、皮下层。真皮层才有血管。所以一般情况下，刮破一点点皮是不会流血的，如果出现流血情况就说明皮肤受到的伤害比较大了。"

5. 皮肤具有哪些功能呢？教师小结：皮肤在人体的最外层，具有保护人体的作用，还能调节体温等。没有皮肤，就没有冷、热、痒、疼痛等感觉。天热的时候，皮肤还可以排汗、散热；天冷了，皮肤的毛孔会紧缩，不让冷空气进入身体。

6. 教师启发幼儿联系生活经验谈谈怎么保护皮肤：经常清洗皮肤，勤换衣服，不要用尖锐的东西去碰皮肤，防止戳伤皮肤；冬天要多穿衣服，防止皮肤冻伤，还要每天擦点护肤油，不让皮肤太干燥；防止蚊虫叮咬，不碰脏东西，平时加强锻炼，使皮肤更健康；等等。

活动二：保护好我们的大脑

活动目标

1. 认识大脑的重要性，形成对大脑的初步认识。
2. 通过师生共同讨论，掌握科学用脑、保护大脑的基本方法。

活动准备

关于大脑的模型或模型图片，包括头颅的图片。

教学建议

1. 教师："小朋友们知道人体的总司令在哪里吗？为什么说大脑是人体的总司令呢？"

因为我们写字、画画、游戏、运动等都是由大脑来指挥的，所以大脑是人体的总司令。

2. 教师出具大脑模型或者模型图片。介绍大脑有左右脑之分；有大脑、小脑之分，大脑负责智力活动，小脑负责运动。大脑有不同的神经负责不同的活动，有的负责吃饭，有的负责睡觉，有的负责唱歌，等等。

3. 教师："我们的大脑还有一座房子，大脑在自己的房子里工作，房子的名字叫作头颅，头颅也是由骨头构成的。因为有它，大脑才会更加安全。"教师引导幼儿摸摸脑袋，告诉他们，硬硬的东西就是头颅。

4. 讨论："我们应该如何保护自己的大脑呢？"

我们要摄入丰富的营养，不挑食，大脑才会发育得更好；平时，我们要多动脑筋，积极思考问题，这样我们的神经链接才会更加丰富，我们才会更加聪明；我们出去玩的时候也要注意安全，不要轻易碰撞脑袋；做危险的事情的时候，如玩轮滑、骑自行车、搭摩托车的时候，都要戴上头盔保护大脑。

第六章　超市大发现

第一节　主题网络图

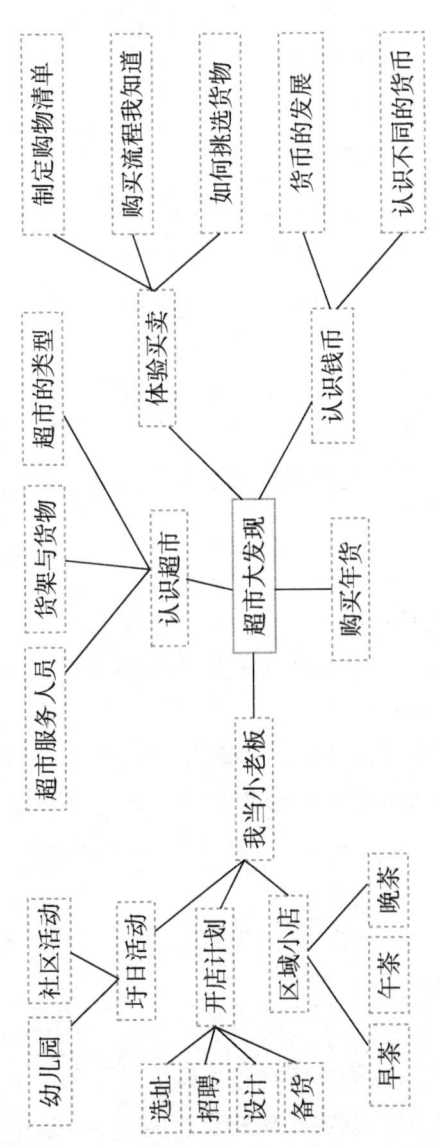

"超市大发现"主题网络图

注：依据幼儿园自身条件与幼儿兴趣需要，各个分支还可以继续延伸，如逛菜市场等。

第二节　阶段性教育目标建议（大班）

一、健康

1. 发展平衡能力和上肢力量。
2. 培养肌肉耐力及身体的灵敏协调能力。
3. 学会正确的挥臂投掷沙包的动作，提高投掷能力。
4. 学会在一定距离外将目标物击倒。
5. 学习和掌握跳绳的动作要领。
6. 发展快跑能力，培养合作精神。
7. 练习助跑跨跳过一定高度的障碍物，培养弹跳能力。
8. 初步了解食物营养搭配，不挑食，不吃过期食品。

二、社会

1. 初步梳理正确的消费观念，有节约意识、计划意识。
2. 愿意结合生活体验，讲述自己的经历，知道乱扔垃圾的坏处。
3. 知道环境保护从身边小事做起。
4. 积极尝试垃圾分类。
5. 知道颜色标志与分类物体的关系。
6. 知道超市人员的构成，知道在超市走丢了该怎么办。
7. 了解过年的风俗与习惯。
8. 了解周围环境中不安全的事物，不做危险的事。例如，不动热水壶，不玩火柴或打火机，不摸电源插座，不攀爬窗户或阳台，等等。

三、语言

1. 念诵古诗，体验汉语的音韵美。
2. 认识环境的重要性。
3. 想象、理解儿歌里生动的语言所描述的画面。
4. 在熟练地念儿歌的过程中感知儿歌的音韵美。

5. 理解故事内容，尝试创编故事。

四、科学

1. 了解关于地球的初步知识，了解人类在探索宇宙的奥秘。
2. 认识磁铁的磁力现象，了解相吸相斥的原理。
3. 理解白天和黑夜形成的原因，对探索自然现象有兴趣。
4. 了解日常生活中浪费行为带来的后果，初步建立环保意识。
5. 知道垃圾分类的必要性和主要方法，了解分类后垃圾的主要处理方式。
6. 学习10以内的相邻数，区别10以内的单双数。
7. 学习10以内的数的组成，知道"数越大，组合方法越多"。
8. 比较宽窄，知道哪个宽、哪个窄，或者一样宽。
9. 认识星期，知道"今天、明天、昨天"的时间概念并建立联系。
10. 继续学习多重分类，以及按物体某个特征的肯定与否定的标准分类，尝试寻找物体的多种特征，变通多种分类方法。
11. 认识正方体、长方体和圆柱体。
12. 在图形拼搭中，体验部分与整体的关系，积累部分小于整体、整体大于每一部分等经验。
13. 初步认识加号和等号。

五、艺术

1. 用绘画的方式表达对超市的理解。
2. 会设计环保购物袋。
3. 懂得欣赏艺术时关注事物的外在形式特征，注重自主感知、想象与感受。
4. 感受过年的氛围，学唱过年歌曲。
5. 尝试依据自己的构想，设计自己的小超市。
6. 根据乐曲的旋律、节奏的特点进行艺术表现与表达。
7. 培养合奏能力。
8. 初步感受戏曲的演唱特点。

第三节 主题教学建议

1. 在晨间活动、户外活动中渗透挥臂投掷动作技能的训练。
2. 在练习挥臂投掷时，注重纠正幼儿的错误动作。
3. 注意幼儿在冬天的运动量与日光浴。
4. 有条件的幼儿园可以组织幼儿参观超市，现场体验购买活动。
5. 将购买清单的制定作为一个重要的项目来做。
6. 主题墙布置：认识钱币、超市购买流程、购买活动、我的购物清单、超市大发现等。
7. 班级区域活动指导：设置专门的小超市区角或者利用幼儿园大型的区角互动。
8. 利用临近春节的时机，设计购买年货的相关活动。
9. 可以介绍网店与网上购物的相关知识与体验。
10. 观察活动室壁钟时针与分针的位置，对应幼儿一天的作息时间，如早餐时间、午餐时间、放学时间。
11. 引导幼儿如厕、换衣服时不能互相触碰身体的隐私部位。不随意窥视别人如厕、换衣服。学会认识各种性别符号，学会根据不同的性别符号分辨男厕和女厕。
12. 引导幼儿认识安全标志的名称、含义、特征和作用；通过设计安全标志，教育幼儿在生活中注意自我保护，增强幼儿的安全意识。

第四节　写给家长的一封信

尊敬的家长：

　　您好！

　　孩子很小的时候就开始扮演买卖游戏了，"我们一起来开店""我当老板，你当客人"……很多孩子家里还买了购物车、收银台等玩具。在游戏中，每个孩子都演绎得惟妙惟肖，这充分说明他们已经把社会生活经验融入到了游戏之中。在区域活动时，老师们也经常听到孩子相互讨论时说到这样的话："我妈妈昨天带我出去玩了"，"我去超市了"，"我和妈妈去买……"一个个说起来津津有味，幼儿的这种兴趣触动了我。

　　孩子们进入大班了，马上要上小学了，数字学习正好可以利用孩子们的这种游戏，结合我园的地理位置，充分利用社区资源，拓展孩子的生活和学习空间，借孩子感兴趣的事物，充分挖掘其潜在的、有利于身心和谐发展的教育价值，因此，我们生成了主题活动"超市大发现"。

　　在主题学习过程中，我们设计了以下活动：认识钱币，了解钱币的多样性与作用；去逛超市体验买卖，认识常见的购物环境，认识买与卖的角色；设计购物清单，建立正确的消费观念；开设"我的小店"，体验做老板的滋味；设计购物袋，培养孩子的环保意识；等等。

　　在主题活动中，我们需要您积极地配合我们。如果您有什么发现或者好的建议，请及时告诉我们；您发现孩子有什么好的收获，也请及时在微信群里同大家分享，让孩子们的学习看得见。

大一班
2019 年 11 月

第五节　项目设计与任务分配

项目一：认识货币

任务一：货币的发展

活动一：古代的货币

活动目标

1. 知道古代的货币的来源和产生原因。
2. 认识我国古代的几种货币，包括铜币、银币等。

活动准备

1. 幼儿在家长帮助下完成《古老的钱币》学习单。
2. 《古老的钱币》视频，钱币发展历史PPT。
3. 人民币（纸币和硬币）。

教学建议

1. 请幼儿分享自己的学习单，向同伴介绍自己了解到的古代钱币的情况。
2. 教师："我们一起来看看，大家找到的这些古代钱币是什么形状的，是做什么用的。"
3. 针对幼儿收集得相对集中的钱币类型，通过图片或视频进行介绍。
4. 展示钱币发展历史PPT，共同交流钱币的发展过程和钱币的作用；重点了解人民币。
5. 教师："我们自己做的'钱币'能用吗？为什么？"
6. 教师总结：钱币是随着经济贸易的发展而发展的。钱只是一个替代物，本来没有什么用，既不能吃，也不能保暖。钱一定要得到国家权力机关的认可才可以流通。

活动二：现代支付方式

> **活动目标**

1. 知道买卖东西的方式越来越先进。
2. 知道扫码支付、刷脸支付、微信转账等支付手段。

> **活动准备**

二维码图片、刷脸支付的图片、无人超市的图片。

> **教学建议**

1. 教师："上节课我们学习了货币的发展趋势是越来越便捷，如今，爸爸妈妈买东西的时候是怎么把钱给别人的？"引导幼儿自我表达。

2. 教师出示各种图片，帮助幼儿组织生活经验：如今的支付方式有现金支付、二维码（手机）支付、银行卡支付等。

3. 教师总结不同支付方式的优缺点，引导幼儿讨论：现金支付、手机支付以及银行卡支付这三种方式，你喜欢哪种方式，为什么？它们有什么优点或缺点呢？

4. 教师："我们都知道爸爸妈妈经常在网络上买东西，你们经常听爸爸妈妈去哪些网站买？网上购物又有哪些优点与缺点呢？"教师引导幼儿讨论假货、信息安全、资金安全等网络购物的相关知识。

5. 教师："老师今天介绍无人超市。在这里，没有服务员，货物自己选，自己刷脸支付，等等。可见我们的科技越来越发达，一切都是为了方便人类。"教师可以播放无人超市的宣传片。

任务二：各种各样的货币

活动一：不同的货币

活动目标

1. 知道每个国家的货币都不一样。
2. 知道相同面值的货币在每个国家买的东西也不一样。

活动准备

用世界各个国家的货币图片制作成 PPT，包括不同面值的货币。

教学建议

1. 教师："小朋友们，每个国家的货币都是一样的吗？国家不同，货币也不同。"
2. 教师展示不同国家的货币，让幼儿知道货币的多样性。
3. 教师："不同国家的货币的价值是不是一样的呢？例如，给你 1 美元与 1 元人民币，它们能购买的东西是不是一样的呢？"
4. 教师告诉幼儿：不同国家的货币价值是不一样的。每个国家的货币只能在自己国家流通。也有不同的国家使用同样的货币的，如欧元，就是几个国家统一使用的货币。

如果想要去其他国家，就得去银行兑换这个国家的货币，而且，不同时间兑换的数量是不一样的。

每个国家的货币价值与本国的经济实力与经济政策是分不开的。目前在国际上流通最普遍的货币是美元。

5. 总结不同国家的货币。货币不是由个人设计与发行的，而是由国家集中发行，并由国家权力机关包括法律予以承认与保障的。

活动二：认识人民币

活动目标

1. 引导幼儿观察人民币，根据人民币上的数字判断面值。
2. 认识国徽和毛泽东头像。

活动准备

1. 不同面值的硬币和纸币若干。
2. 写有"中国人民银行"的字卡。

教学建议

1. 教师："小朋友们知道买东西需要什么吗？"请幼儿讨论后回答。

2. 教师："小朋友们认识我们国家的钱币吗？有些小朋友不清楚它的面值是多大，是硬币还是纸币，今天我们就一起来认识一下吧。"

3. 教师将硬币和纸币摆在桌子上，请幼儿观察硬币和纸币外形上的不同之处并进行分类：纸币是长方形的，硬币是圆形的。

4. 和幼儿一起认识教师准备的"中国人民银行"字卡和国徽的图片。

5. 请幼儿仔细观察人民币的两面，怎么辨别这是中国的人民币呢？因为每张纸币上面都有"中国人民银行"字样、有国徽，这些都是中国货币的标志。

6. 依据纸币的图案和颜色认识人民币的面值。

教师拿出 100 元、50 元、20 元、10 元、5 元、1 元的人民币，与幼儿一起辨认上面的图案，包括毛泽东头像、人民大会堂、布达拉宫、桂林山水、三峡、泰山、杭州西湖等，认识不同的人民币的面值。

7. 教师："今天我们一起认识了人民币。请小朋友们一定要爱惜和保护好人民币，不可以破坏它们。我们要有计划地用钱，养成勤俭节约的好习惯哦。"

8. 延伸活动：带领幼儿认识人民币上的盲文，并讨论如何分辨真假钱币。

任务三：钱从哪里来

> 活动目标

1. 知道工资的含义，知道钱是靠自己劳动所得。
2. 知道在幼儿园里就应该开开心心地玩耍和学习，不要让爸爸妈妈担心。
3. 知道读了大班就应该帮家里做些力所能及的事情。

> 活动准备

谈话活动；提前在家与爸爸妈妈讨论自己可以在家做些什么家务活。

> 教学建议

1. 教师与幼儿回顾上节课的相关话题，引导大家思考：钱从哪里来？幼儿自由表达，教师及时鼓励与表扬幼儿。

2. 教师："小朋友们知道工资是什么意思吗？大家在哪里听说过？"
工资是因为自己的劳动付出而由别人支付给自己的一种报酬。

3. 教师："我们有做过劳动吗？有收过工资吗？"

4. 教师："我们从小就听过一首歌'爸爸妈妈去上班，我在幼儿园……'，有时候也会听见爸爸妈妈说自己在辛辛苦苦地上班，那我们应该怎么办呢？"

5. 教师："在家里，我们有没有帮爸爸妈妈做过家务活呢？为什么没有收到工资？"
当然，也有家庭给一定的钱币满足幼儿的愿望。

6. 教师："做过家务活之后，自己内心的感觉是什么样的？"

7. 教师总结本节课的内容，鼓励幼儿在家帮助爸爸妈妈做一些力所能及的事情。

8. 延伸活动：在班级区角制作手工作品，如手链等，利用周末开展"小买卖"活动。

项目二：认识超市

任务一：我是小小导购员

活动一：我家附近的超市

活动目标

1. 能够介绍我家附近的超市，包括超市名称及所卖物品。
2. 知道我家常去这家超市的原因。

活动准备

我家附近的超市调查，见附表6-1；家附近没有超市的，可以选择小卖部。

教学建议

1. 教师："小朋友们逛过超市吗？在你家附近有哪些超市呢？你家经常去哪个超市呢？"
2. 教师："请小朋友们拿出自己的调查表，向大家介绍你家附近的超市，它的名字叫什么？你同谁一起去的，在里面买了什么，感觉如何？你最喜欢什么？"
3. 教师："哪家超市人最多？为什么？"
4. 教师："超市人多不多与什么有关系？"让幼儿依据刚刚谈论的感受，尝试去分析超市的选址、货物品种、质量等与人流量的关系。
5. 教师总结本节课的内容，说明超市选址与其提供的服务都非常重要，而服务态度好、客人多代表着生意好。

活动二：超市购物流程图

活动目标

1. 知道超市购物有一定的流程。
2. 会利用恰当的方式表达购物流程。
3. 初步具有总结工作的意识。

活动准备

纸和笔，提前在家长的协助下完成购物流程图。

教学建议

1. 教师询问幼儿去超市购买东西时，是怎么挑选物品的，有没有发生过什么趣事或者不开心的事情。

2. 幼儿之间相互交流。教师挑选几名幼儿上前表达，并及时总结。

3. 教师询问幼儿在购买物品的过程中做过哪些事情：

（1）制作计划购买物品清单。

（2）挑选货物。

（3）去收费处结账。

4. 教师让幼儿拿出自己的超市购物流程图，请几名幼儿上前讲解自己的购物故事。

5. 教师让幼儿给自己的超市购物流程图写上编号："第一步、第二步、第三步"，有些幼儿估计会有第四步、第五步等。

6. 教师总结本节课的内容。告知幼儿超市购物流程一定要清晰，尤其是收费处要方便、快捷，要让顾客感受到服务周到。

活动三：认识货物的价格标签

活动目标

1. 知道货物价格标签的几种不同款式。
2. 知道价格标签几个主要部分的含义。
3. 知道不同标签的颜色代表不同的含义。

活动准备

提前拍摄超市货物的各类标签，包括最简单的数字标签，制成 PPT。

教学建议

1. 教师："小朋友们，我们在超市买东西的时候，怎么知道这个商品的价格呢？"请幼儿自由表达：价格标签、二维码等。

2. 正规的商家都会有价格标签。为什么要有价格标签？常见的标签种类有哪些？

国家物价局规定：国家定价的商品使用红色标签，国家指导价的商品使用蓝色标签，市场调节价的商品使用绿色标签，以便于群众监督和检查。价格标签填制、变换、销毁，要由商店专职或兼职物价员统一负责。价格标签必须经过商店物价员审核签章，才能执行，其他人员无权更改。

3. 教师询问幼儿从这段话中收集到了哪些方面的信息。

商标的颜色、要有专人负责，等等。

4. 价格标签的主要内容包括：商品编号、品名、产地、规格、牌号、等级、计价单位、价格等。教师出示 PPT，让幼儿观察各种类型的商标。

5. 价格标签要求字迹工整端正，一一对应，不错不乱，方便顾客，便于检查和监督。

6. 教师总结价格标签的种类，以及必须包括的内容是商品价格。

7. 教师总结："看过价格之后，我们也要量体裁衣，要学会节约用钱，只购买适合自己的商品。"

任务二：超市货物的摆放

活动一：我的补货计划

活动目标

1. 学习按物体的名称、用途或性质进行分类，初步探索统计方法。
2. 乐意与同伴交流探索过程和结果。
3. 分工合作，体验成功的乐趣。

活动准备

1. 发动幼儿收集幼儿用品类、玩具类、食品类的物品若干。
2. "我的补货计划单"人手一份，见附表6-2，铅笔、橡皮擦若干。

教学建议

1. 教师："小朋友们，我们最近一直在研究与超市相关的东西，你们想不想自己开超市？当我们研究得非常熟悉的时候，老师就与小朋友们一起开超市。"

2. 教师："要开超市就一定要采购货物，当货物不足的时候，我们就要补货。今天，我们一起玩个游戏。现在，老师准备了一些货物，想请小朋友们帮忙统计一下这个篮子里有多少货物，我想补多少货物，还需要补多少。"

3. 教师将幼儿分成几个小组，让幼儿分别统计篮子里的货物数量，分类记录。展示"我的补货计划单"，介绍哪种商品最多，数量是多少，哪种商品最少，数量是多少。

4. 教师："现在每个小组都对自己的物品进行了统计，在商场这就叫作清点仓库剩余商品。下一步，我们就应该计划采购了。采购物品的时候，我们应该注意哪些问题呢？"让幼儿自己思索，教师给予积极指引，肯定幼儿的想法。

5. 教师："老师现在给每个小组布置任务。要依据加法的规则，算对了才给予采购。待会儿老师检查，一定要凭自己的计算获取采购数量。比如，2+3=5，我有2只铅笔，我还需要采购3只，共有5只铅笔拿出来卖。"

6. 教师巡回指导。让幼儿依据实物数量检查自己的采购是否正确。

7. 教师总节本节课的主要内容。

活动二：超市是这样摆放货物的

活动目标

1. 学会观察周围事物并总结规律。
2. 知道物品按照一定的规则分类是为了便于人们发现与统计数量。

活动准备

用各类物品摆放的图片与标识，如蔬菜区、糖果区、生活用品区等标识制作成 PPT；条件允许的幼儿园，可以以作业单的形式让幼儿寻找超市里各种各样的分类标签。

教学建议

1. 教师："小朋友们，我们进入超市后，如何知道我们需要的货物在哪里呢？是的，超市物品的摆放也有不同的分类标准，主要依据是货物品种的多少、空间大小等等。我们在挑选货物的时候，首先要归类，看要买哪一类物品，然后根据超市的大分类标签找在哪一块区域。"

2. 教师展示在超市里面拍摄的各种分类标签，包括水果区、酒水区、饼干区、玩具区、文具区等。

3. 教师："这样分区有什么好处？可以类比于我们班级的区域活动名称，这样的话会收到什么效果？包括人员分流、迅速找到自己想要的商品等等。"

4. 玩角色扮演游戏：我想去超市买铅笔，应该去哪个地方寻找？我想买水果，要去哪里？我想买玩具，要去哪个区域找？

5. 教师："商品分类是不是非常方便？所以，分类分区摆放物品不仅有助于超市迅速统计剩余商品的数量，也方便顾客寻找，提升顾客的满意度。这样，超市的生意就会越来越好，就会赚更多的钱。"

6. 教师："我们与爸爸妈妈一起逛超市的时候还发现了什么？"请幼儿自由表达与分享，鼓励幼儿留意身边的事情。

活动三：我会摆放物品

活动目标

1. 学习将物品按用途、大小、种类等进行归类。
2. 在活动中学习有条理地收拾、整理物品。

活动准备

1. 各种不同类型的积塑、积木、书本等。
2. 不同颜色、长短的水彩笔、蜡笔。
3. 超市货物摆放的图片，制作成 PPT。

教学建议

1. 教师以整理物品为情景，将各类物品混杂摆放在一起，请幼儿以小组为单位将物品分类摆放好，并与同伴分享自己归类的理由。
2. 教师展示 PPT，让幼儿依据图片上货物的特点总结出这是按什么属性进行分类的。
3. 教师："我们班级的各个区域的分布是按照什么来分类的？"
功能分类。
4. 教师："我们在家里有没有发现分类摆放的事情呢？"
5. 教师："分类摆放有什么好处呢？"幼儿自由表达。
6. 教师："在我们班级、幼儿园里面，有哪些东西需要按照一定规则进行摆放呢？"我们的书包、我们的鞋子、我们睡觉的床上用品、我们玩沙的工具、我们的玩具车、各种球类，等等。
7. 教师总结本节课的主要内容。

任务三：超市的工作人员

活动目标

1. 知道超市的服务人员有哪些。
2. 知道超市因规模不同而服务人员也不同。
3. 会描述其中一个工作人员的主要工作内容与职责。

活动准备

超市工作人员的工作现场图片，制作成 PPT。

教学建议

1. 教师："小朋友们，我们去超市的时候看见过哪些服务人员呢？当我们找不到自己想要的商品时，可以向谁寻求帮助？"引导幼儿调动自己的回忆自由回答。

2. 教师展示超市工作人员的图片，与幼儿讨论每个工作人员的职责。例如，每个超市都会有保安、收银员。

除了这些必备的工作人员外，还有促销员、称重员、每个区域责任负责人等。顾客碰到任何问题，都可以求助于这个区域的负责人；促销员负责推销、宣传自己的产品。还有一些区域负责人会在一定的时间整理货架上的商品，同时防止商品丢失。

3. 教师："小朋友除了去一些大的超市外，还会经常去小卖部买东西。但相比超市来说，小卖部的物品会少一些，但都是人们生活中的必需品。你们有没有发觉小卖部里的服务人员比较少呀？有的小卖部就只有一名收银员。"

4. 教师："为什么超市和小卖部的服务人员数量上会有所不同呢？配置服务人员应该考虑哪些因素呢？"

成本原则，实际需求的原则，等等。

5. 教师总结本节课的主要内容。提醒幼儿：下次玩区域游戏的时候，我们就要结合今天所学的内容去玩。

项目三：购物小达人

任务一：制作购物单

活动目标

1. 知道制作购物清单的好处。
2. 学会依据自己的生活需求制作 10 元钱以内的购物计划。

活动准备

提前在家长的协助下完成"我的 10 元购物计划单"，可见附表 6-3。

教学建议

1. 教师："小朋友们，你们的 10 元购物计划单有没有完成？"请幼儿上前分享自己的计划单，包括计划、书写数字等式，最关键的是总金额不能超过 10 元。
2. 请幼儿阐明自己的购买理由，说明爸爸妈妈的态度。
3. 教师："我们做购物计划有什么好处呢？"
提醒自己不要忘记购买哪些物品，提醒自己不要超过自己的购买能力，等等。
4. 请幼儿自由表达：如何制定一个合理的购物清单。
教师总结：包括看看自己的购物能力（10 元）；我需要哪些必需品，挑选哪个价位的产品；对这些产品有什么要求，并不是越便宜越好；利用最少的钱购买最有用的东西。
5. 教师总结本节课的主要内容。与幼儿一起玩区域购物游戏。
6. 教师在游戏中开展各类数学教学活动，将 10 以内的加法贯穿于购物游戏之中。

任务二：如何挑选货物

活动一：超市的购物袋

活动目标

1. 感知袋子的多样性，了解各种袋子的不同作用。
2. 知道购物时要使用环保袋，增强环保意识，宣传环保理念。
3. 知道塑料袋会污染环境，初步了解目前科学解决这种污染的方法。

活动准备

1. 各种塑料袋污染环境的图片、视频。
2. 做纸袋的材料，如牛皮纸、挂历纸，各种装饰材料，剪刀，等等。

教学建议

1. 我们去超市购物的时候一般是用什么工具装购买的物品？
2. 我们购物的时候一定要尽量使用环保袋，为什么呢？
3. 教师展示各种塑料袋污染环境的 PPT 或视频，让幼儿了解塑料制品给动物们带来的各种伤害。让幼儿明白：我们使用的塑料袋有毒，难以被自然环境分解，所以目前最好的方法就是少使用塑料袋。
4. 利用废旧材料制作环保袋，宣传自备购物袋的好处。
5. 请幼儿把自己制作的环保袋带回家，请家长签名支持环保理念。
6. 教师总结本节课的主要内容，将家长签名的环保袋用来装饰环境。

活动二：我会自己选择学习文具

活动目标

1. 知道自己要买的物品在哪个区域。
2. 知道同一种商品会有不同的生产厂家。
3. 知道不能挑选"三无"产品。

活动准备

1. 提前告知家长带幼儿去观察文具店里各种各样的铅笔。
2. 依据先前探讨学习的经验进行相关谈话活动。

教学建议

1. 教师询问幼儿：平时我们逛超市一般是怎么挑选商品的？如果时间紧急，我们就会直奔商品而去；如果时间允许，我们会在商场慢慢闲逛。

2. 请幼儿依据自我经验自由表达：我喜欢哪种逛法。

有时候爸爸妈妈时间紧迫，这个时候我们就要答应爸爸妈妈，买到自己想要的东西就去做其他的事情，而不是哭闹。

自由闲逛时，我们可以发现超市里面有哪些新到的商品，哪些商品搞活动，等等。

3. 感知一种商品会有不同的生产厂家。以铅笔为例，与幼儿一起认识同种商品的多样性。首先，铅笔有不同类型，包括长短、颜色等，有不同的生产厂家，更有不同的价格。其次，在包装与数量上也有不同，有的是一支一支地卖，有的是一盒一盒地卖。

4. 幼儿自由表达如何挑选物品。首先，我们要判断自己是否需要；其次，我们要看自己有多少钱，要买货美价廉的物品；最后，我们要看看它是不是"三无"产品。无生产厂家、无生产日期、无质量合格标志的产品，就是"三无"产品。质量合格标志就是商品包装盒上的"S"标志。

5. 教师总结本节课的主要内容。

活动三：食品安全我知道

活动目标

1. 初步了解什么是垃圾食品、"三无"食品、腐烂变质食品。知道吃了这些食品会危害身体健康。
2. 通过看一看、摸一摸、闻一闻等感官活动，让幼儿辨别食物是否腐烂。
3. 具有判断食品安全的自我保护意识。

活动准备

1. 各种食品包装袋及瓶、罐等，可以准备实物，也可以用图片制作成 PPT。
2. 垃圾食品、腐烂食品的图片。

教学建议

1. 教师："小朋友们，你们有没有注意到食品包装上的安全信息？每个正规厂家生产的食品都有生产日期、安全标志、有效期等。"
2. 观看 PPT，认识食品包装袋上的生产日期和安全标志。请幼儿仔细辨认生产日期、保质期以及安全标记。
3. 判断食物是否合格，一看是否具有生产日期、保质期和安全标记；二看是否在保质期内，在保质期内就是安全的，过期了就是坏掉了。
4. 除了看这些之外，我们还能借助眼睛与鼻子发现食品是否安全吗？教师打开 PPT，让幼儿学习辨别：这个食物有没有霉点，能不能吃呢？这个好像长出茸茸的毛来，能不能吃呢？再用鼻子闻一闻，有没有酸臭味，能不能吃呢？
5. 教师提问：牛奶打开包装盒，能在室温下放多久呢？在冰箱里能放多久呢？教师总结，最好一次性喝完，放的时间不宜过长，最好密封放在冰箱里面。
6. 教师询问幼儿：平时我们在小卖部买零食时有这样做吗？所以我们最好少吃零食，少吃垃圾食品。
7. 垃圾食品，是指仅仅提供一些热量，别无其他营养的食物，或是提供超过人体需要、会变成多余成分的营养的食品。垃圾食品包括：油炸类食品、汽水可乐类饮料、方便面、冷冻甜品类食品、烧烤类食品。
8. 教师总结本节课的主要内容。

任务三：我的购物之行

活动一：爸爸妈妈不见了怎么办

活动目标

1. 知道超市里有存在安全风险的地方。
2. 知道走丢了之后应该怎么做。
3. 学会使用礼貌用语求助别人，主动与别人交流。

活动准备

谈话活动。

教学建议

1. 教师询问幼儿：当我们逛超市的时候，哪里会发生意外？我们应该如何做？包括不要随便拉扯货架、防止走丢等等。

2. 我们为什么会走丢？引导幼儿从两个方面考虑问题：一是因为父母，二是因为自己。告知幼儿：当我们逛超市的时候，一定要紧紧跟着爸爸妈妈，牵着爸爸妈妈的手；当我们看到自己喜欢的东西的时候，一定要告诉爸爸妈妈，与他们商量要不要购买。

3. 走丢了怎么办？请幼儿自由表达。教师及时肯定幼儿的正确想法，包括原地等待、寻找超市服务人员帮忙、不要哭闹等等。

4. 如何与陌生人交流？当我们需要别人提供帮助的时候，一定要学会礼貌地称呼别人，告诉别人自己的需求，待别人帮助自己之后，一定要说"谢谢"。

5. 在超市挑选自己喜欢的物品的时候，一定要远离电插头，易破、易碎的物品一定要让大人帮忙挑选。

6. 留意超市的安全出口，学会识别安全出口的标识牌。

7. 教师总结本节课的主要内容。

活动二：超市的促销活动

活动目标

1. 知道超市有促销活动。
2. 了解商品促销的原因。
3. 尝试总结商品促销的方法。

活动准备

将各种商场促销活动的图片制作成 PPT。

教学建议

1. 教师询问幼儿："小朋友们见过超市里面的促销活动吗？他们的目的有哪些呢？"幼儿自由表达。教师总结：促销活动的主要目的是让更多人购买这个物品，让更多人喜欢这个物品。

2. 促销的手段有哪些呢？幼儿自由表达。教师总结：发放传单；播放音乐吸引别人的注意；降低价格引人心动；将促销的商品堆积在一起，摆放成一定的造型；买商品附送其他的物品。促销的主要目的是让顾客觉得值得购买这个商品。

3. 除此之外，还有哪些手段呢？包括：现场品尝；增加工作人员，提供更多的服务；设计好的广告宣传语；等等。

4. 什么时候可以购买促销产品：如果自己真的需要，购买的价格的确非常实惠。

5. 玩游戏：邀请不同的幼儿进行角色扮演，假设我是促销员，促销自己班上的某个玩具，我要用什么样的方法来吸引别人购买。

6. 教师总结本节课的内容。交代下次圩日活动的时候可以用到今天的促销手段与方法。

活动三：超市买水果

活动目标

1. 会商量确定水果的价格，并制作价目标签。
2. 初步感知 5 以内数的组成，初步理解加减法运算。

活动准备

几种水果玩具（数量为幼儿人数的 2 倍），代币券若干（上标数字 1～5）。

教学建议

1. 教师将幼儿分成三个小组，每组选定一个小组长，一组做水果店老板，一组做顾客，最后一组做收银员。

2. 店老板组织幼儿共同布置"水果店"，包括：摆放货架，商定水果价格，并给每种水果制作价目标签。

3. 顾客参观超市并购物。

（1）店老板引导顾客参观超市，介绍自己的水果。

（2）扮演顾客的幼儿每人领 1 张 5 元的代币券开始购物。

（3）教师提醒幼儿："每个小朋友只能买 5 元钱以内的水果；如果让你用 5 元钱买两样水果，你可以买哪两样？"

（4）收银员收取费用，并找回多余的部分。

4. 教师邀请扮演各个角色的幼儿进行表达，例如，老板如何推销自己的商品，顾客如何选择商品，收银员有没有收错钱，等等。教师点评。

5. 购物游戏可反复进行、轮流进行，也可以延伸到区域游戏活动中。

活动四：10 元钱可以买多少

活动目标

1. 在购物游戏中，学着运用加法计算出教师指定的钱款。
2. 提高幼儿的心算能力和归类能力。

活动准备

1. 将书桌布置成货架，将各种幼儿玩具贴上数字标签，分别为 1～9。
2. 幼儿每人一张练习纸、记号笔等。

教学建议

1. 教师："今天老师要带小朋友们去王老师家做客，我们要准备一些礼物。老师给每位小朋友 10 元钱，请小朋友们购物时正好把 10 元钱用完。并在礼物的下面写上等式 ×＋×＝10，待老师检查正确之后，可以继续购买其他的礼物。看谁购买的礼物最正确。"

2. 幼儿购物，教师随机指导。教师按照幼儿的名字记录幼儿写下的等式，如小明 2＋8＝10，3＋7＝10；看每名幼儿自己计算的情况，即使数字前后不一致，也要记录。

3. 请个别幼儿说说，买了几样礼物，花了几元钱？是怎么计算的？

4. 幼儿之间互相检查是否正确，并互相纠正。

5. 请幼儿按礼物价格的不同，将其分类放回"货架"。

6. 游戏：计算大比拼。

幼儿按座位分成 1～4 组，教师拿出不同货物让幼儿计算结果，答对的小组得 1 分，累计多者为胜。

项目四：我的超市

任务一：开店计划

活动目标

1. 学会商讨交流，制订计划。
2. 能够结合近期所学内容，思考开店所应考虑的要素。
3. 能够在教师与家长的协助下制订一个简单的开店计划。

活动准备

谈话活动。

教学建议

1. 教师询问幼儿："我们最近研究超市这么长时间，你们想不想自己开一家超市，为什么？"幼儿自由表达。

2. 开店有风险，只要我们认真筹备，说不定就会成功。引导幼儿自由思考、表达：我们开店需要考虑哪些因素呢？

（1）选定要卖的商品，取店铺名字。

（2）选址。

（3）办理工商执照。

（4）招聘工作人员。

（5）装修店铺，需要考虑整齐舒服、取物方便、累了有坐的地方等。

（6）备货开张。

3. 教师引导幼儿思考每个环节应该考虑的问题，应该取得什么样的效果，应该怎么样做。

4. 制订开店计划，在教师、家长的协助下完成"我的开店计划"和"精明小档主"记账单，见附表 6-4 和附表 6-5。

5. 请幼儿分享自己的开店计划，讨论每位幼儿的计划表，并说明完善方法。

任务二：圩日活动——开档啦

我们提供场地，你来做小老板
——"××××幼儿园圩日活动"隆重招商啦

尊敬的家长：

为了响应环保低碳生活，增强幼儿对旧物品再利用的意识，培养具有良好综合素质的好宝宝，培养幼儿的理财意识，锻炼幼儿的胆量和当众表达的能力，各位家长可以协助幼儿将自己不需要的、多余的书籍、玩具等，拿来参加我们的"××××幼儿园圩日活动"吧！因为场地有限，现面向广大家长和孩子们隆重招商！

一、活动时间：12月20日（周五）15：00—16：00。

二、活动地点：幼儿园校园围墙边（详见场地示意图）。

三、活动对象：本园幼儿、社区幼儿。

四、买卖或者交换物品种类：幼儿书本、玩具等，禁止出售食品、衣服、光碟。

五、家长配合事项：

1. 报名事宜：参与档主角色的幼儿，请于12月18日（星期三）前到班主任处报名，我们热烈欢迎大班幼儿参加，希望他们每个人都申请一个摊位，自主经营，把学到的数学知识灵活运用于其中。

2. 摊位提供：幼儿园为幼儿提供摊位，包括固定摊位与流动摊位，固定摊位面积大小为60厘米×60厘米（即幼儿书桌一分为二），流动摊位面积大小为80厘米×80厘米（需要家长提供摆放工具，幼儿园只划分区域）。需要摊位的家长请到班主任处报名，若档位不够，幼儿园将进行协调。

3. 准备工作：从今天起，请您协助做好开市的以下各项准备工作。

（1）与幼儿商量出售的商品及其价格，以及营销策略，明确在活动中各自承担的任务。

（2）自创特色摊位，包括铺在地上的野餐布或地垫、特色创意叫卖、特色招牌、广告宣传语等。

（3）提供的物品必须安全、卫生。

六、市场管理规定：

1. 物品可以买卖，也可以以物换物，买卖所得归幼儿所有。

2. 商品根据实际情况予以标价，并贴在商品上，以便幼儿观看，如1元、

5元、10元、20元等,最高售价不得高于20元。

3. 家长引导幼儿认识人民币,每件物品必须明码标价,买卖双方可以在此基础上讨价还价,请家长准备好零钱。

4. 家长可以引导幼儿以物换物,学会交换物品,只要两名幼儿同意即可。

5. 交易双方须注意文明礼仪,注意安全,不得发生拥挤等现象。

七、温馨提示:

1. 请各位家长当天中午12:15来幼儿园接幼儿回家睡觉,并积极准备下午的圩日活动材料,包括幼儿所需的茶水、汗巾、零钱等,并于14:30准时来幼儿园布置档位。没有申请档位的家庭请于15:00准时来幼儿园参加圩日活动。活动16:00结束。

2. 在活动中听从工作人员指挥,并关注幼儿、自身的人身与财产安全,避免幼儿走失。

3. 在市场买卖交换的过程中,及时引导幼儿但不能代替他们的行为,让幼儿自我选择、自我表现。

4. 遇到突发事件时,请各位家长紧急躲避在幼儿园校园范围内。

5. 如有不明白或者需要帮助时,请与本班班主任联系或者拨打13×××
××××××与×老师联系。

6. 如遇下雨,地面未干,则活动往后推迟,具体时间另行通知。

××××幼儿园
2019年12月13日

附表

表6–1　我家附近的超市调查

所在班级：　　　　　　　　　　　　幼儿姓名：

我家附近有几家超市	
超市的名字	
我家经常去的超市是	
乘坐什么交通工具去的	
我与爸妈一起逛超市	
贴逛超市的照片	
我们去这里购物的原因是 （父母协助幼儿完成）	

表 6-2　我的补货计划单

所在班级：　　　　　　　　　　　　　　幼儿姓名：

我的商品	已有数量	计划采购数量	商品总数（书写等式）
	2	3	2+3=5

表 6–3　我的 10 元购物计划单

所在班级：　　　　　　　　　　　幼儿姓名：

货物名称	单　价	购买数量	总　价
✏️	2	1	2
合计		剩余	
购买理由			
父母意见			

表6-4 我的开店计划

幼儿姓名		所在班级	
我的店铺名字			
我想卖什么商品			
我的选址			
选址理由			
我想招聘谁一起工作，说明招聘理由			
我想怎样装修自己的店铺，提供哪些服务设施，原因是什么			
我的店铺设计图			

表6–5 "精明小档主"记账单

班别：　　　　　　　　　　姓名：

　　　　　　　　　　　　　　　时间：　　年　　月　　日

收　入　栏			
编号	商品名称	单价（元）	合计（元）

支　出　栏			
编号	商品名称	单价（元）	合计（元）

实际收入：收入（　　　）－支出（　　　）＝　　　　　（元）

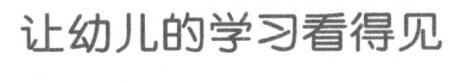

幼儿园项目式
主题教学实务手册

刘学 主编

梁乐敏 李岚 伍泳珊 陈珑梅 副主编

下

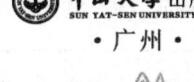

中山大学出版社
·广州·

版权所有　翻印必究

图书在版编目（CIP）数据

幼儿园项目式主题教学实务手册（下册）/刘学主编；梁乐敏，李岚，伍泳珊，陈珑梅副主编．—广州：中山大学出版社，2020.3
ISBN 978-7-306-06837-8

Ⅰ.①幼…　Ⅱ.①刘…②梁…③李…④伍…⑤陈…　Ⅲ.①学前教育—教学研究—手册　Ⅳ.①G612-62

中国版本图书馆 CIP 数据核字（2020）第 023607 号

出 版 人：	王天琪
策划编辑：	赵　婷
责任编辑：	赵　婷
封面设计：	刘　犇
封面绘画：	刘芮冰
责任校对：	廖丽玲
责任技编：	何雅涛
出版发行：	中山大学出版社
电　　话：	编辑部 020-84110771，84113349，84111997，84110779
	发行部 020-84111998，84111981，84111160
地　　址：	广州市新港西路 135 号
邮　　编：	510275　传　真：020-84036565
网　　址：	http://www.zsup.com.cn　E-mail：zdcbs@mail.sysu.edu.cn
印 刷 者：	广东虎彩云印刷有限公司
规　　格：	787mm×1092mm　1/16　总印张：24.75　总字数：471 千字
版次印次：	2020 年 3 月第 1 版　2023 年 7 月第 3 次印刷
定　　价：	48.00 元（全二册）

目 录

第七章 亲亲春天／1

第一节 主题网络图／1

第二节 阶段性教育目标建议（小班）／2

第三节 主题教学建议／4

第四节 写给家长的一封信／5

第五节 项目设计与任务分配／6

 项目一：开课啦／6

  任务一：我是这样过年的／6

  任务二：安全知识我知道／9

 项目二：春天里的节日／11

  任务一：元宵节／11

  任务二：三八妇女节／13

  任务三：植树节／18

  任务四：清明节／19

 项目三：春天里的小动物／21

  任务一：寻找小蜗牛／21

  任务二：小蝌蚪找妈妈／24

  任务三：花蝴蝶／28

 项目四：春天的植物／30

  任务一：花儿有几朵／30

  任务二：寻找幼儿园内的花朵／31

  任务三：吹出花儿来／32

 项目五：春天的活动／33

  任务一：放风筝／33

  任务二：小豆子发芽了／35

附表／37

 表7-1 三八主题活动任务卡／37

表7-2 小蝌蚪成长记录单／38

第八章 我是汽车小司机／39

第一节 主题网络图／39

第二节 阶段性教育目标建议（小班）／40

第三节 主题教学建议／43

第四节 写给家长的一封信／44

第五节 项目设计与任务分配／45

 项目一：汽车的种类／45

  任务一：认识公交车／45

  任务二：认识消防车／46

  任务三：认识警车／47

  任务四：认识救护车／48

  任务五：认识车牌号／49

 项目二：安全乘车我知道／50

  任务一：认识斑马线／50

  任务二：做个文明小乘客／51

  任务三：我坐公交车了／52

 项目三：汽车的结构与作用／53

  任务一：汽车的组成／53

  任务二：各种各样的车轮／55

  任务三：谁是最能干的／56

  任务四：我喜欢的汽车／57

  任务五：认识汽车标志／58

 项目四：汽车的配套设施／59

  任务一：认识加油站／59

  任务二：认识停车场／61

 附表／62

  表8-1 乘坐公交车行为的对与错／62

  表8-2 加油站安全教育学习单／63

第九章 美味的蔬菜／64

第一节 主题网络图／64

第二节　阶段性教育目标建议（中班）/ 65
第三节　主题教学建议 / 67
第四节　写给家长的一封信 / 68
第五节　项目设计与任务分配 / 69
　　项目一：认识蔬菜 / 69
　　　　任务一：蔬菜的颜色 / 69
　　　　任务二：蔬菜的种类 / 71
　　　　任务三：蔬菜从哪里来 / 73
　　项目二：蔬菜的种植 / 74
　　　　任务一：认识各种各样的种子 / 74
　　　　任务二：种植小白菜 / 77
　　　　任务三：采摘蔬菜 / 82
　　项目三：蔬菜的烹饪 / 86
　　　　任务一：认识菜单和菜谱 / 86
　　　　任务二：学做水煮青菜 / 88
　　　　任务三：我不挑食 / 89
　　　　任务四：家乡美食 / 90
　　附表 / 91
　　　　表 9-1　种植小白菜观察记录 / 91
　　　　表 9-2　消灭害虫方法学习单 / 92
　　　　表 9-3　家长调查问卷 / 93

第十章　好玩的水 / 94

第一节　主题网络图 / 94
第二节　阶段性教育目标建议（中班）/ 95
第三节　主题教学建议 / 98
第四节　写给家长的一封信 / 99
第五节　项目设计与任务分配 / 100
　　项目一：水的用途知多少 / 100
　　　　任务一：水的用途 / 100
　　　　任务二：我帮妈妈洗菜 / 104
　　　　任务三：如何让开水变冷 / 105
　　　　任务四：如何让污水变清澈 / 107
　　项目二：水的浮力 / 109

　　　　任务一：让矿泉水瓶沉下去 / 109
　　　　任务二：谁的浮力大 / 110
　　　　任务三：成语故事我知道 / 113
　　项目三：水的溶解能力 / 115
　　　　任务一：盐不见了 / 115
　　　　任务二：油和水 / 116
　　　　任务三：水污染现象调查 / 117
　　项目四：水的形态与循环 / 118
　　　　任务一：水的形态 / 118
　　　　任务二：水的循环 / 119
　　　　任务三：玩水乐 / 120
　　附表 / 123
　　　　表 10-1　热水变凉方法大解密 / 123

第十一章　好大一棵树 / 124

　第一节　主题网络图 / 124
　第二节　阶段性教育目标建议（大班）/ 125
　第三节　主题教学建议 / 128
　第四节　写给家长的一封信 / 129
　第五节　项目设计与任务分配 / 130
　　项目一：树的结构 / 130
　　　　任务一：认识树的结构 / 130
　　　　任务二：不一样的树叶 / 131
　　　　任务三：树的种类 / 134
　　　　任务四：测量树的大小 / 136
　　　　任务五：认识树的年龄 / 138
　　项目二：树的种植 / 139
　　　　任务一：树的种植方式 / 139
　　　　任务二：树的呼吸 / 142
　　　　任务三：树木需要的营养 / 143
　　项目三：树的作用 / 145
　　　　任务一：木制品 / 145
　　　　任务二：造纸术 / 147
　　　　任务三：树的影子 / 148

附表／152
  表11-1 对生、互生与轮生树叶学习单／152
  表11-2 不同的叶脉形式统计／153
  表11-3 木制品与塑料制品优缺点大比拼／154

第十二章 我要上小学了／155

第一节 主题网络图／155
第二节 阶段性教育目标建议（大班）／156
第三节 主题教学建议／158
第四节 写给家长的一封信／159
第五节 项目设计与任务分配／160
  项目一：认识小学／160
    任务一：我心中的小学／160
    任务二：参观小学／162
    任务三：小学生真神气／163
  项目二：准备上小学／164
    任务一：我的理想／164
    任务二：认识小学生的文具／165
    任务三：我会看时间／167
    任务四：我会写自己的名字／170
    任务五：我会整理书包／171
  项目三：我爱幼儿园／172
    任务一：甜蜜回忆盒／172
    任务二：我的光辉史／174
    任务三：我喜欢的幼儿园老师／177
  项目四：离别幼儿园／178
    任务一：我要毕业了／178
    任务二：我为幼儿园做有意义的事情／180
附表／183
  表12-1 今天我当小老板／183
  表12-2 幼儿园大班质量评估标准／184

第七章　亲亲春天

第一节　主题网络图

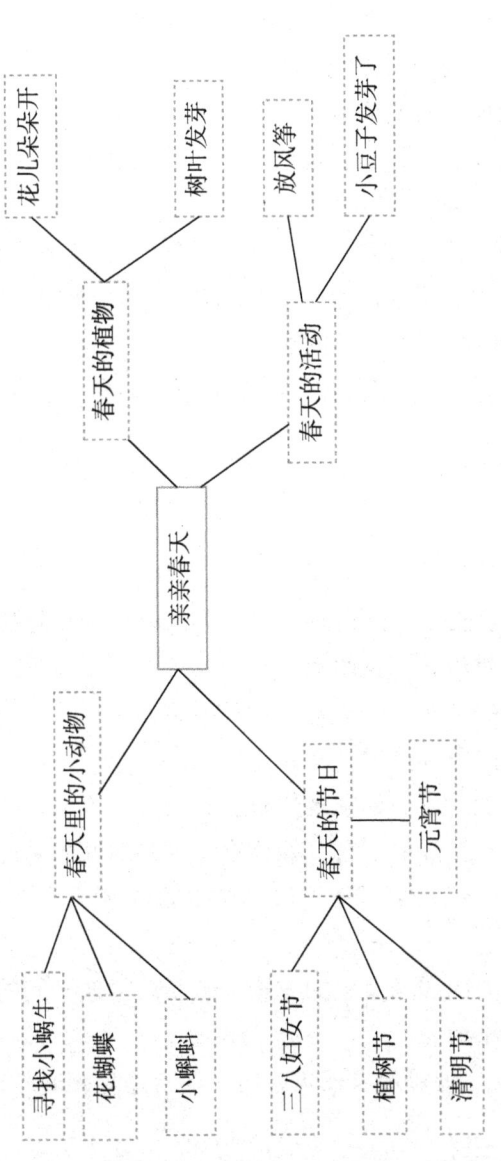

"亲亲春天"主题网络图

注：依据幼儿园自身条件与幼儿兴趣需要，各个分支还可以继续延伸，如春天的天气、春雨、春雷、回南天等。

第二节　阶段性教育目标建议（小班）

一、健康

1. 能听从各种口号和信号做出相应的动作，能听从信号排成四路纵队。
2. 练习向指定方向跑，锻炼腿部肌肉。
3. 了解用餐卫生的重要性，并知道如何做到用餐卫生。
4. 头顶沙包向前走，培养平衡能力。
5. 身体平衡地双脚连续向前跳。
6. 爱护身体的各个部位，并学会这些部位的正确称谓。
7. 练习滚接大皮球，锻炼手臂力量。
8. 练习从70厘米高的障碍物底下钻过去，培养灵活性和协调性。
9. 初步掌握手足口病知识，知道生病要吃药，而且肯吃药。
10. 学习分散跑并能躲避他人的碰撞。
11. 知道自己的隐私部位；能在成人的提醒下及时排便，学会排便的正确姿势。

二、社会

1. 激发爱护自然和热爱生活的情感，培养环保意识和良好的社会行为。
2. 丰富社会和生活常识，拓宽眼界。
3. 理解家庭成员间的关系，增进对家人的感情。
4. 感受家人对自己的爱和照顾，不跟陌生人走。
5. 用游戏的方式体验找家、回家的快乐。
6. 对家的内部结构有初步的了解，知道家里不同房间的功能。
7. 了解简单的待客礼仪，学习使用适当的语言向客人介绍家里的环境及自己的家人。
8. 了解动物爸爸、妈妈照顾宝宝的方式，感受动物亲子间的温暖情感。
9. 学会安全地使用小剪刀。
10. 知道在发生火灾、地震等自然灾害时，应有序地跟着教师逃生。

三、语言

1. 仔细观察、积极思考，能用适当的词句表达所看所想的事情。
2. 能理解诗歌和故事的内容，会大方准确地朗读、仿编诗歌和复述故事。
3. 能运用较完整的语言表达并主动与人交流。
4. 丰富词汇：吹、发芽、钻、探出、嫩黄、种、捉、传授等。

四、科学

1. 通过参观、探索、实验、种植等活动，了解春天的主要特征，观察春天里大自然的变化和人们的活动。
2. 欣赏春天美丽的自然景色，培养关爱自然、爱护动物和热爱生活的情感。
3. 能主动观察、探索，养成良好的活动习惯。
4. 手口一致地点数 6 个以内物体的数量，并说出总数。
5. 学习按物体的某个属性特征进行分类。
6. 能按照物体的大小、长短，将 4～5 个物体排序，并能找出其中最大（最长）和最小（最短）的。
7. 结合生活内容区别"白天"和"黑夜"。
8. 从周围环境中找出与圆形、方形、三角形相似的物品，根据物体的形状（圆形、三角形、正方形等）进行分类。
9. 在生活与游戏中，能区别上面、下面、前面、后面等不同方位。

五、艺术

1. 学习用手指或手掌印爱心图形。
2. 学习沿纸张的边粘贴硬纸板，尽量做到基本吻合。
3. 尝试用粘贴、涂画、绑、绕等方式进行创作。
4. 大胆地运用美工手段表现春天的特征，练习画面布局。
5. 尝试用替换歌词的方法演唱歌曲。
6. 感受音乐优美的旋律，学习用连贯、柔和的声音演唱。
7. 感受歌曲中的情绪变化。
8. 会用连贯、跳跃的唱法唱歌。

第三节　主题教学建议

1. 在晨间活动、户外活动中渗透本月基本动作技能的训练（如钻山洞游戏、单脚站立、拍球等），以及队列训练和听从信号练习。
2. 积极锻炼幼儿的平衡能力。教师可加大难度，在行进路线上设置一些障碍物。
3. 让幼儿带来自己家的全家福照片，在教学背景墙上张贴。
4. 活动后，让幼儿回家后为家人做一件力所能及的事情，并拍下照片带回幼儿园与大家一起分享。
5. 墙上张贴地图的高度要与幼儿的身高相适应。
6. 鼓励幼儿在节假日请朋友去家里做客，或者到朋友家里做客，增进同伴间的感情。
7. 让幼儿感受到：虽然不同的动物有不同的习性与居住环境，但动物们对自己宝宝的爱和保护是相同的。
8. 结合三八妇女节的活动，教幼儿演唱《好妈妈》等歌曲。
9. 幼儿园组织春游，可趁机进行亲子外出实践活动。
10. 开展"不跟陌生人走"教育活动。

第四节　写给家长的一封信

尊敬的家长：

　　您好！

　　上学期，由于各位家长的大力支持和配合，我们顺利地开展了各项活动，孩子们的活动兴趣和能力明显提高。本学期，我们希望继续得到您的理解和协作。在此，我们代表幼儿园真诚地向您道一声：多谢了！

　　经过幼儿园的集体生活，孩子们长大了，变得更能干、更懂事了，特别是观察和语言表达能力进步了。看着孩子们一天天健康成长，我们感到无比欣慰；当您感受到孩子细微的变化时，相信您同样会感到无比自豪和骄傲。

　　春回大地，那盛开的桃花、嫩绿的新叶为人们带来了浓浓的春意。为此，我们设计了"亲亲春天"主题，让孩子们在大自然中领略春天的美丽，激发他们关注自然、爱护动物、热爱生活的情感。本主题活动预计开展五周，通过户外观察、亲子种植、讨论、欣赏、制作、表演等活动形式，从"春天里的节日""春天里的小动物""春天的植物""春天的活动"等方面，引导孩子们感受大自然的神奇，了解春天的主要特征、人们的活动，以及健康、环保小常识，欣赏艺术作品的意境美。

　　在本主题活动开展期间，请您继续给予我们无私的支持，认真查阅周程表中的家长工作，为我们提供有关春天的书籍、图片，以及与主题相关的建议，并能及时反馈孩子们的表现。

　　最后，祝各位家长身体健康、阖家欢乐！

小一班
2019年3月

温馨提示：

1. 平时外出时，有意识地引导孩子观察春天里的树木、花卉，人们的生活与活动，春天里的小动物，等等。
2. 养小蝌蚪，观察小蝌蚪的成长。
3. 协助幼儿园收集关于春天的图片，鼓励孩子带回幼儿园与同伴分享。
4. 与孩子一起阅读有关书籍，学习关于春天的知识。
5. 带一盆小植物回幼儿园，通过观察，感受春天"生"的希望。

第五节　项目设计与任务分配

项目一：开课啦

任务一：我是这样过年的

活动一：我会说过年祝福语

> 活动目标

1. 知道新的一年已经来临；在这一年，自己会有许多变化，并大胆表达自己的愿望。
2. 乐于向周围的人表达自己的祝福。

> 活动准备

谈话活动。

> 教学建议

1. 教师引导幼儿表达：我们在长大，包括身高、体重的变化，鼓励幼儿和同伴分享长大的喜悦。
2. 教师："过年了，我们对别人说过哪些祝福语？"引导幼儿自由表达。
3. 教师："原来我们对不同的人说的祝福语是不一样的。当然，有一个共同的内容是：祝你新春（新年）快乐、恭喜发财，祝你身体健康，等等。"
4. 教师："别人对小朋友常说的内容就是新春快乐、身体健康、快高长大等。快高长大是什么意思呢？就是希望小朋友越来越棒，例如，独立性、自觉性、身体等变得越来越好。"
5. 教师："过完年，今天我们又重新回到一个班上，你们想对老师说什么呢？"引导幼儿自由表达。
6. 教师："你们想对同伴说什么呢？"可以结合过年音乐《喜洋洋》等，让幼儿给同伴送去祝福。
7. 教师总结本节课的主要内容。

活动二：压岁钱这样用

活动目标

1. 了解"长辈给孩子压岁钱"是春节习俗之一。
2. 知道接受了别人的压岁钱后要说"谢谢"。
3. 学习正确使用压岁钱。

活动准备

幼儿收到压岁钱的图片、红包实物等。

教学建议

1. 教师："小朋友们收到压岁钱了吗？是谁给的？他们为什么会给你压岁钱呢？"引导幼儿自由表达。
2. 教师："长辈给你压岁钱的前后，你分别说了哪些话语？"引导幼儿总结：给压岁钱之前，说恭喜发财、新年快乐、拜年啦等；给了压岁钱之后，说多谢，祝爷爷（奶奶、叔叔、阿姨……）身体健康、新年快乐等。
3. 教师组织幼儿互相介绍自己是怎么使用压岁钱的。
4. 说说谁的压岁钱用得最好，为什么？
5. 延伸活动：你还知道春节的哪些习俗？
6. 教师总结本节课的主要内容。

活动三：我会自己进教室

活动目标

1. 能够养成自己背书包进幼儿园的好习惯。
2. 知道自己书包摆放的具体位置。

活动准备

幼儿自己的书包。

教学建议

1. 教师："小朋友们，新的学期开始了，你们又长大了一岁，现在已经是小哥哥、小姐姐啦，你们开心吗？"
2. 教师组织幼儿讨论：长大都有哪些表现？包括：我的身高更高了，我会自己的事情自己做，我会主动问候别人，我会独立进幼儿园，我会自己背书包，等等。
3. 请每天独立进幼儿园的幼儿举手，大家一起清点举手的人，尝试从1数到20。
4. 让幼儿自由表达：我们为什么要自己进幼儿园呢？教师给予适当引导。
5. 请每天自己背书包的幼儿举手，大家一起清点举手的人，再次尝试从1数到20。
6. 让幼儿自由表达：我们为什么要自己背书包呢？教师引导幼儿得出结论：因为自己的事情自己做。
7. 教师帮助幼儿理顺早晨要做的事情："每天早上回来幼儿园，我们应该做哪些事情呢？到哪里去找老师呢？书包应该放在哪里呢？"
8. 教师总结本节课的主要内容。

任务二：安全知识我知道

活动一：我会上下楼梯

> 活动目标

1. 初步培养上下楼梯的安全意识。
2. 知道上下楼梯的时候要扶住楼梯扶手。
3. 知道上下楼梯要靠右行走，避免碰撞。

> 活动准备

谈话活动。

> 教学建议

1. 教师："今天是小狗帅帅的生日，小朋友们要去它家做客。但帅帅的家在二楼，它提醒我们要注意上下楼梯的安全。小朋友们，你们知道怎么安全地上下楼梯吗？"
2. 引导幼儿自由表达：我是怎么上下楼梯的；当楼梯没有扶手的时候，我们该怎么办？
3. 教师小结：上下楼梯的时候，不要害怕也不要着急，靠右边行走；眼睛看着前方，脚踩稳台阶一级一级地向前走。
4. 请幼儿自由回答：人多的时候，我们应该怎么上下楼梯？
5. 教师总结：楼梯安全一定要记得，发生危险没有后悔的机会。

活动二：我会睡觉

> **活动目标**

1. 了解睡觉时的注意事项：不蒙头，不蹬被子，不趴着睡觉，不放东西到嘴巴里，睡觉前不玩玩具，等等。
2. 养成良好的午睡习惯。

> **活动准备**

音乐《虫儿飞》，布娃娃玩具若干，各种幼儿睡姿的图片。

> **教学建议**

1. 播放《虫儿飞》。教师出示布娃娃，与幼儿打招呼："布娃娃要睡觉了，我们怎样让布娃娃睡觉呢？"
2. 引导幼儿自由表达：平时睡觉前，爸爸妈妈是怎么让我们睡觉的呢？
3. 讨论："小朋友们睡觉的时候，有没有注意到自己的睡姿呀？"
（1）蒙头大睡。这种睡姿好吗？为什么不好？
（2）趴着睡觉好吗？会有什么危险呢？
（3）拿着玩具睡觉对吗？为什么？
（4）正确的睡姿应该是什么样的呢？尽量侧身睡觉。
4. 教师总结："除了睡觉时要注意睡姿外，按时睡觉对我们来说也很重要。小朋友们晚上一定要在9：00准时上床睡觉，第二天早上才能精神抖擞地起床哦。"
5. 教师与幼儿一起听《虫儿飞》，复习午睡前的准备工作：如厕，整理衣服，头枕枕头，盖好被子。

项目二：春天里的节日

任务一：元宵节

活动一：春天的节日有哪些

活动目标

1. 通过询问家长与教师，知道春天有哪些节日。
2. 会统计自己说出的节日总数。

活动准备

1. 提前在家里询问爸爸妈妈，统计春天里的节日。
2. 音乐《春天在哪里》。

教学建议

1. 教师播放《春天在哪里》，与幼儿合唱这首歌，提问："春天里，不仅风景变美了，而且有很多节日，小朋友们有没有在家同爸爸妈妈一起交流有哪几个节日啊？"

2. 幼儿自由表达。教师将幼儿的答案写在黑板上，每写一个就画一个圈，把节日名字圈起来，包括元宵节、三八妇女节、清明节等。

3. 教师针对每一个节日询问幼儿："在这个节日里，我们要做哪些事情？"

4. 教师与幼儿一起数一数有几个节日。

5. 教师与幼儿一起学唱《春天在哪里》，并为下一节课做准备："过几天就是元宵节了，我们邀请×××的奶奶来幼儿园与我们搓汤圆，好不好？"

活动二：跟着奶奶学做汤圆

活动目标

1. 初步学会搓汤圆，锻炼手部肌肉。
2. 知道汤圆的馅有很多种。
3. 乐于动手操作，共享劳动成果。

活动准备

糯米粉、各种汤圆馅、水等原料，盘子、盆子若干。

教学建议

1. 教师："小朋友们知道正月十五是什么节日吗？是元宵节。我们有什么风俗习惯呢？包饺子、搓汤圆。"
2. 教师："今天我们请来了×××的奶奶，她会告诉我们怎么搓汤圆，让我们一起跟着奶奶搓汤圆吧。汤圆是什么形状的？你们想不想自己动手搓汤圆呢？"
3. 认识做汤圆的原料：和好的糯米粉团、干糯米粉、黑芝麻、豆沙、五仁馅。
4. 观察奶奶搓汤圆：

首先，将糯米粉与米粉搅拌做成汤圆的外壳。为什么不能全部用糯米粉呢？因为这样做的汤圆会黏住我们的牙齿，口感不好。

然后，将小团的糯米粉揉一揉、搓一搓，团成圆形，再挖坑，把馅放在中央并包起来，最后再把它团成圆圆的汤圆。

5. 让幼儿自己动手做汤圆。根据奶奶讲解的重要细节，揉、搓、团圆、挖坑、包馅，并根据自己的口味选择馅料，最后将搓好的汤圆整齐地排列在容器中。
6. 教师小结：让幼儿了解汤圆的形状、颜色及不同口味的汤圆，能运用揉、搓、团圆、挖坑、包馅等技能制作汤圆。
7. 品尝汤圆，体验劳动的快乐。
8. 收拾整理，感谢×××的奶奶。

任务二：三八妇女节

活动一：学唱歌曲《我的好妈妈》

活动目标

1. 学会仔细聆听歌曲，并能将听到的内容表达出来。
2. 学会关心妈妈、爱妈妈。
3. 学会歌曲《我的好妈妈》。

活动准备

音乐《我的好妈妈》。

教学建议

1. 教师："小朋友们，我们都有一个好妈妈，谁能告诉老师你妈妈是做什么工作的？"幼儿自由表达。
2. 教师："妈妈的工作累不累呢？我们应该怎么感谢妈妈呢？"幼儿自由表达。
3. 教师："今天，老师与小朋友们一起学唱一首歌曲《我的好妈妈》。"
4. 教师播放音乐，引导幼儿注意听歌曲里说了什么，歌曲里的小朋友做了哪些事情。借此提升幼儿的听力与表达能力。
5. 教师与幼儿一起学唱《我的好妈妈》。
6. 可以分为几个学时，让幼儿学会后唱给妈妈听。

活动二：我能帮妈妈做

活动目标

1. 知道 3 月 8 日是妈妈、奶奶、外婆的节日。
2. 学说一句祝贺语，学会感谢妈妈。

活动准备

谈话活动。

教学建议

1. 教师："小朋友们知道三八节是谁的节日吗？"幼儿自由表达。
2. 教师："能过妇女节的有哪些人呢？妈妈、奶奶、外婆等，我们小朋友过的是六一儿童节。"教师引导幼儿自由表达。让幼儿理解哪些人被称作妇女：第一，女性；第二，成人。满足这两个条件的就是妇女。
3. 教师："妈妈过节了，我们如何来感谢妈妈呢？"幼儿自由表达。

教师引导幼儿学说几句祝福语："在妇女节当天一定要说哦。回幼儿园后，要告诉老师自己说过之后的感受。再想一想，除了说祝福语之外，我们还可以做哪些事情呢？"

4. 请幼儿表达自己同妈妈在一起时最开心的一件事情。
5. 教师："是的，妈妈抚养我们是一件非常辛苦的事情，我们一定要感谢自己的妈妈，下节课我们一起体验还在妈妈肚子里面时妈妈的感觉。"

建议：如果幼儿园中有怀孕的教职员工，可以让小班幼儿与她互动。

6. 教师和幼儿共唱《我的好妈妈》来结束本节课。

活动三：体会妈妈怀胎十月

活动目标
1. 通过游戏的方式感知妈妈怀孕时的感受。
2. 知道自己要感谢妈妈，帮妈妈做一些力所能及的事情。

活动准备
1. 怀孕妇女的图片，最好是本班幼儿妈妈怀孕时的图片。
2. 每个人一个小篮球。活动要持续一个上午。

教学建议
1. 教师："小朋友们知道你们是从哪里出来的吗？其实我们是从妈妈肚子里出来的，而且我们在那里住了10个月。"
2. 教师："今天我们一起玩一个游戏，体会一下妈妈怀着我们的时候有多么快乐，又有多么累。我们今天假装自己也怀了小宝贝，看看是什么感觉。"
3. 给每个幼儿发一个篮球，让他们放在肚皮上用衣服包着。告知幼儿：不能让篮球掉下来，做其他游戏的时候也要包着，同时，要时刻注意保护好自己的小宝贝。
4. 刚开始的时候，也许幼儿会觉得特别有意思。然后，趁机邀请幼儿做一些事情，包括擦桌子、玩做饭游戏等。让幼儿做过之后，表达自己的感受。
5. 教师总结幼儿的发言。
6. 将活动延续至午餐前，组织幼儿谈话，了解幼儿是否体会到妈妈怀孕时有多么不方便。

活动四：送给妈妈的爱心卡

活动目标

1. 能自己动手制作礼物送给妈妈，提升动手能力。
2. 会关心、尊敬妈妈，向妈妈表达自己的爱。

活动准备

日历、剪刀、胶水、手工纸。

教学建议

1. 教师出示日历，告诉幼儿今天是3月8日，是三八妇女节。
2. 教师："小朋友们，三八节是谁的节日？"复习以前学的知识。
3. 教师："妈妈爱你吗？我们应该怎样爱妈妈呢？"

提示幼儿：给妈妈捶背、倒水，给妈妈拿拖鞋，等等。对幼儿爱妈妈的行为给予肯定。

4. 教师带领幼儿制作送给妈妈的"爱心小卡片"，鼓励幼儿：爱要大声说出来。

（1）欣赏贺卡，了解制作过程。
（2）引导幼儿了解桌面上的材料，指导幼儿制作"爱心小卡片"。
（3）帮助幼儿写上姓名与"妈妈我爱你"的字样。

5. 鼓励幼儿放学时把爱心卡送给妈妈，大声说一句"妈妈我爱你"。

活动五：三八节我做了……

活动目标

1. 具有初步的任务意识与服务意识。
2. 学会初步的统计方法。
3. 积极参与活动并收获喜悦感。

活动准备

提前完成"三八主题活动任务卡"，见附表 7-1。

教学建议

1. 教师请幼儿拿出昨天在家记录的"三八主题活动任务卡"，数一数昨天总共做了几件事情。学会 1~6 的点数。
2. 请幼儿上前分享在三八节期间自己做了哪些事情，为什么要这么做，感觉如何？
3. 教师及时总结幼儿的表达内容，肯定幼儿的表述；当幼儿表达不清晰的时候，可以依据家长的记录文字提醒幼儿。
4. 教师从任务完成的角度肯定幼儿的任务意识与责任感："我们都要学会体贴自己的父母。不仅三八节要这样做，在以后的每一天都要做自己力所能及的事情。"
5. 教师和幼儿同唱《我的好妈妈》。
6. 教师总结："三月份不仅有三八节，更有学雷锋的日子。我们可以在家里让爸爸妈妈讲讲雷锋的故事。"

任务三：植树节

活动一：我会给植物浇水

活动目标

1. 知道 3 月 12 日是植树节。
2. 初步具有保护环境的意识。在活动中培养耐心、爱心，体验劳动的喜悦。

活动准备

1. 介绍植树节，包括风沙危害人类的生活的视频等。
2. 学会用水壶给植物浇水的方法。
3. 提醒幼儿注意安全。

教学建议

1. 告诉幼儿今天是植树节。植树节是为了号召大家多多种树、爱护环境，国家专门定下的一个植树的日子。因为树会产生氧气供我们呼吸，所以我们要爱护好它。
2. 教师展示沙尘暴的图片，告诉幼儿，就是因为过去砍伐树木太多，所以变成现在这样了。人们生活在这样的环境里会舒服吗？
3. 可以与幼儿聊聊动画片里熊大和熊二保护森林的故事。
4. 教师与幼儿一起去外面给植物浇水，教师交代浇水技术与注意事项。
5. 幼儿开始给植物浇水，教师巡回指导，引导幼儿用正确的方法浇水。
6. 教师对幼儿的劳动给予肯定（可以分为两节课进行）。

任务四：清明节

活动一：感知清明节

活动目标

1. 知道清明节是哪一天。
2. 初步了解清明节的相关风俗习惯。

活动准备

介绍清明节的相关 PPT。

教学建议

1. 教师播放 PPT，给幼儿讲解清明节的来历及其习俗。
2. 清明节是我国的传统节日，也是最重要的祭祀节点，是表达对去世的人的怀念的日子。人们在清明节前后，通过扫墓、送鲜花等缅怀故人。
3. 清明节又叫踏青节，因为这段时间正是春光明媚、草木吐绿的季节，也是人们春游的好时候，所以古人有清明踏青并开展一系列体育活动的习俗。
4. 清明节的活动有踏青、插柳、扫墓等，清明节有很多应季的美食，如青团、螺蛳等，每个地方的风俗习惯都不一样。
5. 在扫墓的过程中，一定要注意防火。每年都有因为扫墓而发生的森林火灾，损失非常大，所以我们一定要有防火意识。

活动二：欣赏古诗《清明》

> **活动目标**

1. 学会古诗《清明》，并知道其粗浅的含义。
2. 学会观察和总结春天的景色。

> **活动准备**

有关古诗《清明》的相关 PPT。

> **教学建议**

1. 教师朗读古诗《清明》："清明时节雨纷纷，路上行人欲断魂，借问酒家何处有，牧童遥指杏花村。"

2. 教师询问幼儿听到的内容，就此与幼儿进行谈话，考察幼儿聆听他人话语的能力。

3. 教师打开 PPT，介绍这首诗："这首诗讲的是清明节的景象。清明时节是雨水多的季节，所以说'雨纷纷'。'路上行人欲断魂'说的是什么呢？一方面是因为下雨了，大家都在奔波着；另一方面是在思念着自己去世的亲人。'借问酒家何处有，牧童遥指杏花村'就说明诗人想借酒消愁，缓解自己不愉快的心情。当然，喝酒太多也不好，所以我们要告诉家人少喝酒，喝酒不开车，喝酒易伤身。"

4. 教师带领幼儿一起朗读《清明》。

5. 后续利用空档时间继续学习这首诗，直到幼儿熟记为止。

项目三：春天里的小动物

任务一：寻找小蜗牛

活动一：认识蜗牛

活动目标

1. 初步了解蜗牛的外形特征及生活习性。
2. 萌发对事物进行探究的兴趣。

活动准备

1. 音乐《蜗牛与黄鹂鸟》。
2. 有关蜗牛的图片。

教学建议

1. 教师播放音乐，导入课题。
2. 了解蜗牛的外部特征：
（1）蜗牛的身体是怎样的？
（2）蜗牛的眼睛在哪里？
（3）蜗牛的脚在哪里？
3. 教师引导幼儿观察蜗牛爬过的地方，提出问题："为什么蜗牛爬过的地方会留下一条线呢？"引导幼儿思考，让幼儿自由表达。
4. 教师总结：原来蜗牛是靠身体的蠕动来爬行的，它分泌这种黏液，是为了让身体更加润滑，这样在爬行的时候就不会擦伤皮肤了，而且前进得更快。
5. 教师："最近我们找不到蜗牛，蜗牛去了哪里呢？"让幼儿思考并表达。
6. 活动延伸：蜗牛与螺蛳有什么相同与不同的地方？

活动二：幼儿园里的小蜗牛

活动目标

1. 学会抓蜗牛的方法。
2. 具有初步的探究意识，能够根据过往经验提出问题、回答问题。

活动准备

放大镜、瓶子、镊子等；最好是下雨后开展此活动。

教学建议

1. 教师与幼儿一起学唱《蜗牛与黄鹂鸟》，导入课题："今天刚好雨过天晴，老师想与小朋友们一起在幼儿园里寻找蜗牛，看看能不能找到。"
2. 教师将幼儿分成小组，每组选派一个小组长，将找到的蜗牛放在瓶子里面。
3. 教师交代捕捉蜗牛时的安全事项。
4. 捕捉之前先观察，观察蜗牛的模样、蜗牛走路的样子、蜗牛走过之后留下的痕迹等。
5. 将抓到的蜗牛带回教室，边观察边交流：蜗牛是什么样子的？为什么它要把身体收回去呢？为什么它需要一个外壳呢？
6. 鼓励幼儿自由交流，教师及时总结。

活动三：彩色的小蜗牛

活动目标

1. 愿意用棉签蘸上颜料，在纸张上的蜗牛图案上来回涂抹。
2. 喜欢参加填色活动。
3. 能够在活动中注意保持自己及同伴衣服的干净。

活动准备

不同颜色的颜料，棉签，蜗牛线条画图案纸人手一张。

教学建议

1. 教师："花园里住着一只小蜗牛，每天早上在花园里散步，看到周围五颜六色的花草树木，再看看自己的衣服，它特别伤心。今天，小蜗牛来到我们班，想请小朋友们帮忙做一件漂亮的衣服，大家说好吗？"
2. 教师分发蜗牛线条画图案纸。
3. 教师依次介绍颜料、棉签等材料，示范制作方法，交代注意事项："先将纸张平放在桌面上，小手拿一根棉签，先想想自己要涂什么颜色，然后再给棉签蘸上颜色，慢慢涂色。注意，涂色的时候尽量不要涂到线条外面去，尽量涂均匀；一根棉签只能蘸一种颜色，用另外一种颜色的时候，一定要换一根新的棉签。"
4. 教师提出制作要求：要轻轻地涂，不要把颜料弄到自己和同伴的身上。
5. 欣赏作品：小蜗牛时装展。

任务二：小蝌蚪找妈妈

活动一：我的妈妈是谁

> **活动目标**

1. 通过对故事情节的表演，以及小蝌蚪变成青蛙的成长过程的图片展示，明白小蝌蚪变成青蛙的顺序。
2. 具有初步的科学探究兴趣，能够观察小蝌蚪的成长。

> **活动准备**

1. 在自然角饲养小蝌蚪，观察小蝌蚪的成长过程。
2. 在网络上搜集故事《小蝌蚪找妈妈》并制成PPT，青蛙图片。

> **教学建议**

1. 教师拿出一张青蛙图片，询问幼儿："这是什么？青蛙。小朋友们知道青蛙的宝宝是什么样的吗？今天老师就给大家讲青蛙宝宝的故事——《小蝌蚪找妈妈》。"

2. 教师打开《小蝌蚪找妈妈》的PPT，边展示边讲解：

   池塘里，一群小蝌蚪在游来游去，它们在水里玩得真开心啊。小蝌蚪的颜色是黑色的，有着一条长长的尾巴。

   突然，一只小蝌蚪想起了妈妈："我的妈妈在哪里呢？"它看见在池塘里游玩的鸭子妈妈，就对它喊："妈妈。"鸭子妈妈说："我不是你的妈妈，我是小鸭子的妈妈。"

   小蝌蚪慌了，它看见一只金鱼妈妈游了过来，就对它喊："妈妈。"金鱼妈妈说："我不是你的妈妈，你的妈妈会呱呱的叫。"

   小蝌蚪找呀找，突然之间发现自己的尾巴旁边长出来一双腿。它开始思考：我到底是谁呢？它还是在继续找自己的妈妈。突然，它看见一只乌龟，就对它喊："妈妈。"乌龟妈妈说："我不是你的妈妈，你的妈妈也许去岸边了。"

   小蝌蚪的心更慌张了："我的妈妈到底是谁呢？"

3. 教师："小朋友们，小蝌蚪找不到妈妈怎么办呢？我们回家后，将今天学的故事告诉妈妈好吗？让我们的妈妈也帮小蝌蚪找找妈妈，好吗？"

活动二：小蝌蚪找到妈妈啦

活动目标

1. 通过"小蝌蚪找到妈妈啦"，感受妈妈对自己的爱。
2. 能大胆地进行情景表演。
3. 尝试将学过的知识经验总结出来。

活动准备

1. 在自然角饲养小蝌蚪，观察小蝌蚪的成长过程。
2. 在网络上搜集故事《小蝌蚪找妈妈》并制成PPT，青蛙图片。

教学建议

1. 教师："昨天小蝌蚪还没有找到妈妈，小朋友们回家后有没有问自己的妈妈，为什么小蝌蚪找不到妈妈呢？"幼儿自由表达，教师及时肯定。
2. 教师打开《小蝌蚪找妈妈》的PPT，继续边展示边讲解：

今天小蝌蚪一大早起床，又来找自己的妈妈了。她看见一只白鹅，就对它喊："妈妈。"白鹅说："我不是你的妈妈，你妈妈的衣服是绿色的。"

小蝌蚪找呀找。突然之间，它发现自己又长出了一双腿，尾巴也越来越短了。它想：我到底是谁呢？我的妈妈是谁呢？

有一天，小蝌蚪忽然从水里跳到岸上去了。它想：原来我不仅可以生活在水里，也可以上岸，难道我的妈妈在岸上？

小蝌蚪看见一只母鸡带着小鸡在玩耍，它刚想喊"妈妈"，就见母鸡气势汹汹地跑过来啄它。小蝌蚪赶紧跑到水里去，心想：幸亏跑得快，要不然就成了母鸡的口中餐了。

小蝌蚪垂头丧气地在水里慢悠悠地游着，忽然听见一个亲切的声音："孩子，我是你的妈妈。"小蝌蚪看见青蛙妈妈在荷叶上呼唤着它，高兴地说："妈妈，我可找到你了！"

3. 教师总结小蝌蚪寻找妈妈的过程。
4. 教师与幼儿一起演绎小蝌蚪找妈妈的故事。

活动三：小蝌蚪成长记

活动目标

1. 通过观察，学习用恰当的方式进行表达。
2. 学会打"√"与"×"。
3. 了解小蝌蚪的成长规律，初步尝试分类。

活动准备

1. 在自然角饲养小蝌蚪，观察小蝌蚪的成长过程。
2. 制作"小蝌蚪成长记录单"，见附表7-2。

教学建议

1. 教师："小朋友们，最近我们饲养了小蝌蚪，也学习了小蝌蚪找妈妈的故事，我们知道小蝌蚪成长的过程了吗？"

2. 教师分发"小蝌蚪成长记录单"，让幼儿判断表格中的小蝌蚪成长过程哪些是错误的，哪些是正确的。

3. 邀请幼儿上前表达小蝌蚪成长的顺序。

4. 教师检查每名幼儿的"小蝌蚪成长记录单"是否正确，让做得不正确的幼儿及时更正答案。同时，表扬与肯定幼儿的学习精神。

5. 教师和幼儿一起玩《小蝌蚪找妈妈》的游戏。

6. 教师总结本节课的主要内容。

活动四：谁最厉害

活动目标

1. 了解不同动物的生活习性。
2. 知道青蛙是两栖动物。
3. 认识几种常见的两栖动物。

活动准备

1. 蝌蚪图片，长了两条腿或者四条腿的蝌蚪在岸边生活的图片。
2. 不同两栖动物的图片 5～6 张。

教学建议

1. 通过小蝌蚪长了腿的变化引导幼儿学会提问，让幼儿知道小蝌蚪与青蛙的身体有哪些不同。

2. 青蛙妈妈能去岸边生活吗？

3. 小蝌蚪能去岸边生活吗？它们什么时候才能去岸边生活呢？需要具备哪些条件？让幼儿自己思考回答，教师给予积极引导。

4. 小蝌蚪有了腿之后、可以用肺呼吸的时候，就可以上岸去找妈妈了。能够同时在水里与陆地上生活的动物就叫作两栖动物。

5. 两栖动物有哪些？你在动物园见过吗？乌龟、蛇、螃蟹等等。

6. 教师总结本节课的内容，引导幼儿说出一两种两栖动物的名字。然后巩固学习内容，例如，询问幼儿人是不是两栖动物，并告诉幼儿人不是两栖动物的原因。

任务三：花蝴蝶

活动一：寻找花蝴蝶

活动目标

1. 热爱大自然，能够在大自然中感受春天的气息。
2. 学会寻找蝴蝶，观察蝴蝶的特点，知道蝴蝶有很多种不同类型。
3. 在寻找的过程中具有安全意识，学会自我保护。

活动准备

1. 户外踏青活动。
2. 准备不同类型的蝴蝶图片。

教学建议

1. 教师："今天我们去寻找幼儿园里面的蝴蝶。平时，我们在幼儿园的什么地方看见过蝴蝶？蝴蝶有什么本领与特点？"
2. 教师交代外出寻找蝴蝶时的安全事项，例如，想观察蝴蝶的时候一定要静悄悄的，不要推挤小朋友，注意不要滑倒，等等。
3. 引导幼儿观察蝴蝶：它的翅膀有什么特点？颜色有什么特点？它停在花丛中在干嘛？引导幼儿说出不同的答案，学会表达自己的思考结果。
4. 教师拿出蝴蝶图片，告知幼儿蝴蝶有很多种，有不同的颜色、不同的大小等。
5. 引导幼儿观察蝴蝶飞行的样子，让幼儿模仿蝴蝶飞行。
6. 告知幼儿不能随便捕捉蝴蝶，因为蝴蝶身上的磷粉是有毒的。而且，我们只需要观察蝴蝶，它们在花丛中玩耍得那么开心，我们不要打扰它。告知幼儿要爱惜小动物。

活动二：画蝴蝶

活动目标

1. 能够依据自己的认知，运用蜡笔对蝴蝶图案进行涂色活动。
2. 体验创造各种蝴蝶图像的快乐，并能欣赏别人的作品。

活动准备

蝴蝶线条画图纸、蝴蝶图片若干，不同颜色的蜡笔若干。

教学建议

1. 教师出示各种各样的蝴蝶图片，让幼儿自由表达蝴蝶的外形特征。
2. 教师出示蝴蝶线条画图纸，引导幼儿观察画上的蝴蝶少了什么，鼓励幼儿用彩色蜡笔给蝴蝶做一件漂亮的衣服。
3. 教师："我们先选好想要的颜色的蜡笔，然后轻轻地涂，尽量不要涂到线条外面。蝴蝶的身上也有很多点点，你们也可以结合刚刚看的图片与自己的观察涂上点点。"
4. 幼儿作画，教师巡回指导。
5. 提醒幼儿要用力均匀，把蝴蝶的衣服涂满颜色，不要留出空隙。
6. 展示与分享幼儿作品。

项目四：春天的植物

任务一：花儿有几朵

活动目标

1. 感知 5 以内的数，尝试对 5 个以内的物体进行归类。
2. 在图片和提问的引导下，探索用点数卡表示实物的数量。
3. 喜爱参加数学活动，体验活动的乐趣。

活动准备

1. 各种颜色的花儿图片若干，最多不超过 5 张。
2. 1~5 的点数卡记录单。
3. 可以将幼儿分成几个小组，每个小组一套教具。

教学建议

1. 教师："小朋友们看看这儿有什么？黑板上红色的花儿有几朵呢？我们一起来数一数好吗？"
2. 教师："那我们怎样记录它呢？"引导幼儿自由表达，如书写数字、用点点计数等。
3. 教师告知幼儿计数的方法，例如，有一朵红色的花儿，就用一个点点计数，有 2 朵红色的花儿，就用两个点点表示。教师巡查幼儿记录的情况。
4. 依据幼儿的掌握情况，不断强化点点计数的方法。
5. 及时表扬与鼓励幼儿，分小组记录篮子里面红色的花儿有几朵，绿色的花儿有几朵，蓝色的花儿有几朵。
6. 幼儿分组记录与统计，教师巡视与指导。
7. 展示幼儿记录单，让幼儿观察哪些记录单是相同的，哪些是不相同的。与幼儿一起点数与更正统计错误的记录单。
8. 教师总结本节课的内容，告诉幼儿：下次我们就可以用点数来记录自己的物品了，这样就能知道哪些物品多、哪些物品少。

任务二：寻找幼儿园内的花朵

活动目标

1. 学会观察，寻找幼儿园内春天的变化。
2. 注意观察幼儿园内花朵的位置、形状、颜色等。知道不同的花儿会在不同的季节开放。
3. 初步了解花粉过敏现象。

活动准备

散步、观赏与谈话活动。

教学建议

1. 教师："小朋友们，你们有跟爸爸妈妈去春游吗？春天最明显的变化是什么呢？在春游过程中，你看见了什么？"引导幼儿自由表达。
2. 教师："今天，老师会带领小朋友一起去寻找幼儿园里的春天，看看你能发现什么。注意，我们的表达方式是：以前它是什么样的；春天来了，它变化成这样了。"
3. 在观察的过程中，教师提醒幼儿不拥挤、不奔跑，要注意安全。
4. 教师带领幼儿发现幼儿园的变化，鼓励幼儿积极观察，提醒幼儿注意表达方式。
5. 在观察的过程中，教师可以结合其他游戏活动，将玩耍与学习结合起来。
6. 回教室后，教师总结此次观察活动的相关内容。

任务三：吹出花儿来

活动目标

1. 体验吹画的乐趣。
2. 学习用吹画表达花儿的基本特征。
3. 感受颜色的魅力。

活动准备

1. 每个幼儿一根吸管。
2. 各种颜料与画纸。

教学建议

1. 教师介绍作画工具，并示意如何作画：用吸管对着颜料水滴，向不同的方向吹，不同的力度会产生不同的效果。

2. 交代安全、卫生注意事项：不要把颜料吸到嘴里去，因为颜料有微毒；不要弄脏衣服。

3. 幼儿作画。可以站着、蹲着吹画。画好后，要等颜料干了才能将画纸拿给教师。

4. 教师巡回指导，鼓励幼儿大胆作画，独立完成画作。

5. 教师与幼儿一起欣赏与分析幼儿的作品，总结作画技巧。

6. 鼓励幼儿展示与分享自己的画作。把幼儿的作品固定在画袋里，让全体幼儿欣赏。

项目五：春天的活动

任务一：放风筝

活动一：认识不同的风筝

活动目标

1. 知道不同类型的风筝，并欣赏风筝的美。
2. 知道春天是放风筝的好季节。

活动准备

1. 不同类型的风筝图片，有实物更好。
2. 在网络上收集一些家庭春游时放风筝的图片。

教学建议

1. 教师："在这么美好的春天，我们可以做什么呢？小朋友们有没有跟着爸爸妈妈一起去春游？春游是什么感觉的呢？发生了哪些有趣的事情？"让幼儿自由表达与分享。

2. 当有幼儿说到放风筝的时候，教师立即导入本节课的主要内容，询问幼儿见过哪些类型的风筝。

3. 教师出示不同类型的风筝的图片或实物，引导幼儿表达各种风筝的特征。

4. 教师交代放风筝时应该注意的安全事项。包括：要在爸爸妈妈的帮助下放飞，不要在高压电线附近放风筝，不要让手被风筝的线割破，等等。

5. 教师总结本节课的主要内容，告诉幼儿：春游的时候可以与爸爸妈妈一起放风筝，到时候回幼儿园一起分享。

活动二：放风筝的感觉

活动目标

1. 会适当地表达风筝飞上天空的原因。
2. 以做实验的方式探讨风筝飞上天空的原因。
3. 积极主动地表达自己的所思所想。

活动准备

电吹风机、碎纸片。

教学建议

1. 教师询问幼儿有没有放过风筝，放风筝的感觉是什么，风筝有没有飞上天，为什么会飞上天，等等，引导幼儿积极思考、表达。

2. 教师："今天老师给小朋友们做个实验，看看风筝是怎么样飞上天空的。"教师准备一块有网眼的纱布，将碎纸片放在纱布上，然后用电吹风机在纱布下面吹，让碎纸片飞起来。

3. 教师总结：风筝之所以能飞起来，是因为有风在吹，风越大，风筝飞得越高。台风来了的时候，甚至可以把人吹走。

4. 教师积极引导幼儿思考、表达：为什么风筝飞得那么高？因为风筝像小鸟、小蝴蝶，因为风筝面积比较大、比较轻，等等。

5. 教师告诉幼儿选择风筝的技巧，要选择像鸟一样、比较轻的风筝。而这些技巧正好与幼儿的思考有关。

6. 教师总结本节课的内容，让幼儿回家与爸爸妈妈分析有时候风筝飞不上天的原因。

任务二：小豆子发芽了

活动一：种植小豆子

活动目标

1. 尝试用不同的方式种植黄豆或绿豆。
2. 学会观察小豆子发芽的过程，并表达自己的所见、所想。

活动准备

黄豆或绿豆若干，泥土，水盆，沙子，棉花，塑料杯，标尺或长竹签。

教学建议

1. 教师："春天不仅是春游的好季节，也是种植的好季节。今天，老师带领小朋友们一起种植绿豆，看看谁种的豆子最先发芽。"
2. 教师出示四个不同的种植场所：用塑料杯装着的沙子、棉花、泥土、水。
3. 教师："小朋友们猜一猜，种在哪些地方的豆子可以发芽?"幼儿自由表达自己所想，教师也可以设计猜想记录表、观察记录表。
4. 教师演示种植过程：先把豆子的"卧室"准备好，然后把豆子放进去睡觉。注意还要给它浇水哦。水不能多，多了就会淹死豆豆宝宝。
5. 教师可以给每名幼儿一个杯子，让幼儿自己选择种植的方式，并在杯子上写上幼儿的名字。
6. 教师交代幼儿："每天早晨来幼儿园后，一定要去看看自己的豆豆的变化，并用适当的符号表示自己的观察内容。"
7. 用标尺或长竹签等进行参照，标记豆子发芽的过程。

活动二：小豆子为什么没有发芽

活动目标

1. 学会用不同的方式记录豆子发芽的过程。
2. 尝试从我们的各种行为中分析豆子不发芽的原因。

活动准备

谈话活动，没有发芽的豆子若干杯。

教学建议

1. 教师："随着小朋友们的悉心照料，很多豆子已经发芽了，我们的豆芽宝宝已经长出来了。下午，我们把豆豆宝宝种在我们的种植菜地里吧。"

2. 教师："但是老师也发现有几个小朋友的豆芽宝宝没有出来，为什么呢？请这个杯子的负责人自我反思，其他小朋友帮助分析原因。"

3. 教师与幼儿一起分析豆子不发芽的原因，包括：种子的问题，没有浇水或者水浇多了，沙土覆盖得太紧导致豆豆宝宝不能呼吸所以不发芽了，等等。引导幼儿自由思考。

4. 教师及时鼓励幼儿发现、反思原因，总结与提升幼儿的表达方式。

5. 教师："所以我们在种植的时候，一定要考虑土壤问题、浇水的问题。我们要悉心照料，当发现有不好的因素影响豆芽宝宝的时候，我们要给予及时的帮助，改善它们的生活环境，帮助它们生长。"

6. 教师及时鼓励与肯定幼儿。

注意：由于豆子颗粒较小，教师要避免幼儿因为好奇而把豆子放进鼻子里。全程需要教师提前做好相关教育与防护工作。

附表

表7-1 三八主题活动任务卡

班别：_____　　　　姓名：_____

　　三八节，我帮妈妈做了哪些事情？我的感觉如何？请在完成的任务下面打"√"，表格里没有的，请用画画的形式加以补充，并请爸爸记录完成任务后的感受。

我 做 了	

我的感受	

表7-2　小蝌蚪成长记录单

班别：_____　　　　姓名：_____

　　小朋友们，我们有没有观察过、养过小蝌蚪呀？我们有没有注意到小蝌蚪在长大过程中的变化？请小朋友通过自己的观察，给小蝌蚪的成长过程排个序。注意观察小蝌蚪腿部的变化，在最小的蝌蚪后面写上数字1，在稍微大一点的蝌蚪后面写上数字2，在最大的蝌蚪后面写上数字3。

小蝌蚪的模样	排　序	我的理由

第八章 我是汽车小司机

第一节 主题网络图

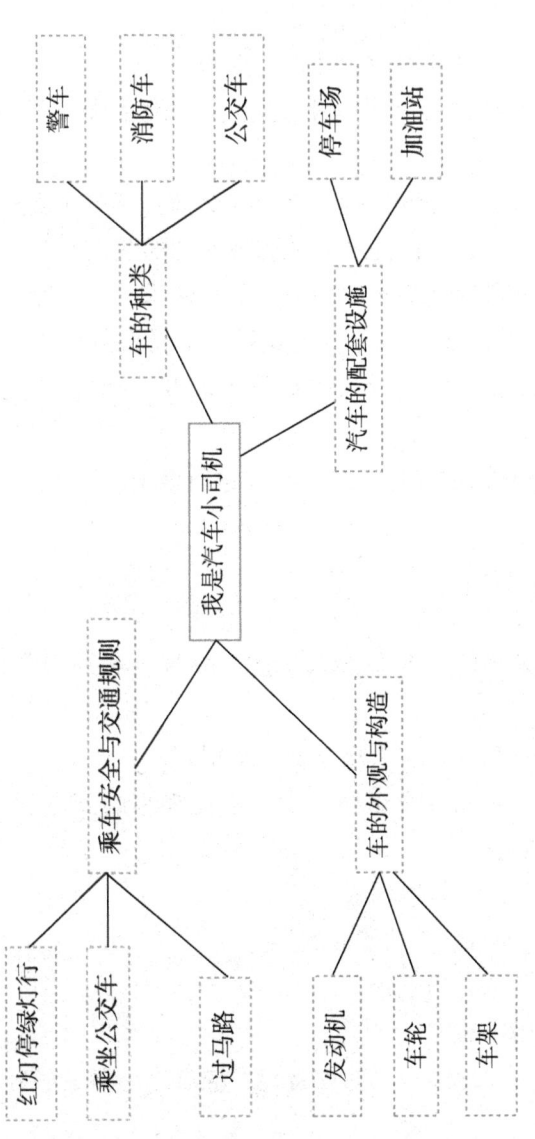

"我是汽车小司机"主题网络图

注：依据幼儿园自身条件与幼儿兴趣需要，各个分支还可以继续延伸，如制作、拼搭小汽车等。

第二节 阶段性教育目标建议（小班）

一、健康

1. 能沿地面的行驶路线（直线、曲线）前进。模仿开车的动作并判断路面情况，避免碰撞。
2. 能步行 1 公里左右，连续跑约半分钟。
3. 知道吮吸手指是一种坏习惯，并逐步克服。
4. 学习从 70 厘米高的障碍物下钻过去，以及手脚着地向前爬的动作技能。
5. 懂得并学会遵守红灯停绿灯行、上下楼梯靠右行等交通安全规则。
6. 能双脚向前行进跳，并能随着儿歌的节奏向前跳。
7. 培养观察他人面部表情变化的能力，了解快乐、难过时的面部表情。
8. 练习在 15～20 厘米高的坡上走上走下，发展平衡力。
9. 知道自己的隐私部位；在成人的提醒下能及时排便，学会排便的正确姿势。
10. 培养对玩具进行清洁和保养的意识并进行清洁。

二、社会

1. 感知故事中各种车的声音并尝试模仿，表演故事并感受和朋友一起玩的乐趣。
2. 知道坐车要系安全带，初步建立安全意识。
3. 知道乘坐交通工具的安全事项，初步建立乘车的安全意识，学习按照图片的中心内容进行讲述。
4. 了解在加油站里的安全事项。
5. 了解修车厂或 4S 店各个功能区的划分。
6. 观察并了解汽车保养的过程。
7. 学会安全地使用小剪刀。
8. 知道在发生火灾、地震等自然灾害时，应有序地跟着教师逃生。

三、语言

1. 学会有意识地倾听。
2. 学习观察画面中与情节有关的细节，尝试用语言讲述自己对故事发展的理解。
3. 提高在游戏中迅速把握语言信息的倾听能力。
4. 学会正确使用人称代词，感知故事中象声词的趣味性。
5. 学习故事并尝试进行故事表演。
6. 通过领悟游戏规则培养合作能力。
7. 对阅读产生兴趣，初步培养良好的阅读习惯。
8. 初步培养扩散性思维及说话的连贯性。

四、科学

1. 知道一些常见的车的名称。
2. 了解特种车的外形特征和用途。
3. 观察并讲述消防车的外形及其用途。
4. 知道一些工程车的名称，观察并讲述工程车的外形及其功能。
5. 初步了解汽车的基本构造，了解汽车不同部位的名称。
6. 通过观察，了解各种车的车轮及其特征。
7. 知道车的一些共同特征。
8. 通过观察溶解现象，激发对溶解现象的好奇心。
9. 不受物体摆放形式的影响，手口一致地点数 10 个以内物体的数量，并说出总数。
10. 通过观察，辨识两个图案的相同与不同。
11. 运用认识的基本图形，拼出简单的造型。
12. 区别 5 个以内的两组数量差异大的物体的多与少，并寻找出数量一样多的两组物体。
13. 学习按照一个物体的特征进行分组和归纳。
14. 学习将物体按颜色或形状特征进行简单的有规律的排列。

五、艺术

1. 用画画的方式创作自己喜欢的车。
2. 在教师的指导下，利用废旧纸盒制作火车。
3. 通过涂画、粘贴等方式制作和装饰各种车辆。
4. 通过粘贴的方式将纸箱装饰后做成玩具车。
5. 通过给玩具车轮蘸上颜料，以合作作画的形式在白纸上自由地滚动玩具车，感受和朋友一起玩的乐趣。
6. 学习用轻快的歌声演唱，感受乐曲中的节奏、音色。

第三节　主题教学建议

1. 在区域中投放各种各样的玩具车，让幼儿按照玩具车的外观进行分类。
2. 在区域中投放车的拼图材料。
3. 家长带领幼儿参观修车厂或 4S 店、加油站、停车场。
4. 可以组织相关的主题活动，培养幼儿的交通意识。
5. 在教学活动前，可以举办一个交通工具博览会。
6. 教师需要把握好深度。小班与中班的幼儿对于交通工具的理解程度是不一样的，小班要与中班"交通工具我知道"主题活动保持一定的衔接。
7. 开展"不跟陌生人走"教育活动。

第四节　写给家长的一封信

尊敬的家长：

　　您好！

　　汽车很容易吸引孩子的目光，在孩子的生活环境中也很常见。图书上的汽车，马路上跑的公交车、警车、工程车等，也吸引着他们的注意力。除了汽车的造型吸引孩子外，汽车的声音也给他们留下了深刻的印象。如果你说"警车来了"，他们会跟着发出"咿呜咿呜"的声音；如果说"火车来了"，拉长声的"呜——呜——"就出来了。

　　因此，我们选择了生活中常见又吸引孩子的主题——"我是汽车小司机"。在这个主题活动中，我们将和他们一起分享玩车、坐车的经验，学习制作纸盒车、玩轮子游戏并搭建出汽车社区。从中，孩子可以看到各种各样的汽车外形并了解它们的用途，还会认识开公交车的司机、修车的师傅，知道汽车"肚子饿了"要去加油站、身体脏了要去洗车房，还知道汽车要有方向盘、安全带、喇叭、车门、车窗等部件。

　　爸爸妈妈可以带孩子到街上走走，看看街上各式各样的汽车，也可乘坐私家车去兜风，还可以一起开开玩具车。在各种游戏中，让孩子获得乘车的经验，他们将会学习为什么要遵守交通规则、注意交通安全，并养成良好的乘车习惯。

　　多谢您的参与！如果在活动开展过程中，您发现了有趣的事情或者有比较好的建议，希望您及时对我们提出，可以对带班老师说，也可以发到班级家长微信群里。您的任何建议都有助于我们改进工作，共同促进孩子健康快乐成长！

　　祝您身体健康，阖家幸福！

小一班

2019 年 5 月

第五节　项目设计与任务分配

项目一：汽车的种类

任务一：认识公交车

活动目标

1. 知道公交车的典型特征。
2. 知道乘坐公交车是一种环保的出行方式。
3. 喜欢乘坐公交车。

活动准备

1. 公交车与公交车站的图片。
2. 鼓励幼儿与家长多乘坐公交车。

教学建议

1. 教师："今天老师准备去外婆家，可是外婆只告诉我乘坐88路公交车，在体育西路站下车。可我不知道在哪里看车次号码，小朋友们能告诉我吗？"了解幼儿对公交车的认识水平。

2. 教师出示公交车的图片。让幼儿指出哪里可以看见车次号码，包括车头、车尾及上车的位置。

3. 教师："公交车来了，我们首先要知道它的车次，然后才会知道它去哪里。如果经过我要去的地方，我就可以上车。"

4. 教师引导幼儿依据乘坐公交车的经验，发现公交车上有什么秘密，包括刷卡、安全锤、逃生窗、扶手、椅子的颜色等。

5. 教师引导幼儿思考：为什么公交车上有那么多座位，空余的位置也很多？这是为了让更多的人乘坐公交车，因为公交车可以承载更多的人到达目的地。如果大家都开私家车的话，就会导致道路拥挤，产生更多的尾气，浪费更多的资源。所以，在能够选乘公共交通工具的情况下，就尽量选择这种绿色环保的出行方式。除了公交车，公共交通工具还包括客车、火车、飞机、地铁等。

任务二：认识消防车

活动目标

1. 认识消防车的外形和特征，了解消防车的特殊用途。
2. 知道发生火灾后，应该怎么做。

活动准备

消防车玩具，消防车灭火视频，119火警电话的标志。

教学建议

1. 教师："你们在什么地方见过消防车？消防车有哪些特征？"引导幼儿积极观察警报器、红色的车身、云梯、喷水管等。

2. 教师："发生火灾了，我们应该怎么办呢？"包括：注意消防安全，用湿毛巾捂住鼻子，早点跟着大人逃跑，等等。

3. 认识119号码，知道它是用来报火警的。让幼儿模拟报火警，指导幼儿应该告诉消防员叔叔发生火灾的位置、火灾现场总共有多少人等等。

4. 认识消防车的种类，包括云梯车、水罐车、干粉消防车、泡沫消防车等；按照消防车的承载能力分类，包括微型消防车、轻型消防车、中型消防车、重型消防车等。

5. 教师播放一些火灾遇难片，提醒幼儿不要玩火，小心发生火灾。

6. 教师总结本节课的内容。

7. 有条件的幼儿园，可以组织幼儿到消防站实地考察。

8. 让幼儿了解幼儿园的消防设备，知道在哪些地方需要放置灭火器，或者知道家中应该常备一些消防用品。

任务三：认识警车

活动目标

1. 知道警车明显的特征、不同国家警车的共同特征。
2. 知道警车有不同的种类。

活动准备

1. 救护车、警车、消防车不同的警报声音。
2. 不同类型的警车图片，或者使用本班幼儿的玩具车，包括公安、交警、检察院等公务用车和防爆警车、囚车等的图片，包括不同国家的警车的图片。

教学建议

1. 教师播放不同类型的警报声音，让幼儿分辨这是什么车的声音。指导幼儿学会比较两种不同的警报声音。

2. 教师："我们今天能在教室里面安心地学习，在幼儿园开心地玩耍，都离不开我们的警察叔叔，是他们在保护我们。小朋友们见过警车吗？"教师出示一两张车辆图片，让幼儿识别警车的明显特征。

3. 教师出示中国警车与外国警车的图片，让幼儿比较两者的相同之处与不同之处。

相同之处是都有警报器，车身上都有 police 的字样。Police 是英文，意思是警察。为什么中国的警车除了中文"警察"字样之外还有英文呢？因为我们国家还有很多外国人，他们也需要保护，他们一看到这样的车就知道是警车了。

4. 教师："小朋友们，老师这张 PPT 上面都是警察使用的车辆，它们总共有几种？"

5. 教师："警车看起来感觉如何？为什么警察办案的时候要打开警报器呢？"引导幼儿自由思考，教师给予适当引导。

6. 教师总结本节课的主要内容。

任务四：认识救护车

活动目标

1. 知道医院的救护热线是120，学会拨打120急救电话。
2. 知道救护车的一些基本特点，以及里面的一些简单设备。
3. 知道家中要常备一些消毒用品，具有运用生活经验解决问题的能力。

活动准备

1. 救护车图片，救护车内部的设备设施的图片。
2. 班级所备应急包一个。

教学建议

1. 教师出示救护车图片并提问："小朋友们，你们认识这辆车吗？它叫什么名字？"引导幼儿说出这是救护车。

2. 教师出示几张警车、救护车的图片，引导幼儿通过车辆外部特征找出救护车。

3. 教师："救护车的车身是什么颜色的？车身上还有什么地方与其他的车不一样？（红十字）这红十字标志还在什么地方见过？车顶上还有什么？（警报器）你还发现什么地方和别的车不一样的？（车门在车尾处等）"

4. 教师："我们在遇到什么事情的时候才要找救护车？怎样才能最快找到救护车？拨打什么电话。"指导幼儿模拟拨打120急救电话。

注意：教师要告知幼儿不能随便拨打120这个电话，只有在病情很严重、很危险的时候才可以拨打。一般的病就不用拨打，因为有更多、更严重的病人等待着医院去抢救。

5. 教师："救护车想要救护病人，车里面一定要有哪些东西呢？为什么呢？"包括氧气罐、呼吸机、心脏起搏器、外敷用品、支架、夹板等。教师引导幼儿自由表达，并尝试说明自己的理由。

6. 教师："人的生命是很宝贵的。我们在救人的时候一定要有所准备，才能帮助到别人。小朋友们在玩耍的时候，老师也经常带着一个应急包，大家知道里面有什么吗？你们看，有纱布、酒精、棉签等。"

7. 教师总结本节课的主要内容。

任务五：认识车牌号

活动目标

1. 简单了解车牌号码的特点。
2. 乐于表达自己的发现，感知数字在生活中的运用。

活动准备

1. 不同类型的汽车与相同类型的汽车的图片。
2. 不同类型的车牌号码，包括警车牌、黄牌、蓝牌、黑牌、绿牌等。

教学建议

1. 教师出示不同类型的汽车图片，其中有两张图片上的车是一模一样的。教师告诉幼儿：小汽车都一样，如何区分它们呢？引导幼儿自由讨论解决方法，引出车牌号码。

2. 教师出示完整车牌的图片，告知幼儿：每辆车都有自己的"身份号码"，也就是车牌号码。车牌号码大多是由文字、字母和数字组成的，当然，有些车牌号码只有数字与文字。

3. 认识本地车牌。第一个文字代表着这辆车是属于哪个省的，如广东是粤、湖南是湘等。第二个字母代表不同的城市，如佛山是 E、中山是 T、广州是 A 等。

4. 教师："除了文字、字母、数字不一样，大家有没有发觉马路上的车牌还有哪里不一样？"

引导幼儿观察车牌的颜色，有黑色、黄色、蓝色，还有警车的红色与黑色搭配，等等，不同的颜色代表车辆的属性是不一样的。

大部分车辆只有一张车牌，但是，允许在内地行驶的港澳地区的车辆有两张车牌。

5. 教师总结本节课的主要内容，表扬幼儿是善于观察的小朋友。

项目二：安全乘车我知道

任务一：认识斑马线

活动目标

1. 认识斑马线，知道斑马线的作用。
2. 有过马路要走斑马线的意识，做个遵守交通规则的好孩子。

活动准备

两张图片，一张是有红绿灯的斑马线，另一张是没有红绿灯的斑马线。

教学建议

1. 教师："小朋友们知道什么是斑马线吗？哪些地方有斑马线呢？"
2. 教师："你们过马路的时候是走哪里呢？"（斑马线）
3. 教师："为什么要走斑马线？斑马线有什么作用呢？"
4. 教师小结：过马路的时候要走斑马线，因为斑马线是专门为行人准备的。来来往往的车辆看见行人从斑马线过马路的时候，会放慢速度，主动礼让行人。
5. 教师出示图片，引导幼儿观察与思考："我们有没有注意到不同街道的斑马线有什么不同呢？过有红绿灯的斑马线时，我们听红绿灯指挥就可以了；过没有红绿灯的斑马线时，我们应该怎么办？"
6. 过马路的时候不能慌张，要牵着爸爸妈妈的手，注意来往车辆，左右都看看，仔细瞧一瞧，确保安全的时候尽快通过。
7. 教师可以结合盲人过马路时听声音判断红绿灯的方法，告诉幼儿：当响起快节奏的"滴滴滴"声时，就代表可以过马路；当响起慢节奏的"滴—滴—滴"声时，就不能过。
8. 教师总结本节课的主要内容，告知幼儿为了自身安全，过马路时请走斑马线。

任务二：做个文明小乘客

活动目标

1. 知道乘坐公共交通工具是绿色、环保的出行方式。
2. 知道乘坐公交车时的文明行为，争做文明小乘客。

活动准备

1. "乘坐公交车行为的对与错"学习单，见附表 8-1。
2. 建议家长提前与幼儿乘坐一次公交车。

教学建议

1. 教师："小朋友们有没有乘坐过公交车？坐公交车是什么感觉？"引导幼儿自由表达自身经历，包括如何乘坐公交车、乘坐公交车的安全行为等。

2. 乘坐公交车时，应该注意哪些安全？

（1）一定要有爸爸妈妈的陪伴。

（2）上公交车的时候，注意人流的拥挤程度，人多时，可以让爸爸妈妈抱着上车。

（3）待车停稳后，才能上下车。

（4）乘坐公交车的时候，一定要扶好爸爸妈妈或者座椅后背，不能跑来跑去。

（5）不能把手臂与脑袋伸出窗外。

（6）车厢内除了喝水外，不能吃零食。

3. 教师向幼儿讲解安全规则及其原因。

4. 分发学习单，让幼儿判断每种行为的对与错，对的打"√"，错的打"×"。

5. 展示与分享作业单。

6. 教师总结本节课的主要内容，同时巩固前面的学习内容，强调乘坐公共交通工具是绿色、环保的出行方式。

任务三：我坐公交车了

活动目标

1. 依据已有生活经验，尝试乘坐公交车。
2. 会依据自我感受表达自己的发现与感觉。

活动准备

谈话活动，家长给幼儿拍摄一张乘坐公交车的照片。

教学建议

1. 教师："小朋友们都乘坐过公共交通工具了，下面，我想请乘坐过公交车的小朋友来表达自己的发现与感受。"

2. 教师展示幼儿乘坐公交车的照片，帮助幼儿调动已有的生活经验，回忆乘坐公交车的情景。

（1）乘坐公交车要付费，可以给现金，可以刷公交卡，也可以用手机支付。

（2）车里有很多椅子，而且有老人、小孩、孕妇的专座，看见有人让座了。

（3）公交车每到一站都会停，会播报到站的站名，可以上车与下车。

（4）在乘坐过程中还有许多温馨提示，如请给有需要的人让座、请扶好、请提前按铃等。

（5）车上很拥挤、有异味等。

3. 教师积极引导幼儿将自己的所见所想如实表达出来。引导幼儿思考一些问题，并表达出来。

项目三：汽车的结构与作用

任务一：汽车的组成

活动一：汽车结构大探秘

活动目标

1. 初步了解汽车的基本构造。
2. 简单说出汽车不同部位的名称。

活动准备

各种简单的汽车结构示意图。

教学建议

1. 教师："小朋友们，汽车身上的组成部件有哪些呢？请小朋友们依据自己的观察回忆一下自己看到了什么。"

2. 幼儿自由表达：有车轮、车灯、发动机、方向盘、安全带、后视镜，还有我们看不见的车架，等等。

3. 方向盘用来控制车辆的行驶方向；喇叭安装在方向盘上，用来警告来车或是提醒行人注意；安全带用来保护驾驶员和乘客的安全；车灯可以在视线不好的情况下照亮前面的道路；后视镜可以帮助驾驶员准确掌握行车的状况，注意后面及两边的车辆；等等。

4. 汽车一定要喝东西才可以启动。喝什么呢？有的汽车要喝汽油，有的汽车是喝柴油，还有的汽车是充电。不同的汽车要用不同的方法补充能量。

5. 教师出示汽车结构示意图，再次强调汽车组成的几个关键部件。

6. 教师："如果我们要设计一辆小汽车，一定要考虑到哪几样东西呢？如车轮、车架、发动机、方向盘等。下节课，我们就来设计自己的小汽车吧。"

活动二：我的小汽车

活动目标

1. 通过看看、画画等不同形式，体验美术课的快乐。
2. 通过绘画活动，知道汽车简单的结构。
3. 能够尽量做到均匀涂色和大胆添画。

活动准备

1. 没有车轮的汽车线条画，每人一张。
2. 油画棒。

教学建议

1. 教师："上节课，老师说我们要设计一辆自己的小汽车，那么，汽车一定要拥有哪几样东西呢？"幼儿自由回答，让教师了解幼儿对上节课内容的掌握情况。
2. 教师出示线条画，请幼儿仔细观察，讨论这辆小汽车缺少了哪一部分。
3. 教师："我们今天就一起为这辆汽车添车轮吧！"

提醒幼儿思考：汽车的几个车轮一定要一样大，如果一大一小，这个小汽车就不能平稳地驾驶了。此外，我们可以添加一些东西，让汽车更加舒适、跑得更快。或者把汽车的车身也打扮一下，让它更加美观。

4. 幼儿开始作画，教师巡回指导，规范幼儿作画的姿势与握笔的姿势。
5. 幼儿分享自己的画作，并说明自己的小汽车的得意之处。
6. 请幼儿收拾好画笔后，一起玩开汽车的游戏。

任务二：各种各样的车轮

活动目标

1. 通过比较，发现车轮有一个共同的特点：是圆的。
2. 了解不同类型与作用的汽车轮胎是不一样的。
3. 通过观察，会提出不同的问题，表现自己探究的兴趣。

活动准备

不同类型车辆的车轮图片若干，包括大货车、小汽车、挖土机等车辆车轮的图片。

教学建议

1. 教师："上节课，老师与小朋友们一起为汽车添加了车轮，大家有没有发现小汽车车轮的共同特点？"让幼儿自由表达，包括圆的、黑色的等。

2. 引导幼儿回忆与发现：除了相同的特征之外，还有没有不同之处？包括车轮的大小、数量、花纹等。

3. 教师出示不同汽车的图片。让幼儿再次观察有什么不一样，包括：车轮轴承数量；有些汽车前轮只有一个轮胎，后面有两个轮胎合并在一起；有些轮胎比较小，有些轮胎特别大；等等。

4. 教师提问：为什么多数轮胎是黑色的？因为黑色更耐脏。为了增加车轮的耐磨性，很多轮胎都添加了"炭黑"这种材料，使轮胎的耐久性提高了10倍；由于添加了炭黑，所以轮胎多数是黑色的。

5. 教师："是不是所有车子的轮胎都是圆的呢？"教师出示挖土机等工程车的图片，引导幼儿发现有些车的轮胎是有履带的。有了履带，这些车辆行驶得更加平稳，力气更大，去的地方更多；当然，缺点就是跑得不够快。

6. 教师总结不同轮胎的特点，鼓励幼儿做个善于观察的小朋友。

任务三：谁是最能干的

活动目标

1. 学会利用各种废旧物品制作小汽车。
2. 进一步了解汽车的结构特点。

活动准备

提前通知家长利用各种废旧物品和孩子一起制作各种类型的小汽车。

教学建议

1. 教师将每名幼儿的亲子小汽车制成品发给本人，让幼儿相互交谈自己的小汽车有什么特点？好在什么地方？自己是怎么在家制作的？
2. 教师巡回观察，及时记录幼儿的交流语言。
3. 教师邀请表达比较好的幼儿上前介绍自己的小汽车，包括它的特点、品质、在家是怎么做的等等。
4. 教师及时表扬与总结幼儿的思考点，启发其他幼儿继续进行表达。
5. 教师挑选3～5台做得比较好的小汽车进行点评，总结本节课的主要内容。

任务四：我喜欢的汽车

活动目标

1. 学会用投票表决的方式，为自己喜欢的小汽车投票。
2. 尝试用计数点统计票数。
3. 能依据数量的大小进行初步的排序。

活动准备

人手一张小贴纸。

教学建议

1. 教师："小朋友们，老师在上节课听了小朋友介绍自己制作的小汽车后，觉得以下小朋友制作的小汽车非常好。现在，我把以上作品拿出来，我们从这里面选出自己最喜欢的作品。"

2. 教师："我们怎么样才能选出来呢？用什么方法？"引导幼儿自由表达。

3. 教师："老师今天就告诉小朋友们一个方法——投票表决。老师先给作品编上序号，分为1号作品、2号作品、3号作品，然后给每位小朋友分发一张小贴纸，大家喜欢哪个作品，就在这个作品前面贴上自己的小贴纸。"

4. 幼儿自由表决，每名幼儿只能贴一次。

5. 教师与幼儿一起点数每个作品的投票数量，并用点点记录贴纸的数量。

6. 让幼儿依据点点的长度，判断哪个作品是最受欢迎的作品。教师鼓励获奖幼儿，也表扬其他幼儿都非常用心地制作了属于自己的小汽车。

7. 教师："小朋友们学会投票表决的方法了吗？以后我们想购买玩具的时候，也可以在家和爸爸妈妈进行举手表决，然后决定是否购买。"

8. 教师总结本节课的主要内容。

任务五：认识汽车标志

活动目标

1. 知道车有不同的标志，能够依据标志识别汽车的品牌。
2. 知道标志出现的位置的规律，具有初步的观察能力。

活动准备

各种汽车品牌标志图片。

教学建议

1. 教师通过询问幼儿喜欢哪些品牌的玩具，如乐高、迪士尼等，引导幼儿发现它们都有一个明显的商标符号，引申出汽车也有自己的品牌符号。

2. 为什么汽车要有符号，因为这是汽车公司的象征，是品质的象征。就像幼儿园也有自己的园徽，代表着我们的幼儿园。

3. 教师："小朋友们知道哪些汽车的符号呢？"引导幼儿自由表达。

4. 教师出示常见的几种车辆的标志符号，包括大众、本田、标致、奔驰、宝马等。

5. 教师出示汽车图片，让幼儿寻找汽车标志的位置。

6. 教师总结：汽车标志的位置一般在车头与车尾，有些车的标志在车盖的上面。教师也可以询问幼儿最喜欢的标志有哪些？为什么？也可以开展设计汽车标志的活动。

项目四：汽车的配套设施

任务一：认识加油站

活动一：加油站的各种标志

活动目标

1. 知道汽车加油要去加油站。
2. 知道加油站的标志。
3. 知道加油站的安全注意事项。

活动准备

1. 加油站的标志，加油站安全事故提醒标志。
2. 加油站安全教育学习单，见附表 8-2。

教学建议

1. 教师："叭叭叭，汽车开来了。突然之间它觉得好饿，要去吃东西，它应该去哪里加油呢？"
2. 教师："加油站在哪里？我看见什么标志就知道有加油站了？"教师出示加油站的标志。
3. 教师："加油的时候，我们应该怎么做呢？"教师出示加油站安全教育学习单，让幼儿判断这些行为在加油站是否正确。对的打"√"，错的打"×"。
4. 教师出示加油站的各种标志，包括禁止吸烟、限速、严禁打电话、熄火加油等。
5. 为什么要遵守这些规则呢？因为以上行为会产生火种，导致加油站发生火灾。加油站里全是能够燃烧的油，如果发生火灾，后果非常严重，甚至会引起爆炸。
6. 所以，我们在加油站一定要注意安全，不要到处乱跑；如果想上厕所，尤其是在旅游途中、高速公路上，可以趁机上厕所。我们可以找一找加油站的厕所在哪里。

活动二：我是小小加油员

活动目标

1. 知道汽车加油的基本流程。
2. 会使用礼貌语言，为角色游戏奠定基础。

活动准备

1. 玩具汽车、加油站模型，尤其要有加油管。
2. 谈话活动。

教学建议

1. 教师："今天老师给大家一个小任务，我是小小加油员，我们怎么给汽车加油呢？"幼儿自由表达，教师及时总结与鼓励。

2. 教师告诉幼儿正确的加油顺序：汽车开来了，请停车熄火。打开加油箱盖子，询问司机要加多少号汽油或者柴油，要加多少升或者多少钱的油。插入加油卡，开始加油。

3. 要注意司机与乘客有没有违规行为，如拨打电话等。一定要注意安全。

4. 加完油了，还要请客人看看加油数目是否正确。如果正确，请支付费用。支付费用时，可以使用现金，可以刷银行卡，也可以用微信、支付宝支付。

5. 完成以上过程之后，相互说"谢谢"；加油员要对司机说"祝你一路顺风，欢迎下次再来"。

6. 幼儿玩加油游戏，教师巡回指导。

任务二：认识停车场

活动目标

1. 知道不能随便停车，车辆一定要停到指定的位置。
2. 知道停车场的标志是"P"。
3. 知道停车场的种类有很多。要记得自己停车的位置。
4. 学会看停车场的指示箭头。

活动准备

1. 停车场的标志符号、马路边的停车位置符号。
2. 不同类型的停车场图片，包括户外、室内、双层停车架等。

教学建议

1. 教师："今天，小明的爸爸开着汽车去商场买生活用品，他怎么也找不到停车的位置。小明爸爸能不能随便停车？为什么？"引导幼儿自由回答，教师给予正确指引。

2. 教师："谁能告诉小明爸爸把车停在哪里？"看看马路边是否有停车位置，就是一个长方形的框框；马路边哪里有带"P"字符号的地方，就说明那里有停车场。

3. 询问幼儿见过哪些停车场？户外停车场、地下停车场、室内停车场等。

4. 我们一定要把车停在长方形的框框里面，要摆正车的位置，否则就会影响到其他人停车。停车的时候，我们一定要注意自己的安全，待车停稳后，才能下车。

5. 有的车库有好几层，所以，为了迅速取回自己的车，我们一定要记得车辆停放的位置。可以记住是第几层、多少号，也可以记住车位上的数字。

6. 有些停车场的一个车位可以停上、下两台车，是用铁架子把另外一台车升上去，这样做的好处就是充分利用空间。

7. 随着人们生活水平越来越高，车辆越来越多，车位就显得十分紧张了。所以，如果条件允许，我们要尽量乘坐公共交通工具。

8. 鼓励幼儿玩停车场的游戏，看看停车的过程中会发生哪些事情。

附表

表8-1 乘坐公交车行为的对与错

班别：_____　　　姓名：_____

小朋友们，我们都乘坐过公交车。在公交车上，哪些行为是对的，哪些行为不对呢？请在对的行为后面打"√"，在不对的行为后面打"×"。

编号	行为表现	我的判断	我的理由
1			
2			
3			
4			

表8-2 加油站安全教育学习单

班别：_____   姓名：_____

小朋友们，在加油站里，哪些事情我们可以做，哪些事情我们不可以做呢？请在对的行为后面打"√"，不对的行为后面打"×"。

编号	行为表现	我的判断	我的理由
1			
2			
3			
其他			

第九章 美味的蔬菜

第一节 主题网络图

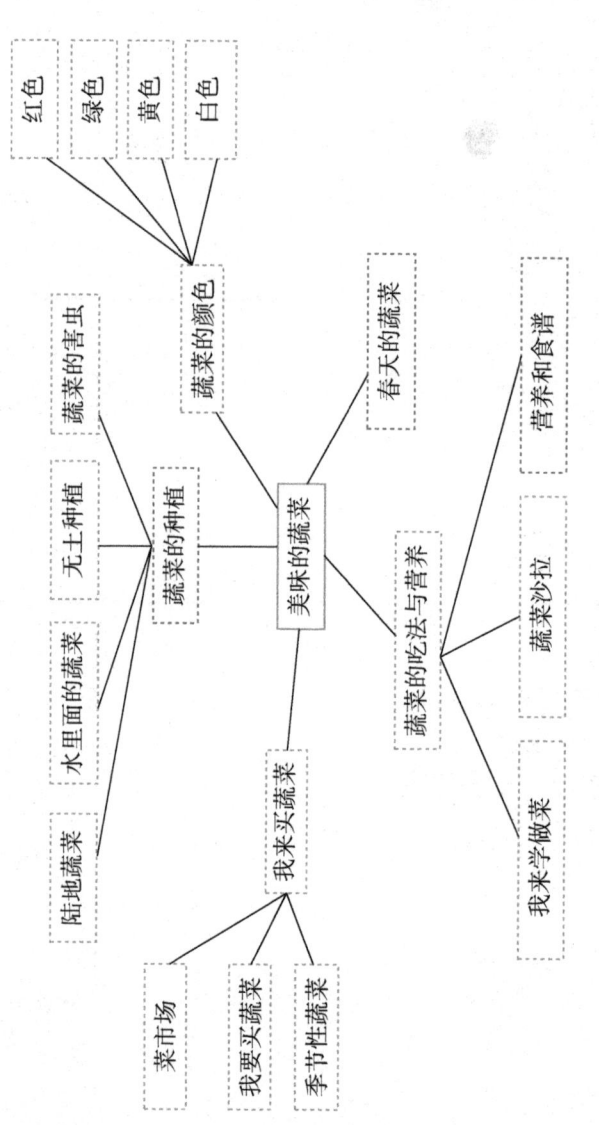

"美味的蔬菜"主题网络图

注：依据幼儿园自身条件与幼儿兴趣需要，各个分支还可以继续延伸，如农场、稻田等。

第二节 阶段性教育目标建议（中班）

一、健康

1. 能较熟练地听各种口号和信号做出相应的动作，能听信号集合、分散、排成四路纵队。培养幼儿的合作能力。
2. 知道行车的方法，喜欢和同伴一起进行比赛。
3. 能运用轮胎进行多种游戏，锻炼身体平衡及动作协调能力，知道运动时的安全事项，懂得保护自身安全。
4. 认识蔬菜的营养价值，知道吃蔬菜的好处。喜欢吃新鲜的蔬菜瓜果，养成不偏食、不挑食的好习惯。
5. 练习双脚行进跳和助跑跨跳，提高自己的跳跃能力。
6. 发展动作的协调性和灵敏性，培养大胆的品质。
7. 巩固练习肩上挥臂投掷动作，提高投掷能力。
8. 初步了解龋齿的成因及危害，学习刷牙的正确方法。
9. 练习使用筷子，做到持筷姿势正确，初步学会拨、夹。
10. 知道保持性器官和排泄器官清洁的重要性和具体方法，养成保持性器官和排泄器官清洁的习惯，及时、姿势正确地排便。

二、社会

1. 初步了解中国人春节时拜年的传统习俗，体验过新年的快乐。
2. 学习做客的礼节，会使用礼貌用语；乐意与人交往，学会关心别人。
3. 愿意参与到表演中，根据角色和同伴合作演出。
4. 能按照一定的顺序讲述图画内容。
5. 具有爱妈妈的情感，初步懂得妈妈关心自己、自己更要关心妈妈；知道3月8日是妈妈的节日。

三、语言

1. 学习观察蔬菜特征，尝试用完整、连贯的语言清楚地表述自己的认知。
2. 能理解故事内容，并根据提供的信息大致说出故事情节，体会作品所表达的情绪、情感。

3. 喜欢把听过或看过的故事讲给别人听。

4. 体会诗歌的美好意境并学会念儿歌。

5. 感知故事中问答式的语言结构。

四、科学

1. 能感知和发现蔬菜的生长变化及其基本条件。

2. 观察、比较不同的蔬菜，发现其相同与不同之处，能用图画或其他符号进行记录。

3. 通过观察、探索，认识常见蔬菜横切开的图案。

4. 知道蔬菜含有水分，能榨出汁，了解不同的蔬菜汁的颜色、味道、含汁量不一样。

5. 学习10以内的数数，不受物体颜色、大小、形状、排列位置的影响。

6. 认识梯形，知道如何描述梯形的图形特征。

7. 从上下方向，确认10个以内物体的排列顺序，并能区分"几个"和"第几个"。

8. 在日常生活中，能进行20以内的唱数和点数物品，不跳数。

9. 能进行物体的厚薄比较。

10. 尝试使用工具进行比较，初步体会测量的意义。

11. 结合日常生活学习量词，如一对、一张、一辆等。

12. 学习根据物体的某个特征的肯定与否，做出标准分类和多重分类。

13. 学习按 ABAB、AABB 等模式排列物品。

14. 结合日常生活与游戏活动，用叙述的方式辨别物体摆放的前后位置，以及辨别事物发生的前后顺序，体验到按顺序做事又快又好。

五、艺术

1. 感受歌曲活泼欢快的情绪，体验与朋友结伴表演的快乐。

2. 理解歌曲的内容，能用自然声音唱歌，学习用不同方式变化演唱。

3. 能用乐器或拍手、踏脚等身体动作打出节拍和基本节奏。

4. 用夸张的动作表现音乐诙谐、幽默的情趣。

5. 感受音乐的高低变化，学唱歌曲，并尝试用表情和动作表现其状态。

6. 欣赏各种各样的蔬菜，关注其色彩、形态等特征。

7. 能用不同材料和多种方式表现蔬菜的艺术创作。

第三节　主题教学建议

1. 春游，可进行亲子外出实践活动。
2. 本月可以结合三八节、清明节等开展相关节日教育。
3. 结合多吃蔬菜、不挑食活动，建议家长配合不要过多购买零食给孩子吃，保证幼儿一日三餐的饮食质量和数量，引导幼儿做到不挑食、吃各种蔬菜和水果。
4. 可根据班级家长资源加入社会实践活动"请进来、走出去"，如参观菜市场、农场、餐厅等活动。
5. 根据幼儿园的防火、防震演习，进行相关的随机教育。
6. 每周定时开展拍球活动，保证每月一次拍球比赛。
7. 日常渗透走轮胎、走树桩、单脚站立游戏等平衡户外游戏活动。
8. 可以开展一次全班幼儿的"蔬菜品尝会"。
9. 结合学雷锋活动，开展劳动教育相关课程。
10. 设计区域活动"我是小厨师"。

第四节　写给家长的一封信

尊敬的家长：

　　您好！

　　蔬菜是幼儿每天都要直接接触的事物，然而，这种接触大多是一种自然的接触，一种模糊、混沌的知觉。我们应该通过主动建构学习，引导幼儿每天进行有意义的学习，引导幼儿从无组织、未分化的知觉转变为有意义、有结构的知觉重组。一旦蔬菜作为贯穿整个主题活动的情境脉络，当幼儿以一种知觉重组的方式对待蔬菜时，他们会十分兴奋地发现蔬菜原来是如此丰富多彩、如此令人着迷，与自己的生活有着如此密切的关系。结合春天的特点，我们计划开展"美味的蔬菜"主题教学。

　　《幼儿园教育指导纲要》指出，我们设计课程要"既符合幼儿的现实需要，又有利于其长远发展；既贴近幼儿的生活来选择幼儿感兴趣的事物和问题，又有助于拓展幼儿的经验和视野"，因此，本次活动来源于幼儿生活又能服务于幼儿生活。在整个主题教学过程中，我们设计了"认识蔬菜""蔬菜的种植""蔬菜的烹饪"等教育项目，以期让幼儿对蔬菜有一定的认识，培养幼儿一定的能力。

　　各位家长可以在日常生活中带领孩子认识蔬菜、种植蔬菜等。如果您在我们的教学活动中有什么好的建议或者好的发现，请及时与我们分享，以便让我们做得更好。

　　顺祝各位家长家庭幸福，每天好心情！

中一班
2019 年 3 月

第五节　项目设计与任务分配

项目一：认识蔬菜

任务一：蔬菜的颜色

活动一：为什么菠菜是绿色的

活动目标

1. 具有好奇心，能够运用一定的方法去探究科学秘密。
2. 掌握验证猜想的科学探究方法。

活动准备

1. 菠菜叶子若干、榨汁机、卫生纸。
2. 绿色蔬菜颜色探究学习单。

教学建议

1. 教师："我们吃的绿色的蔬菜为什么是绿色的呢？是不是因为它身体里面流淌着绿色的液体呢？"

2. 教师分发"绿色蔬菜颜色探究学习单"，让幼儿猜想，是绿色液体的就打"√"，不是的就打"×"。

3. 教师："我们今天就做一个小小科学家，一起应用科学的方法来探究菠菜叶子里面是否有绿色液体。我们不能凭空想象，要做实验来证明。"

4. 教师用刀切碎并挤压菠菜叶子，当汁液流出比较多的时候，用卫生纸吸收汁液，让幼儿观察纸巾变成了绿色。

5. 教师让幼儿拿出"绿色蔬菜颜色探究学习单"，在眼睛图案旁边打上"√"。

6. 教师总结探究的方法：猜想→验证。

7. 如果有条件，可以用榨汁机榨取菠菜汁，将汁液分给幼儿作画。用纸巾吸一吸，用菠菜汁画一幅自己喜欢的画。

活动二：不同颜色的蔬菜

活动目标

1. 知道蔬菜的颜色有很多种。
2. 知道同一种蔬菜在不同的时候有不同的颜色。
3. 知道我们要吃不同颜色的蔬菜。

活动准备

各种各样的蔬菜图片，不同时期辣椒的图片。

教学建议

1. 教师："小朋友们见过哪些颜色的蔬菜，或者吃过什么颜色的蔬菜呢？"幼儿自由表达，教师积极肯定。

2. 蔬菜有不同的颜色，常见的蔬菜的颜色有绿色、紫色、红色、黄色、白色等。教师展示常见蔬菜的图片，让幼儿认识不同的蔬菜。

3. 不同颜色的蔬菜有不同的营养价值（以下资料源于网络，教师稍加讲解便可）：

（1）绿色蔬菜含有丰富的叶酸，也是钙元素的极好来源，而且这类蔬菜还含有比较多的维生素 C、铁和硒等微量元素。

（2）黄色、红色蔬菜富含胡萝卜素和维生素 C，其中，黄色蔬菜还富含维生素 A 和维生素 D，能提高食欲，让人的皮肤更加柔嫩，还可以强健骨骼。

（3）紫色蔬菜富含花青素，具有强有力的抗氧化作用，能让人变得更加漂亮。

（4）白色蔬菜富含膳食纤维及钾、镁等微量元素，具有提高免疫力和保护心脏等功能，对调节视觉和安定情绪有一定的作用。

（5）黑色蔬菜能刺激人体内分泌和造血系统。例如，研究发现，黑木耳含有一种能抑制肿瘤的活性物质。

4. 教师总结本节课的主要内容，告知幼儿要多吃蔬菜，而且要吃不同颜色的蔬菜，这样才能让自己的身体棒棒哒，拉便便才会更加舒服。

任务二：蔬菜的种类

活动一：吃叶子的蔬菜有哪些

活动目标

1. 知道不同的蔬菜要吃不同的部位。
2. 初步学会归类的方法。

活动准备

小白菜、大白菜、韭菜等的图片，黄瓜、茄子等的图片。

教学建议

1. 教师："小朋友们平时吃什么蔬菜？我们吃的是蔬菜的哪个部位呢？"引导幼儿自由回答。
2. 教师："不同的蔬菜应该吃不同的部位，今天老师就与小朋友们一起讨论吃叶子的蔬菜有哪些。"请幼儿回答，看幼儿是否理解了教师的问题。最容易回答的是小白菜、大白菜。教师询问幼儿胡萝卜吃什么部位，答案是根。
3. 教师同时展示小白菜、大白菜、韭菜、黄瓜、茄子的图片，让幼儿学会分类，选择吃叶子的蔬菜有哪些。邀请幼儿上来分类。
4. 教师检查幼儿的掌握情况。
5. 教师依据幼儿的掌握情况，演变为用其他属性分类。

活动二：吃果实的蔬菜有哪些

活动目标

1. 知道不同的蔬菜吃不同的部位。
2. 初步学会归类的方法。
3. 会用"这里总共有×种蔬菜，其中吃果实的蔬菜有×种"的句式。

活动准备

黄瓜、茄子、西红柿、毛豆、土豆的图片。

教学建议

1. 教师："上节课，我们了解了吃叶子的蔬菜有哪些，也学会了一些归类统计的方法。今天，我们来了解另外一种蔬菜，专门吃果实的蔬菜。小朋友们知道或者吃过哪些这个类别的蔬菜呢？"幼儿自由表达。

2. 依据幼儿的回答了解幼儿的已有生活经验。

3. 教师出示毛豆等的图片，让幼儿分析这些蔬菜要吃什么部位，让幼儿初步尝试总结图片的规律与特点。如果幼儿不能说出正确答案，则由教师说出"这些蔬菜吃的是它们的果实，而果实里面有种子"，教师还可以继续与幼儿探讨种子的话题。

4. 教师展示土豆的图片，引导幼儿知晓土豆是吃根茎的。土豆里面没有种子，而是直接利用身体发芽。当土豆发芽或者身体变绿时，我们就不能吃它了，因为它身上有毒了。

5. 依据统计结果，让幼儿学说"这里总共有×种蔬菜，其中吃果实的蔬菜有×种"。

6. 教师总结本节课的内容。告知下次将与幼儿讨论蔬菜从哪里来的问题，提示幼儿可以在家与爸爸妈妈提前沟通一下蔬菜种植的相关问题。

任务三：蔬菜从哪里来

活动目标

1. 知道蔬菜是农民伯伯用辛苦的劳动在土地里种植出来的。
2. 知道我们要去正规的菜市场购买蔬菜。

活动准备

农民伯伯种植蔬菜的图片，菜市场的图片若干。

教学建议

1. 教师："我们天天吃蔬菜，知道蔬菜是从哪里长出来的吗？是谁在种？"引导幼儿自由表达。

2. 朗诵古诗："锄禾日当午，汗滴禾下土。谁知盘中餐，粒粒皆辛苦。"教师可以描述一下这首诗的意境。

3. 教师出示农民伯伯种菜的图片，告诉幼儿：蔬菜是在土地里生长出来的，农民伯伯要给它施肥、除草，还要喷洒农药。蔬菜成熟后要采摘，然后送到菜市场去卖。

4. 教师："小朋友们在幼儿园吃的蔬菜，在采购之前就进行了检测，是符合卫生标准的；另外，厨师在炒青菜之前，一定要用水浸泡一会儿，把菜洗干净，然后用农药试纸再次检测，合格之后才能放进锅里去炒。"

5. 教师："蔬菜从种植到吃进我们嘴里，需要经过一个漫长的过程。很多人为我们付出了辛勤的劳动，我们要珍惜别人的劳动成果。"

项目二：蔬菜的种植

任务一：认识各种各样的种子

活动一：各种各样的蔬菜种子

活动目标

1. 乐于探索生活中的各种自然现象。
2. 能分辨出种子的颜色、大小、名字。

活动准备

1. 南瓜、黄瓜、小白菜、黄豆、绿豆等植物的种子。
2. 各种种子发芽之前的图片，如南瓜瓤、黄瓜瓤、白菜开花结籽等的图片。

教学建议

1. 不同种子的播种季节是不一样的，南方因为气候温暖，适合播种的种子相对来说比较多。
2. 教师："今天老师带来了很多种子，请小朋友们认识一下，种子之间有什么不同？"教师出示不同颜色的种子，让幼儿回答。
3. 教师："除了种子的颜色不一样，还有哪里不一样？"培养幼儿的观察能力，包括形状、大小等。
4. 教师出示南瓜的图片，询问幼儿南瓜的种子藏在哪里？南瓜的种子藏在南瓜瓤里面，教师出示切开的南瓜的图片，告知幼儿南瓜种子的颜色、形状，这个种子比绿豆的大。
5. 教师依次出示黄瓜、绿豆、黄豆等的种子实物，让幼儿看一看、摸一摸、说一说。
6. 教师总结本节课的主要内容，告诉幼儿不同蔬菜的种子是不一样的。

活动二：蔬菜种子的保存

活动目标

1. 知道种子一定要成熟以后才能发芽结果。
2. 知道种子保存的一些注意事项。
3. 萌发对科学和大自然的兴趣。

活动准备

1. 成熟的南瓜种子与没有成熟的南瓜种子的图片，成熟的黄豆与没有成熟的黄豆的图片。条件允许的话，可以使用实物。
2. 谈话活动。

教学建议

1. 教师："种子成熟了，要到第二年才播种。那么，种子要如何保存、如何挑选呢？"幼儿自由想象、自由表达，教师由此了解幼儿的已有生活经验。

2. 教师："我们如何挑选种子呢？老师觉得我们选的种子第一要成熟，第二要饱满，一定要是一颗优良的种子。"

3. 教师出示没有变黄的黄瓜种子、已经变黄的黄瓜种子，询问幼儿：如果让你挑选，你会选择哪个做种子？为什么？

种子是否成熟，要怎么通过外表看呢？要选长得漂亮、强壮的，南瓜、黄瓜、辣椒、西红柿等，都是这样的。

4. 种子成熟之后，如何保存呢？

针对不同的蔬菜种子，有不同的保存方法。一般情况下，为了方便保存、运输，都是去掉外壳包括瓤子，晒干种子，做好防潮工作，不能让种子发霉，等等。

以前，人们会把种子放在房屋的横梁上面，因为上面通风。随着科技的发展，很多种子都是用真空袋包装的，这样种子就不会发霉或者提前发芽了。

5. 教师总结本节课的主要内容，提醒幼儿回家后，可以与爸爸妈妈交流种子是如何保存的。

活动三：种子粘贴画

活动目标

1. 对种子粘贴画这种作画的方式感兴趣。
2. 学习制作种子粘贴画。
3. 在做做玩玩中体验作画的快乐。

活动准备

1. 种子粘贴画的图片几张。每组一盒种子，里面包括绿豆、黄豆、红豆、黑豆等。
2. 猫、人头像线条画每名幼儿一张。每组一碗白胶，人手一根棉签。

教学建议

1. 教师："今天老师带来了两张用种子粘贴的画，你们看看是用什么种子粘贴的，都用了什么种类，颜色有几种，是什么图案的。"幼儿自由表达。
2. 教师："种子粘贴画与我们平时用蜡笔作画有什么不一样？哪一种更漂亮？为什么？"培养幼儿的审美能力与表达能力，只要言之有理就行。
3. 教师："小朋友们想用种子粘贴画吗？今天老师带来了很多种子，想请小朋友们一起玩。"教师介绍如何使用胶水将种子粘贴到纸张上。
4. 教师分发线条画、胶水、种子，交代清楚注意事项与使用方法，让幼儿自己选择种子、自己粘贴。
5. 教师巡回指导。
6. 作品展示与分享交流活动，指导幼儿学会欣赏同伴的作品。

任务二：种植小白菜

活动一：认识劳动工具

活动目标

1. 初步认识小锄头、小铁铲、小铁耙、浇水壶，知道这些工具的使用注意事项。
2. 初步了解劳动工具的发展历史与特点。
3. 会用排序的方法，将劳动工具的发展历程进行排序。

活动准备

1. 小锄头、小铁铲、小铁耙、浇水壶等的图片或者实物，可以分为大人用的与幼儿用的。
2. 有关石头锄头、铁制锄头、牛耕地、机械化耕地的图片若干。
3. "劳动工具发展历程"学习单。

教学建议

1. 教师："小朋友们平时有没有跟着爸爸妈妈一起种植蔬菜？见过或者使用过什么劳动工具？"幼儿自由表达，教师由此掌握幼儿已有的关于劳动工具的生活经验。
2. 教师："在平日种菜的劳动过程中，我们经常使用的工具有锄头、铁铲、铁耙、水桶等等，这是大人用的。"教师出示工具的图片。
3. 教师："适合小朋友用的又是什么样的呢？"教师出示图片，让幼儿认识劳动工具。
4. 教师："我们比较一下大人与小孩使用的劳动工具有什么不一样，为什么会不一样？"
5. 教师："工具的发明大大提高了人们的工作效率，就一个挖土的锄头，都有一个漫长的发展过程。在人类刚刚学会使用劳动工具的时候，我们的祖先是用什么挖地的呢？石头，用呈片状的石头挖地。后来铁器出现了，就出现了现在的这种锄头。相比于用石头挖地，铁制锄头挖地会更快。随着人越来越聪明，我们发现可以让牛来耕地，它们的力气比人大。到今天，我们发明了高度机械化的挖地工具，它们挖地更快，而且不会累。因为牛与人一样，也会累的。"

6. 教师将各种锄头的图片排成一列,告知幼儿:"我们的工具越来越先进了,我们来给它们排一个序吧。最先发明的就写上1,第二个发明的就写上2,以此类推。"

7. 幼儿书写学习单,教师巡回指导。

8. 展示与分享作业单。

活动二：我会松土

活动目标

1. 知道小锄头、小铁铲、小铁耙的使用方法。
2. 知道劳动过程中应该注意安全。
3. 初步培养热爱劳动的情感。

活动准备

1. 带领幼儿去菜地。
2. 准备小锄头、小铁铲、小铁耙。

注意：为了安全，第一次的工具数量不要太多。

教学建议

1. 教师："今天我们要去菜地种菜哦！种菜之前，除了买好种子之外，我们还要做什么事情呢？对啦，我们要去除草、松土。走吧，我们一起去学种菜吧。"

2. 来到菜地后，教师分别介绍小锄头、小铁铲、小铁耙的使用方法：

（1）使用小锄头的时候一定要用双手举高，但不能超过自己的下巴。用的时候一定要与他人保持距离，不能碰到别人，也不要挖到自己的脚。

（2）小铁铲也要用双手使用，这样力气才大一点。用力把小铁铲插进土里，然后可以将手柄往后压一压，这样就把土掘出来了。大块的土壤，我们可以用铁铲敲碎。

（3）小铁耙主要是用来把土壤耙平整的，也可以清理杂草之类的。使用的时候一定要注意安全，不能碰到其他人。

3. 教师在介绍工具之前可以先示范一下，然后邀请几名幼儿分别试用每种工具。在试的时候，一定要重提安全事项。

4. 先让幼儿感受劳动工具的重量，然后再试用。除了教会幼儿使用劳动工具外，也要讲一讲如何挖土才能挖得更好更快，如松土的远近距离问题等。

5. 劳动结束后，教师邀请每名幼儿表达自己使用劳动工具的感受。

活动三：去种菜

活动目标

1. 知道种菜的基本流程。
2. 热爱劳动，知道种菜也是需要技巧的。

活动准备

1. 小白菜种子、肥料。
2. 浇水的工具。

教学建议

1. 教师带领幼儿去菜地，让幼儿自由表达上次在菜地里松土的过程与感受，提升幼儿的记忆力。

2. 种菜的基本过程：

（1）首先是施肥。教师指导幼儿把肥料撒在土壤里面，撒的时候注意一定要撒均匀。如果哪些地方没有撒到，那里的种子就会饿死；也不能撒多了，否则那里的种子就会肥死，吃太多肥料也不行。

（2）然后开始播种。教师为每名幼儿分发种子，让他们学习如何撒种子。撒种子的要求和撒化肥是一样的，不能把种子全部播撒在一起，要分开撒。

（3）播撒完种子之后，可以让每名幼儿把泥土用力搓碎，在种子上面撒上薄薄的一层，为种子盖上被子。这样也可以避免种子被小鸟或者老鼠吃掉。

（4）教师提醒幼儿，每天下午都要安排人来给种子浇水。浇水的时候不能浇得太多，否则会把种子淹死。浇水的时候要注意观察，看看种子什么时候发出芽来。

3. 教师总结种菜的过程：松土→施肥→播种→掩土→浇水。

活动四：我会观察与照料小白菜

活动目标

1. 知道种菜需要日常打理，会分成小组协作照料小白菜。
2. 学会观察、记录种子的变化和小白菜的变化。
3. 具有好奇心，会针对自然现象提出问题。

活动准备

种植小白菜观察记录，见附表 9–1–1、附表 9–1–2。

教学建议

1. 教师将幼儿近期记录的"种植小白菜观察记录表"拿出来分享，总结一下此次记录过程中各个小组的表现。
2. 教师就幼儿提出的问题，鼓励幼儿进行回答，教师给予适当的提示与总结。例如，为什么有些种子发芽了而有些种子没有发芽呢？为什么种子发芽这么慢呢？种子发芽了，但是头部顶了一些泥土，我们是否需要帮助它们把泥土清理一下？
3. 教师在解说的过程中，顺便为幼儿讲述《拔苗助长》的故事。
4. 教师继续鼓励幼儿照料与观察小白菜。待到成熟的时候，收获了，再一起炒来吃。
5. 通过日常照料，教师将一些照顾的问题分析与总结一下。例如，如何浇水，如何结合天气情况给小白菜浇水，等等。

任务三：采摘蔬菜

活动一：蔬菜园里的秘密

> 活动目标

1. 通过观察，发现蔬菜园里的一些自然现象。
2. 具有好奇心，能够依据观察提出问题。
3. 能对自己发现的内容进行简单的统计。

> 活动准备

1. 四个小组，每组分发一把放大镜、一支镊子、一个篮子、一支装虫子的小瓶子。
2. 找个好天气，在幼儿园菜地里做观察。

> 教学建议

1. 教师："今天天气真好，老师带领小朋友去看看我们的菜地，看看我们在菜地里能发现什么。在活动中请注意安全，不要推挤哦。"
2. 将幼儿分成四个小组，每个小组自己选一名小组长，并给自己的队伍取一个名字。
3. 到菜地后，教师介绍工具及其使用方法。
4. 教师让每个小组的小组长上前告诉大家自己小组的名字，并分发工具，告诉幼儿："如果发现了小虫子，我们就把虫子装进瓶子里面。"
5. 教师与幼儿一起寻找菜地里的小秘密。幼儿会发现枯叶，发现长红的辣椒，发现青菜叶子上的小虫子，发现有洞洞的蔬菜叶子……
6. 教师集合幼儿，让每个小组选派一名代表上前介绍自己的发现。教师及时鼓励与总结幼儿的发现。
7. 教师："原来蔬菜园里面有很多虫子，如果我们不处理的话，蔬菜就会被虫子吃完。我们怎么样才能消灭蔬菜园里的虫子呢？大家可以回家与爸爸妈妈商讨如何消灭害虫。"

活动二：如何消灭蔬菜里的害虫

活动目标

1. 通过想象与比较得出消灭害虫的方法。
2. 知道虫子有益虫也有害虫，我们要保护益虫、消灭害虫。

活动准备

1. 消灭害虫方法学习单，见附表9－2。
2. 七星瓢虫与吊丝虫，能用实物最好，没有就用图片。
3. 提前让幼儿与家长讨论消灭蔬菜里的害虫的方法。

教学建议

1. 教师："上节课，老师与小朋友们发现菜地里有很多虫子，我们应该怎么样消灭这些虫子呢？小朋友有没有在家里同爸爸妈妈一起交流这个问题呢？"请幼儿上前表达，教师借此了解幼儿已有的生活经验。

2. 教师："是不是所有的虫子都是要消灭的呢？今天早上，老师早早地去菜地抓了两只虫子，请小朋友们看看这是什么虫子。"（七星瓢虫）

3. 教师："因为七星瓢虫的翅膀上有七个黑色的圆点点，所以人们叫它七星瓢虫。七星瓢虫是益虫，成虫可捕食麦蚜、棉蚜、槐蚜、桃蚜、介壳虫等害虫，可大大减轻树木、瓜果及各种农作物遭受害虫的损害，被人们称为'活农药'。我们要不要消灭它？当然不用。"

4. 教师："大家看看这个绿色的虫虫。它叫吊丝虫，专门吃青菜，蔬菜叶子上面的洞洞就是它吃过后留下的痕迹。我们怎么消灭它呢？"幼儿自由表达。

5. 教师："老师今天提出了四种方法，请大家猜一猜，看看哪种方法可行，哪种方法不可行，为什么？"教师给每名幼儿分发一张"消灭害虫方法作业单"，方法包括：用手捉害虫、用火烧害虫、用农药喷杀、用七星瓢虫。

6. 幼儿在认为可行的方案下面打"√"，教师邀请幼儿上来介绍自己的方法，并说明原因。

7. 教师肯定幼儿的想法，并及时提问，帮助幼儿总结与提炼生活经验。

活动三：采摘青菜

活动目标

1. 感受采摘青菜的快乐，体会收获的喜悦。
2. 知道采摘青菜的基本要求。
3. 学会清洗蔬菜，知道在家也可以帮助妈妈洗洗菜。

活动准备

每个小组一个菜篮子。

教学建议

1. 教师："老师昨天去菜地时，看见我们班的小白菜已经长得非常茂盛了。这都是小朋友们的功劳。今天，老师带领大家一起去采摘小白菜。"

2. 教师："因为菜地里的小白菜不够多，每名小朋友只能采摘一棵。采摘的时候注意不要拥挤，一定要采摘最漂亮的、长势最好的。不好的我们可以留几天，让它长好一点再采摘。"

3. 教师将幼儿分为几个小组，每个小组选派一名小组长负责用菜篮子收集青菜。

4. 教师先让一名幼儿采摘青菜，针对他出现的问题，告知其他幼儿如何采摘青菜。

5. 幼儿观察自己采摘的青菜的特点，并表达出来。例如，我的这棵青菜上有什么，长势如何，它的菜根有什么特点，它总共有几片叶子，等等。

6. 小组长收集小白菜。注意：收集前，先把泥巴清理干净，放进篮子时要摆放整齐。

7. 回到教室后，在水龙头处冲洗青菜。教师指导幼儿如何洗菜：首先，青菜要浸泡3～5分钟；然后，把青菜上面的灰尘、泥土及其他杂质清理干净；最后，清洗时要注意保持地面干净，不要把衣服与地面弄湿。

8. 鼓励幼儿回家后帮助妈妈清洗青菜，减轻妈妈的负担。可将清洗干净的青菜让幼儿带回家。

活动四：蔬菜里面的图形秘密

活动目标

1. 具有好奇心，乐于探究。
2. 尝试发现不同蔬菜横切面不同的图形秘密。
3. 学会用连线的方法——对应不同蔬菜的横切面。

活动准备

1. 小白菜、红萝卜、黄瓜三种蔬菜。
2. 水果刀，最好是幼儿用刀。
3. 小白菜、红萝卜、黄瓜横切面的图片。

教学建议

1. 教师："我们种植了蔬菜，感受到了劳动的快乐，享受到了劳动的果实。其实，蔬菜里面有很多秘密，很多是图形秘密。大家想一想，小白菜、红萝卜、黄瓜三种蔬菜横着切出来，里面的图形是什么样的呢？"
2. 教师将这三种蔬菜的横切面图片展示出来，让幼儿猜一猜这个图形隐藏在哪种蔬菜里面。
3. 教师分发学习单，让幼儿猜想并连线。
4. 教师巡视检查幼儿的猜想情况。
5. 教师："小朋友们真能干！我们光靠脑袋猜想还不行，还要实践检验。现在，老师将大家分成四个小组，每个小组都有三种蔬菜。每名小朋友切一种蔬菜，大家检验一下自己的猜想是否正确。切的时候一定要注意安全，不要割到手，如果切不动，请提醒老师帮忙。"
6. 幼儿切割蔬菜，教师巡回指导，提醒幼儿检查自己的猜想是否正确，如果不正确请更正。
7. 展示作业单，教师邀请做错了重新更正的幼儿谈谈自己的感受。
8. 教师总结本节课的主要内容，告知幼儿："其实每种蔬菜都有不一样的图案，小朋友们可以趁爸爸妈妈切菜的时候观察一下，看看有什么发现。"

项目三：蔬菜的烹饪

任务一：认识菜单和菜谱

活动一：认识菜单

活动目标

1. 乐于发现身边趣事，知道餐厅里面菜单的各种款式。
2. 知道菜单的作用。

活动准备

1. 提前让幼儿与爸爸妈妈去餐厅里面收集各种各样的菜单。
2. 不允许带走的菜单，可以拍摄图片发给教师，供教师使用。

教学建议

1. 教师："小朋友们有没有跟爸爸妈妈去餐厅或者酒店吃过饭？你们是怎么样点餐的？餐厅的服务员怎么知道你想吃什么呢？"幼儿依据已有生活经验回答，教师依据时机引导幼儿说出菜单。

2. 教师："菜单就是餐厅用来介绍自己菜品的小册子，里面有菜品的图片、价位与简介等信息。那么，我们见过的菜单有哪些呢？是不是所有的菜单都是一样的呢？"

3. 教师出示各种各样的菜单，让幼儿了解各种菜单的特点。

4. 教师："你们最喜欢哪种菜单呢？原因是什么？"请幼儿回答，允许答案多样，只要言之有理就行。

5. 教师总结本节课的主要内容，依据每名幼儿的表达，告知幼儿：设计菜单的时候要考虑哪些因素，包括制作成本、美观度、便捷性等等。

活动二：认识菜谱

活动目标

1. 乐于发现身边趣事，知道菜谱介绍了食物的搭配与分量。
2. 知道菜的受欢迎程度与名字有关。
3. 知道菜谱应该依据每个人的营养需求来制定。

活动准备

各种各样的菜谱，包括幼儿园的带量菜谱、酒水席位的菜谱等的图片。

教学建议

1. 教师："所谓菜谱，就是关于食物调配和烹调方法的书册或单子，有的指开列日常饭菜名目的单子。"

2. 教师出示各种各样的菜谱，让幼儿发现它们有什么特点。幼儿通过观察自由表达。

3. 菜谱的制定是非常讲究的，要依据人的自身需要、季节时令而定，什么样的季节就吃什么蔬菜。

4. 教师让幼儿观察幼儿园的菜谱："菜谱有什么作用呢？可以让厨师知道要准备哪些材料。幼儿园的菜谱是带量菜谱，哪种菜用多少都有规定。只有这样，才能保证我们的营养均衡。所以，大家要感谢保健室的医生姐姐、厨房的叔叔阿姨为我们准备了美味的饭菜。"

5. 教师："很多菜因为一个名字而出名，如著名大诗人苏东坡发明的东坡肉等。我们回家后，也可以帮爸爸妈妈炒的菜取一个名字，看看哪位小朋友取的名字最吸引人。"

任务二：学做水煮青菜

活动目标

1. 感受收获的喜悦，乐意品尝自己的劳动成果。
2. 知道煮青菜之前一定要把青菜清洗干净。

活动准备

1. 教师提前与几名幼儿去菜地里采摘青菜，清洗青菜并拍摄照片。
2. 电磁炉与锅、酱油、盐等。
3. 此活动最好在午餐前开展，也可以借机开展"家长进课堂"活动。

教学建议

1. 教师："今天我们一起来学做水煮青菜。煮青菜之前要做哪些准备工作呢？"幼儿自由表达。言之有理的，教师积极给予肯定。

2. 教师展示采摘自己种的青菜的照片："第一步，我们必须采摘青菜，挑选一些好的青菜回来。"

3. 教师："第二步是洗青菜。一定要先浸泡一会，然后再择菜与清洗。择菜就是将一些坏掉的、不好的部分清除掉，丢到垃圾桶里去。"教师指导幼儿择菜、洗菜。为了确保清洗干净，教师可以借示范的机会，将青菜仔细清洗一次。

4. 教师："第三步是把青菜沥干一点。也可以将青菜稍微抖一抖，让生水尽量流出来。"注意提醒幼儿不要将水弄到衣服或者地上。

5. 教师："第四步就是烹饪青菜。青菜有很多种烹饪方法，常见的有两种，一种是炒青菜，一种是水煮青菜。今天，老师就给大家展示一下水煮青菜。"

6. 教师："我们先要将水煮开，什么样的水才算开的呢？"引导幼儿观察，同时交代安全事项。

7. 教师："将青菜放入开水中，煮2分钟后，取到菜碟里，再浇一点酱油。"

8. 幼儿品尝青菜。教师将作业单分发给幼儿，让幼儿给做水煮青菜的步骤排序。

9. 幼儿展示、分享作业单。

任务三：我不挑食

活动目标

1. 知道营养均衡的重要性。
2. 知道挑食带来的不良后果。
3. 养成不挑食的好习惯。

活动准备

缺少营养的儿童的图片，挑食的儿童的图片。

教学建议

1. 教师展示缺少营养的儿童的图片，询问幼儿：他们为什么长成了这样？引导幼儿从其精神风貌等方面进行分析。

2. 教师："有些国家或地区比较贫穷，所以很多小朋友没有吃的，都呈现出各种营养不良的状态。所以他们根本谈不上挑食，只要有吃的，他们都愿意吃。"

3. 教师再打开挑食的儿童的图片："这些图片可怕吗？你们还敢挑食吗？"给幼儿总结挑食导致的后果。

（1）挑食会造成肠胃功能紊乱，影响消化吸收。

（2）挑食会让人长不高。

（3）只吃肉不吃蔬菜的话，拉便便就会不舒服。而且牙龈会出血，甚至出现坏血病。

4. 分析本班幼儿的挑食情况，进行适当的教育。可以让幼儿表达为什么不喜欢吃这个食物，能用什么食物代替，等等。

5. 教师总结本节课的主要内容。

任务四：家乡美食

活动目标

1. 了解家乡的特产，并能说出其名称。
2. 尝试用完整、连贯的语句介绍家乡特产，培养自豪感。

活动准备

1. 家乡小吃与特产的图片若干。
2. 可以让幼儿品尝的某种家乡特色小吃一袋。

教学建议

1. 教师："小朋友们吃过哪些好吃的东西呢？"鼓励幼儿大胆表达，并能注意倾听同伴的讲述。

2. 教师："小朋友们说的这些好吃的中间，有没有本地的特产呢？我们本地的特产有哪些呢？"

3. 教师出示本地特产："小朋友们吃过这里面的哪几种呢？"

4. 教师可以提前准备一些特产，让幼儿在课堂上品尝，并询问他们吃过之后的感觉。

5. 教师："如果我们幼儿园来了客人，是来自别的地区的客人，我们该怎么向他们介绍我们家乡的特产呢？"请幼儿做家乡宣传小天使，介绍家乡的特产与风景区。教师依据幼儿已有的生活经验，给予适当的补充。

6. 教师总结本节课的主要内容。

附表

表9–1–1　种植小白菜观察记录（教师用）

观察时间	观察人	观察对象	图片	观察到的现象	幼儿的反应	幼儿的提问

表9–1–2　种植小白菜观察记录（幼儿用）

日　　期	我看到了	我的问题

注："日期"由教师帮幼儿书写，"我看到了"让幼儿用自己的方式与符号去记录，"我的问题"由幼儿表达、教师记录。

表9-2 消灭害虫方法学习单

班别：_____　　　　姓名：_____

选择消灭害虫的方法，在你觉得可行的方法后面打"√"。

编号	方　法	我的判断	我的理由
1			
2			
3			
4			
我的方法			

表9-3　家长调查问卷

尊敬的家长：

　　您好！

　　春天万物生长，许多新鲜蔬菜上市啦。蔬菜营养丰富，能够帮助孩子健康成长。可是，幼儿园的许多孩子是"肉食动物"，每次吃蔬菜都皱着眉头。为了让孩子喜欢吃蔬菜，养成不挑食的好习惯，同时让他们了解蔬菜的不同口味和多种制作方式，体验自己动手制作的乐趣，本学期，我们将开展"美味的蔬菜"主题教学。为了了解幼儿在家吃蔬菜的习惯，我们决定开展以下项目调查，请家长给予积极配合，并将孩子的语言用文字或图片的形式加以描述。

　　1. 您家孩子去过农村或农场吗？看过种植蔬菜的场景吗？

　　2. 您家孩子最喜欢吃的蔬菜是什么？

　　3. 您家孩子跟着您去过菜市场吗？

　　4. 您对我们此次教学活动有什么好的建议？

第十章 好玩的水

第一节 主题网络图

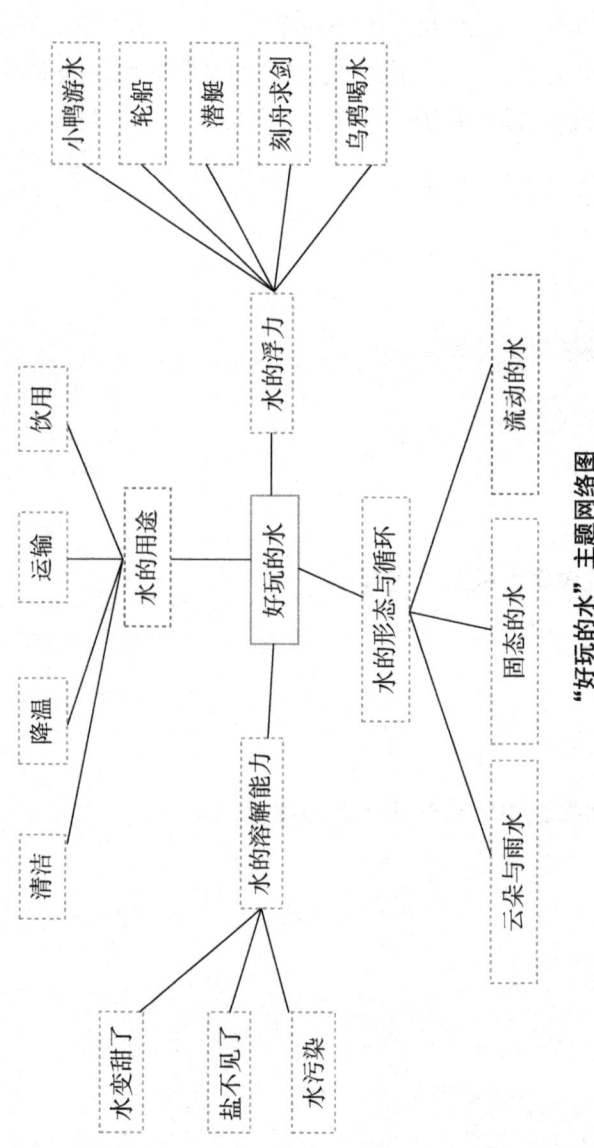

"好玩的水"主题网络图

注：依据幼儿园自身条件与幼儿兴趣需要，各个分支还可以继续延伸，如沙与水、固态的水如何变成液态等。

第二节　阶段性教育目标建议（中班）

一、健康

1. 发展跑的能力，培养动作的灵敏性，以及活泼、开朗、勇敢的性格。
2. 练习、巩固从 30 厘米的高处往下跳，发展幼儿的平衡、跳跃能力。
3. 懂得正确的玩水方法以及保护自己。
4. 练习手、脚着地屈膝爬行，培养动作的协调性及协作能力。
5. 不喝生水、太冷（热）的水和不干净的水。
6. 加强培养卫生习惯，注意进餐时的握勺姿势，会正确使用餐巾纸，餐后会擦干净嘴巴。
7. 打喷嚏时用手捂住嘴，知道个人用品要专用。

二、社会

1. 感受六一儿童节的欢乐气氛，体会过节时的喜悦心情。
2. 知道 6 月 1 日是儿童节，是全世界小朋友共同的节日。
3. 知道端午节是我国的传统节日，初步了解其来历及风俗习惯，与家人及同伴共度端午节，感受端午节丰富的文化内涵。
4. 理解自己与家人的关系，初步了解家人的工作和生活以及他们之间的关系。
5. 初步培养判断对错的能力。
6. 初步学习如何解决纠纷。
7. 丰富生活经验和想象力，发展创造性思维和语言表达力。
8. 乐于和同伴、教师一起游戏、活动，感受集体生活的快乐。
9. 通过玩水活动，发现有的物体沉在水底，有的浮在水面，进一步激发探索水的欲望。
10. 知道节约用水，培养初步的环保意识。

三、语言

1. 按事物发展顺序进行讲述，能用连贯的语言大胆表达。
2. 喜欢看图书和听成人讲述图书上的故事，培养正确的看书姿势。
3. 丰富词汇：流动、透明、变化、融化、溶解、结冰、飘、挡。
4. 发展观察能力和语言表达能力。
5. 学习一些相关故事，从中理解水对人类的重要性，知道如何节约用水。

四、科学

1. 发现水能溶解某些物质的现象，激发探索水的兴趣，感知水的特性，体验玩水的乐趣。
2. 发现香水、酱油、醋、药水等特殊用途的水制品，进一步激发探索水的兴趣。
3. 发现水对动物、植物和人类的重要性，知道要爱护河流。
4. 加强对淡水资源的了解，懂得淡水已经越来越少，大家都要节约用水。
5. 学习10以内的倒数。
6. 认识10以内的数字，重点是数字7至10，会正确地认读和摆放数字卡片。
7. 学习使用序数"第一、第二、第三……第十"表示物体的顺序。
8. 能进行10个以内的物体数量的比较，知道哪个多、哪个少，或者一样多，并能按数量的多少排序。
9. 在数量的比较中，能不受物体大小、颜色、形状及排列位置、间距等的影响，积累数量比较与数量守恒的经验。
10. 学习按物体特征进行双因分子分类（同时考虑事物的两个特征）。

五、艺术

1. 练习沿直线折叠的技巧，提高手部灵活性。
2. 欣赏和模仿表现荷花的造型和色彩美。
3. 学会用正反交替折叠的方法折叠纸扇。
4. 通过挤压等方式用喷水壶喷水、作画。
5. 通过绘画、手工等美术形式表达对父母的爱。

6. 学习对唱,并用有爆发力的声音表现歌曲中的雷电。
7. 感受歌曲的欢快与幽默,并用相应的动作进行游戏。
8. 感受乐曲欢快的情绪,尝试合作演唱,并用动作表现乐曲。

第三节 主题教学建议

1. 结合幼儿园自身情况开展各种玩水活动、游泳课。
2. 注意幼儿的饮食和情绪变化，交接班时及时沟通，发现问题并及时处理。
3. 坚持做好通风消毒工作，预防手足口病；注意幼儿一日生活的照料，培养他们及时擦汗、按需换衣的习惯。
4. 天气较热，注意调整幼儿的运动量，户外活动要适量。
5. 向幼儿介绍端午节，让他们知道端午节是我国的传统节日，初步了解其来历及风俗习惯。鼓励幼儿在与家人及同伴共度端午节时，感受端午节丰富的文化内涵。
6. 开展龙舟设计与划龙舟活动。
7. 可根据班级家长资源加入社会实践活动"请进来、走出去"，如制作水果沙拉，去海洋王国、水上世界等活动。
8. 根据幼儿园的防暴力、防拐骗计划进行相关的随机教育。
9. 强化广东省幼儿园等级评估内容中的幼儿五项基本技能训练教育。
10. 通过形象化手段开展防溺水教育活动。
11. 可以开展一次全园性的玩水乐活动，最好用游泳池的水，注意节约用水。
12. 请家长事先帮助幼儿了解一些动物避暑、降温的方法，并安排时间让幼儿在幼儿园分享。
13. 与幼儿谈论有关夏天的话题，猜测天气炎热的原因。
14. 可以利用日常的谈话，开展"空调好凉快"的讨论活动。
15. 组织"六一"系列活动，让幼儿度过一个愉快的儿童节。

第四节　写给家长的一封信

尊敬的家长：

　　您好！

　　提起夏天，我们常常想到的是炙热的阳光和流不完的汗水。但是幼儿可能有完全不同的感觉，对于他们来说，夏天意味着可以尽情地玩水。结合季节特点，我们将进行"好玩的水"主题教学活动。在活动中，我们会从玩水游戏开始展开，引导幼儿了解水的特征、水会流动、水的溶解能力、水的变化、水的用途，帮助他们学会正确的玩水方法，学习简单的自我保护常识，激发他们的探索欲望，培养其节约用水的环保意识。

　　我们希望您和幼儿一起穿上凉爽的夏装，到大自然中去倾听夏天的天籁之音，观察夏天开放的美丽花朵；我们还要跟幼儿一起泡在游泳池里尽情地打水仗，过一个快乐的夏天，充分享受夏天的时光。祝愿我们和幼儿在"好玩的水"的学习过程中，有更多的发现，也有更多的惊喜！

　　为此，请您协助我们提前与孩子交流以下问题：

1. 你喜欢水吗？你知道水是从哪里来的吗？
2. 还有谁需要水？为什么？
3. 你知道水有什么用吗？我们应该怎样用水？
4. 玩水时我们应该注意什么？

中一班

2019 年 5 月

第五节　项目设计与任务分配

项目一：水的用途知多少

任务一：水的用途

活动一：水与我们的关系

活动目标

1. 知道生活中需要用水的时候很多。
2. 会讲述水与人们的密切关系。
3. 知道人饮用的是淡水。

活动准备

谈话活动。

教学建议

1. 告知幼儿人最需要的三样东西是阳光、空气和水。
2. 教师引导幼儿依据生活经验回答：生活中，我们什么时候需要水呢？洗澡、洗脸、口渴了、刷牙、煮菜、煮饭等。
3. 我们的地球是蓝色的，因为地球上有很多海洋，海洋覆盖地球的面积超过70%，但人饮用的水是淡水，海水里含有很多盐，是咸的，不能为人与动物直接饮用。
4. 我们所喝的水源于江河与湖泊，是淡水，大多经过自来水厂的处理。自来水厂把江河、湖泊里的水抽上来进行净化、消毒，变成自来水，通过水管输送到各个地方。当我们打开水龙头的时候，自来水就哗哗地流出来了。
5. 教师："小朋友们有没有碰到过家里停水的时候呀？那个时候是什么感觉呢？"请幼儿自由表达。没有水就不能洗衣服、做饭，厕所也不能冲，等等。
6. 人缺水的时候就会有皮肤干燥、嘴唇开裂、四肢无力、头晕头痛等现象，严重的时候还会出现发热、烦躁不安等症状。

7. 我们是否需要喝水，可以从两个方面来判断：一个是会不会口干舌燥；另一个就是看看自己小便的颜色，如果是黄色的，就说明我们需要加大饮水量了。

8. 教师总结本节课的主要内容，告知幼儿要经常喝水。

活动二：节约用水，从我做起

活动目标

1. 初步树立节约用水、保护环境的责任心。
2. 懂得节约用水要从自我做起，会设计节约用水的宣传画。
3. 初步了解节约用水的必要性。

活动准备

1. 节约用水的宣传短片或PPT。
2. 让幼儿在家长的引导下，观察、记录生活中浪费水资源的不当行为，并与家长一起商讨节约用水的好办法。

教学建议

1. 教师边展示PPT边讲解："水是生命之源，没有水，人就不能生存。可是现在我们国家很多地方都严重缺水，让我们一起看看吧：田地不能种庄稼了，河里的水没有了，池塘也干裂了，大片的水源被污染了……"
2. 教师："小朋友们在日常生活中看到了哪些浪费水的情况？"引导幼儿调动生活经验，自由表达。
3. 请幼儿与小伙伴分享与家长讨论的生活中节约用水的好办法：
   （1）用洗衣服的水拖地。
   （2）洗青菜和洗手的水用来冲厕所或浇花。
   （3）洗手的时候，水龙头不要开得太大。
4. 教师："我们都知道节约用水很重要，但还有很多人不知道，怎么办？我们可以设计一份宣传画，号召小朋友与家长都来节约用水。"
5. 教师展示宣传画，幼儿自由分组、相互合作，共同制作节约用水的宣传画。
6. 教师巡回指导，如果幼儿需要在宣传画上写字，可以请教师帮忙。
7. 展示作品，分享作品。
8. 教师总结本节课的主要内容，表扬与肯定幼儿具有节约意识。

活动三：水往低处流

活动目标

1. 乐于观察，乐于发现。
2. 依据实验结果知道水是往低处流的。
3. 知道可以利用水往低处流的原理来发电。

活动准备

1. 水力发电站的相关图片。
2. 长一点的吸管、脸盆，或者用水管连通起来的水杯两个。
3. 可以用水冲转的水车玩具一个。

教学建议

1. 教师："小朋友们有没有发现水流动的时候有什么规律呢？我们的水是从高处往低处流还是从低处往高处流？"引导幼儿回忆雨天看到的景象，学会利用形容词表达自己所见。

2. 教师："老师今天与大家一起做个实验。我们来猜想一下，如果老师将装满水的水管往上抬，水会往哪里流呢？如果往下放，水又会往哪里流呢？"

3. 教师总结：水往低处流。所以，水井一般都比地面低很多。大家回家后，可以在洗澡的地方试一试：如果我们倒水下去，水都往漏斗的方向流，就说明装修师傅做得非常好，而且漏斗一定比其他地方要稍微低一些。

4. 教师出示水力发电站的图片，告诉幼儿：水流落差比较大的地方才会修建水电站，因为水从高处流下来的力量越大，带动发电机的转轮就转得越快，发的电就越多。

5. 教师展示能旋转的玩具水车，让水从高处冲下来带动水轮旋转。

6. 教师："通过观察，我们发现水是从高处流向低处的，我们可以利用这种规律发电，为人类做出更多的贡献。所以我们要好好观察，做个小发明家。"

任务二：我帮妈妈洗菜

活动目标

1. 喜欢帮助爸爸妈妈做力所能及的事情。
2. 知道洗菜的流程以及应该注意的事项。
3. 有节约用水的意识，将洗菜的水用来冲厕所或浇花。

活动准备

1. 提前让幼儿在家里帮助妈妈洗菜，并拍照片发给教师。
2. 谈话活动。

教学建议

1. 教师打开家长拍的照片，让幼儿自己介绍在家帮爸爸妈妈做了什么，感觉与感受如何。教师给予积极肯定。

2. 教师："我们洗菜的时候，具体是怎么做的呢？"复习洗菜的流程：择菜→浸泡→清洗→沥干。

3. 教师："如果我们洗菜后发现水里还有白色的泡沫，或者感觉没有洗干净，可以重新洗。幼儿园的菜洗过后还得用试纸检测一下，看是否有农药残留。家里面买的菜进菜市场时已经检测过了，所以我们买菜也要去正规的菜市场购买。"

4. 请幼儿回答：洗菜的水最后是怎么处理的？教师告知幼儿：有些家庭用洗菜的水来冲洗厕所，有些用来浇花。我们一定要有节约用水的意识。

5. 教师："当爸爸妈妈炒菜的时候，我们一定要走开，因为我们还比较矮，滚烫的油滴溅出来的话，容易烫伤我们。"

6. 引导幼儿思考：在家里，除了帮爸爸妈妈洗菜外，我们还可以做哪些事情？包括端菜、拿碗、拿筷子等。

7. 教师总结本节课的主要内容。

任务三：如何让开水变冷

活动一：让瘪乒乓球鼓起来

活动目标

1. 知道瘪的乒乓球受热会恢复原状。
2. 具有安全意识，愿意大胆尝试，并与同伴分享自己的心得。
3. 培养幼儿善于发现问题并解决问题的能力。

活动准备

铁盆；若干个瘪了的乒乓球，其中一个是有洞且瘪了的；筷子。

教学建议

1. 请幼儿自由表达见过哪些球或者玩过哪些球。
2. 教师："今天老师带来了一些有趣的球，请大家大声说出它的名字吧。"
3. 教师请几名幼儿玩乒乓球，玩法不限，让幼儿自由表达自己的想法。
4. 教师拿出瘪了的乒乓球，让幼儿试一试，看看这些乒乓球还会不会蹦起来。
5. 教师："我们动动脑筋，看看有什么方法让它变回原来的样子。"鼓励幼儿大胆猜想与尝试。
6. 教师："老师今天也想了一个方法，大家看看老师是怎么做的。接下来，老师给你们展示一个实验哦。"
7. 教师将瘪了的乒乓球放在铁盆里面，然后用电热水壶烧开水，将开水倒进铁盆里，用筷子不停地搅拌乒乓球。让幼儿观察乒乓球的变化。
8. 教师："请小朋友们想一想，为什么倒入开水后，乒乓球就会恢复原来的样子呢？因为乒乓球肚子里面有空气，瘪了的时候被挤压在一起，用开水一烫，里面的空气就膨胀起来，将瘪的地方撑起来了。这就是热胀冷缩的原理。"
9. 教师从铁盆里夹出有洞的瘪乒乓球，询问幼儿为什么这个没有鼓起来。因为这个乒乓球上有洞，就不能使用这个方法了。在现实生活中，还有很多物品可以利用热胀冷缩原理恢复原状，例如，汽车的尾部被撞瘪了，也可以用这种方法让它鼓起来。

活动二：如何让热水变凉

活动目标

1. 敢于在集体中提出自己的疑问。
2. 知道有很多种方法可以让热水快点变凉。
3. 学会以实验的方法验证自己的结论。

活动准备

1. 纸杯、冷水、小风扇、冰块、电热壶等。
2. "热水变凉方法大解密"作业单，见附表10－1。

教学建议

1. 教师："我们平时喝开水的时候，如果是滚烫滚烫的开水，我们能喝吗？那么，我们怎么让它变凉呢？"教师先让幼儿猜想一下，表达一下自己的方法。
2. 教师："今天，老师与小朋友们一起做个实验，怎么让热水变凉。"
3. 发放作业单，让幼儿猜想哪些方法可行，并在这个方法下面打"√"。
4. 教师将刚烧开的水，稍微放凉后倒进纸杯，给每名幼儿一杯，让他们自己动手实验怎么将热水变凉。提醒幼儿注意，不要让热水流出来，以免烫伤自己的小手。
5. 幼儿开始试验，教师巡回指导。
6. 幼儿试验作业单上的方法，如果可行就打"√"，不行就打"×"。
7. 展示作业单，邀请幼儿上来表达自己的实验结果，共享探究成果。
8. 幼儿自我检验自己的实验结果，更正猜想。
9. 教师总结本节课的主要内容。

任务四：如何让污水变清澈

活动一：水为什么变脏了

活动目标

1. 初步了解污染的水对人类、动植物造成的危害。
2. 学会分析造成水污染的原因，能说出一两种理由。
3. 养成保护水资源的环保意识。

活动准备

1. 请家长带幼儿观察居住地附近的河流、池塘的水质。
2. 淡水污染、海洋污染的图片。

教学建议

1. 教师："老师今天发现我们幼儿园旁边的水沟里面有鱼蹦出来了，是什么原因呢？鱼明明知道它不能上岸，为什么还往水面上跳呢？"引导幼儿自由回答，教师往水污染的方向上引导。

2. 教师展示因为淡水污染、海洋污染而导致的各种后果的图片，询问幼儿：是什么导致这种后果的出现？或者说，人类的哪些行为会导致这种情况的出现？

3. 幼儿尝试分析一两种原因，教师给予引导与鼓励：
（1）人类乱丢垃圾，如塑料袋等。
（2）工业污水排放。
（3）大气污染，产生酸雨等。
（4）乱砍伐树木。树木具有保持水土、净化水质的作用。

4. 询问幼儿：父母或者其他长辈有没有带领自己去看看自己家附近的水沟、河流等？看到了什么？这种情况会有什么样的后果出现？

5. 教师："如果我们是小天使，我们可以做哪些工作，避免或者减少水污染的情况？"引导幼儿自由表达。

6. 教师总结本节课的主要内容。布置下次课的探讨任务。

活动二：让浑浊的水变清一点

活动目标

1. 初步了解污水净化的过程，知道多层过滤的方法。
2. 知道活性炭具有吸附性，可以净化水。
3. 敢于大胆尝试，勇于探索与表达。

活动准备

1. 毛巾、海绵、纱布、饮料瓶若干。
2. 泥巴、活性炭若干份，或者在网上买一些过滤材料。
3. 自来水厂净化水的过程的视频。

教学建议

1. 教师播放自来水厂净化水的过程的视频，让幼儿观看后自由表达：我看了视频后知道了什么？教师给予积极肯定。

2. 教师："随着环境逐渐被污染，我们能喝的水越来越少了。我们本地区的水是从哪里来的呢？这里面有许多知识等待着我们去探讨。今天，老师与大家探讨一个过程，如何让泥水变清。"教师给每个小组发一个稍大的空杯子，以及一个装满泥水的小杯子。

3. 教师引导幼儿回忆："平时水沟里的水，在发洪水或者下雨的时候就会变浑浊，它们是怎么变清的呢？沉淀。我们将泥水沉淀10分钟后，就会发现上面有一层清水。"

4. 教师："除此之外，活性炭也有吸附功能。我们可以在泥水里放一块活性炭，一会儿后看看有什么现象，泥水是不是净化得更快。"

5. 教师将泥水倒进网上买来的过滤材料里，让幼儿观察流出来的水是否变清了。

6. 教师："很多小朋友家里安装了滤水器，可以让我们的生活用水更干净。"

7. 虽然现在的科技十分发达，但我们不能保证饮用水一定过滤干净了。所以，我们要保护环境，不要污染水源。

项目二：水的浮力

任务一：让矿泉水瓶沉下去

> 活动目标

1. 初步了解物体沉与浮的现象。
2. 学会观察，客观描述现象。
3. 会利用一定的表达方法表述自己看到的现象。

> 活动准备

1. 1号瓶子是空瓶，2号瓶子装了半瓶水，3号瓶子装满水。为了便于观察，最好装有颜色的水。
2. 装满水的透明水箱一个。

> 教学建议

1. 教师拿出三个有编号的瓶子，分别是空瓶、装满水的瓶子以及装了半瓶水的瓶子，询问幼儿："如果老师把它们丢到水里，它们会沉下去吗？"
2. 幼儿猜想，并表达自己的理由。教师给予积极引导。
3. 教师："实践出真知，我们不仅要开动自己的脑袋去想问题，也可以通过小实验去证明自己的猜想是否正确。"教师将三个瓶子丢到水箱里，让幼儿观察。
4. 教师邀请幼儿描述自己观察到的现象。
5. 教师发放"瓶子的状态"记录表，让幼儿用有颜色的笔涂画，来表示水位：如果瓶子大部分浮在水面上，我们就只能在水面下的部分涂色；如果瓶子沉下去一半，我们就用笔涂画一半。
6. 记录表展示与分享。

任务二：谁的浮力大

活动一：谁会浮

> **活动目标**

1. 通过玩水活动，发现有的物品沉在水底，有的浮在水面上，激发探索水的兴趣。
2. 感受水的特性，体验玩水的乐趣。
3. 初步学会统计与记录的方法。

> **活动准备**

1. 装满水的盆子若干。
2. 各种沉浮操作材料：塑料小鸭、各种积木（木、泡沫、塑料等材质）、石块、纸制小船、玻璃球。

> **教学建议**

1. 教师："小朋友们在游泳池里游过泳没有？你们有没有什么发现？"幼儿自由表达，教师给予积极引导。
2. 教师："我们不会游泳怎么办？用游泳圈。利用的是游泳圈的浮力。"
3. 教师："你们见过什么样的物品可以漂浮在水面？"树叶、木船、军舰、纸张、游泳圈等等。
4. 教师："今天，老师带来了一些物品，大家猜一猜、做一做，看看哪些物品可以浮起来，哪些物品不可以，并将结果记录下来。"教师发给每个小组一份塑料小鸭、各种积木、石块、纸制小船、玻璃球等。
5. 幼儿记录浮在水面上的物品有多少种，沉下去的有多少种。

活动二：谁的力气大

活动目标

1. 在玩水的过程中知道浮力的存在，了解浮力在日常生活中的应用，进一步培养观察能力、提出问题的能力。
2. 亲身经历"问题→假设→验证→结论"的科学探究过程，初步了解和体验物品沉浮的条件。
3. 体验科学探究的乐趣，能从实验现象和已有生活经验的冲突中不断发现问题，并大胆表现出来，能想办法验证自己的猜测。
4. 培养学习、探究的兴趣，提高专注力。

活动准备

贴有四种颜色标志的、盛有水的大盆 4 个，各种大小塑料盒盖若干，木头条若干（尽量相同大小），矿泉水瓶若干（其中包括有针孔的水瓶），抹布 5 条。

教学建议

1. 教师导入问题："小朋友们喜欢玩水吗？你们在幼儿园玩过水吗？你们在家里玩过水吗？"幼儿如果回答"玩过"，就问他们玩了些什么。如果回答"没玩过"，就问没玩过的原因，例如，为什么爸爸妈妈不让我们在家玩水？因为会把地面、衣服弄湿，容易出安全事故，等等。

教师："你们看，今天老师给大家准备了一箱箱的水，还有很多玩水的工具，你们想玩吗？"

教师说明注意事项：首先，不让幼儿使劲拍打水，以免把水溅到衣服、地面上，也不要相互之间泼水，等等。其次，让幼儿自由地玩水，尽情玩耍。最后，如果桌子上有水，就请幼儿用抹布把水擦干。

2. 幼儿第一次操作（自由玩耍）。教师巡回指导，看看是否有危险动作发生，是否有需要帮助的地方；注意观察哪些幼儿在做有关浮力实验的事情，如果超过两组的幼儿在做，则正式导入课题。

教师："小朋友们快过来，你们看，这组小朋友做了一只很大的船，装了很多东西，你们觉得能不能再多装一点呢？"（问题）

请每名幼儿回答：怎么才能装更多的"货物"？（设想）

设计意图：发挥教师的主体指导作用，通过问题引入课题，让幼儿自主探究影响物品浮力的相关因素。先由幼儿设想，再引导他们交流经验，通过团队的作用，让幼儿少走弯路。

3. 幼儿第二次操作。

教师："老师觉得小朋友们的想法都非常好，也充分说明我们幼儿园的小朋友是爱动脑筋的小朋友。不过，老师觉得实践出真知，你们要做给老师看，老师才会相信你们真有本领。大家都分组行动吧！看看用什么东西做船、如何做船，才能装更多的货物。要注意同桌之间的协商，要不很容易翻船的哦！注意，可以使用多只船来装。"（实操验证）

教师现场巡视，提示幼儿把相同的东西放在一起。

设计意图：让幼儿开动脑筋想一想，通过协商、沟通，一起想办法装"货物"。主要是引导幼儿探知浮力与物品的体积或面积有关，可以通过扩大物品面积的方法增加浮力。

4. 幼儿分享经验。

教师："小朋友们，你们的船都做好了吗？能装下更多的货物吗？装那么多的货物，你的船会翻吗？为什么？"（总结交流）

教师："让老师也向你们学习一下。我现在过去看看，哪组小朋友的船装的货物最多！"老师一一评价，重点点评那些通过增加船的面积来多装"货物"的小组。

教师："小朋友们，通过老师刚刚所说的，你们找到如何使自己的船多装货物的方法了吗？"（预想结论：注意"货物"摆放的技巧，增加船的面积，等等）

5. 教师总结，给予明确结论："我们通过增加面积，把船加宽、变大了，装的货物就更多了，也就是说，船的浮力变得更大了。在我们的生活中，也很容易找到这种现象的，例如，海里的轮船面积越大，装的东西越多。下面老师问一个问题：小朋友与大人使用的游泳圈，谁的大？对，大人的游泳圈大一点，因为大人比小朋友重。看样子，小朋友们真的学到本领了。"

任务三：成语故事我知道

活动一：乌鸦喝水

活动目标

1. 大胆依据故事情节表演或者实践故事内容。
2. 体会参与活动、大胆表达的快乐。
3. 能够尝试用不同的方法让水位升高。

活动准备

乌鸦喝水故事的 PPT；每个小组一只装了半杯水的杯子，石头，木块，小于杯子的塑料水瓶，等等。

教学建议

1. 教师讲解乌鸦喝水的故事，让幼儿明白乌鸦为了喝水所使用的方法。让幼儿将方法用语言表达出来。
2. 教师："这只乌鸦是不是很聪明？我们都知道乌鸦很聪明，但我们小朋友更聪明。我们有什么方法可以帮助乌鸦喝到水呢？"幼儿自由表达，教师不给予肯定答案，而是鼓励幼儿大胆设想。
3. 将幼儿分成四个小组，让每个小组选派一名小组长，商量我们这组用什么方法帮助乌鸦喝到水。先实验，再请每个小组选派一名代表来表达自己组的实验结果，让大家比较哪个小组的方法更好、更有效，哪个小组的方法更多。
4. 幼儿开始实验与探讨，教师观察与记录幼儿的方法。
5. 每组选派一名代表分享实验结果，代表表达时，其他队员可以进行补充。
6. 教师总结幼儿探讨的方法，也可以补充一些自己的想法，包括用吸管吸等。
7. 教师："很多小朋友使用的方法都是在做一件事情，就是让杯子里面的水位线上升。"教师告知幼儿什么是水位线，生活中的哪些地方可以看见水位线，我们看见水位线之后联想到的问题有哪些，顺便开展相关安全教育。

活动二：刻舟求剑

活动目标

1. 大体了解故事内容并用行为表达刻舟求剑的含义。
2. 了解水的流动性，知道事物的变化性。
3. 勇于表达，能有针对性地提出问题。

活动准备

透明水槽与木船、水性笔、刻舟求剑的视频等。

教学建议

1. 教师播放刻舟求剑的视频，让幼儿尝试复述故事，教师依据幼儿的表述情况给予适当启发与引导。

2. 教师："听了这个故事之后，你们有什么启发？"

3. 教师将木船放入水槽，然后将故事情节演示一篇，描述刻舟环节时，有意强化一下，让幼儿明白故事的道理。

4. 教师询问幼儿：为什么依据在船上做的标记不能找到剑？让幼儿自由想象与表达，言之有理的就给予鼓励。

5. 教师："怎么才能找到剑呢？该用什么样的方法？"比如，马上下船去找，将标记做到岸边，潜到水下去寻找，等等。

6. 日常生活中，我们在家里丢了玩具之后，应该如何去寻找？模拟现场，说出几个寻找的参考标准或者思考的要素等。

7. 教师总结本节课的主要内容，告诉幼儿：很多事情会因为客观条件的改变而改变，例如，我们想要什么玩具而爸爸妈妈不给我买，一定是有原因的。我们要做一个讲道理、善思考的小朋友。

项目三：水的溶解能力

任务一：盐不见了

> 活动目标

1. 知道海水是咸的，我们吃的盐也有一部分是海水晒出来的。
2. 知道盐在生活中很常见，我们吃的食物里面都放了盐。
3. 知道盐是可以溶解在水里的。

> 活动准备

晒盐场的图片、食盐、透明水杯与水、细砂糖。

> 教学建议

1. 教师："小朋友们，平时我们吃菜的时候觉得这道菜很咸，是什么原因呢？那是因为我们炒菜的时候盐放多了。"

2. 教师拿出盐与糖，让幼儿辨别：都是白色的，怎么辨别？幼儿自由表达：以大小辨别，盐的颗粒稍微细一点，而糖的颗粒稍微大一些；以味道辨别，盐是咸的，糖是甜的。

3. 教师把盐放进透明水杯里，提问：为什么盐不见了？

盐迅速在水里不见了，叫作溶解。有些药物是需要溶解在水里喝的，如各种冲剂。教师强化溶解的现象，也可以引用其他溶解现象，如泥巴等；顺便演示不能溶解的物质。

4. 通过品尝，区分糖和盐。品尝前，告诉幼儿一定要用干净的杯子与水来溶解，然后才能用舌头去鉴别。鉴别的时候，不能大口大口地喝，用舌头稍微舔一舔就可以辨别出来了。

安全教育：其他的东西不要随便舔！

5. 教师总结本节课的主要内容。

任务二：油和水

活动目标

1. 发现油和水互不相溶的现象，并用语言表达自己的发现。
2. 尝试用绘画的方式表达自己的所见。
3. 愿意大胆尝试，并乐于与同伴分享自己的心得。

活动准备

1. 每名幼儿一个透明塑料杯子、吸管、油、备用水等。
2. 筷子或者小木棍，每人一根或者每个小组一根。

教学建议

1. 教师拿出一个装了油的水杯，询问幼儿"这是什么"，并提示"是炒菜的时候会用到的"，幼儿自由表达，教师最后告诉幼儿这是我们炒菜时用的油。

2. 教师："上节课，我们知道盐是炒菜的必需品，会溶解，那么，油会溶解在水里吗？"教师也可以让幼儿描述什么是溶解，复习上节课的知识。

3. 幼儿猜想与表达，觉得会溶解的就打"√"，觉得不会溶解的就打"×"。

4. 教师给每名幼儿发半杯水，然后用吸管将油在每名幼儿水杯里滴一滴，让幼儿观察油能否溶解到水里。

5. 让幼儿记录自己观察到的现象：油浮在水的上面。

6. 教师："为了加速溶解，我们可以用调羹或者筷子搅拌一下。我们试着用木棍搅拌一下，看油能不能溶解到水里。"

7. 幼儿尝试并记录最终结果。教师指导幼儿用黄色（代表油）和蓝色（代表水）的彩笔，将自己观察到的现象描绘出来。

8. 教师："我们如何让油和水混合在一起？小朋友们回家后跟爸爸妈妈一起探讨，明天回来与老师、同学一起交流。"

任务三：水污染现象调查

活动目标

1. 知道水污染的几种表象，包括水的颜色、水中有垃圾、水体发臭等。
2. 能对周围的水源进行观察与记录，并表达自己的所见。
3. 具有好奇心，会提出自己的想法。

活动准备

1. 水污染的 PPT，包括水沟污染的图片；有条件的幼儿园可以带领幼儿去附近的臭水沟进行现场观察。
2. 提前让家长协助幼儿观察自己家附近的臭水沟，并记录自己的所见。

教学建议

1. 教师打开污染后的水沟的图片，让幼儿表达看见了什么，包括水的颜色、水里面的垃圾、水里面鱼的形状与颜色等。
2. 教师："除了我们能看见的之外，我们通过设备检测，可以发现臭水沟里面的水含有大量的细菌、重金属元素等，有害于植物、动物的健康成长。"
3. 教师："为什么鱼或者植物还能在这里生存？"引导幼儿积极思考原因。其实，它们也病了，只是我们看不见。而且植物发挥了自己的净化功能，让水变得稍微干净了一点。
4. 幼儿介绍自己的学习单。教师针对学习单提出一些问题，让幼儿或其他同学回答。
5. 教师总结本节课的主要内容。

项目四：水的形态与循环

任务一：水的形态

活动目标

1. 学会观察实验过程，能用语言描述观察到的现象。
2. 体验探索与发现的乐趣。
3. 感知水的三态变化。

活动准备

冰块、电热壶、冷水、纸杯等。

教学建议

1. 教师告知幼儿：我们喝的水有三种形态，即液态、气态与固态。

2. 教师拿出冰块，告知幼儿这是固态的水。让幼儿触摸、感知冰块，描述固态的水的感觉，包括颜色、硬度等。

教师："水的固态还有什么地方可以看见？"调动幼儿已有的生活经验，如日常吃的冰淇淋、冰棍，还有天上飘的雪花，等等。

3. 教师："气态的水是什么样的呢？"

教师用电热水壶烧开水，当水蒸气出来的时候，告诉幼儿这就是水蒸气，是气态的水。同时警告幼儿："这种气态的水的温度非常高，不能用手去触摸，否则会被烫伤。所以，烧开水的时候，我们一定要远离这个出气的地方，水烧开之后，要等气体停止喷发，再将开水倒到其他容器里面。"

4. 教师："小朋友们吃冰棍或者冰淇淋的时候，吃进去的是什么形态的呢？你们吃的时候发生了什么现象？"

5. 教师询问幼儿是否玩过雪，雪是什么形态？当我们将雪放在手里的时候，会发生什么现象？（融化现象）

6. 教师："大自然有很多秘密，只要我们学会观察，就一定会发现很多有趣的现象，如果我们充分利用，它们就可以为人类服务。例如，我们可以用冰块保鲜食物，用水蒸气煮饭、带动火车奔跑、发电，等等。"

任务二：水的循环

活动目标

1. 通过教师的讲解，初步知晓水循环的过程。
2. 能够通过对父母的询问，提前准备好相关知识。
3. 能够说出 1～3 个水循环的过程。

活动准备

水循环示意图，提前让家长告知幼儿溪、河、江、海的区别。

教学建议

1. 教师："地球上的水都有一个循环的过程，经历不同的状态，不断净化水环境。今天，老师就给小朋友们介绍水是如何循环的。"

2. 教师："水循环有一个过程，就像我们每天来幼儿园生活、学习的流程一样。我们一起来理一理水循环的流程吧。"

3. 教师拿出一张水在自然界循环的图片，介绍水循环的过程，从哪里开始都可以。

（1）水在云里面以气体状态存在，当满足一定条件时，就变成雨落下来。教师帮助幼儿回忆下雨时的场景，让幼儿用形容词描述下雨时的状态。

（2）下雨后，水落到城市里，在下水道、小水沟里积累成大的水流；水落到山上，就可以形成小溪。小溪经过流转汇集到小河里面。

（3）许多小河汇集到江里，让江里的水变得更多，江面变得更宽。中国有两条比较大的江河，一个是长江，一个是黄河，黄河是我们的母亲河。

（4）江水最后奔向大海。在大海里，水经过蒸发又跑到云里面去了，这就构成了一个循环。

4. 教师邀请幼儿表达水循环的过程，说 3 个以上的给予鼓励。

5. 教师总结本节课的主要内容。

任务三：玩水乐

活动一：水不见了

活动目标

1. 喜欢通过动手操作来探究生活中的问题。
2. 知道生活中有些东西是容易吸水的。

活动准备

1. 每个小组一块干毛巾、海绵块、棉花、沙子、半箱水等。
2. 每个小组两个杯子（可以放进毛巾、海绵、沙子等）。

教学建议

1. 教师以变魔术的形式，引起幼儿的兴趣。

（1）将一杯水倒入杯子里，请幼儿猜猜水能否倒回另外的杯子里，并以实验证明。

（2）出示另一个杯子（里面装有毛巾），让幼儿猜猜结果是否一样，并验证。

（3）幼儿集体讨论水流到哪里去了。幼儿自由表达。

2. 教师拿出杯子里的毛巾，询问幼儿："是不是它把水装进肚子里去了？怎么证明呢？我们用手挤挤就知道了。"教师告诉幼儿这就是吸水现象。

3. 教师让幼儿讨论并实验其他材料是否具有吸水能力。待幼儿实验结束后，教师给予积极肯定与引导。

4. 生活中还有哪些东西可以吸水？例如，衣服、洗脸的毛巾、纸张等。

5. 教师："桌面上如果有水，我们可以选用什么材料来吸水呢？"幼儿自由回答，包括纸巾等。

6. 延伸活动：回家后，继续研究可以吸水的材料。

活动二：小小搬水工

活动目标

1. 能运用已有的生活经验，大胆尝试在不同情况下选择适宜运水的工具和材料，解决运水中遇到的问题。
2. 初步掌握统计的方法，得出哪些工具运水最快。
3. 尝试比较与探索原因，找出最好的运水工具。

活动准备

1. 瓶子、杯子、漏斗、有孔的瓶子、碗、茶叶罐、海绵、毛巾等。
2. 一个装满水的大箱子，每个小组一个可以装水的小箱子。

教学建议

1. 教师："小朋友们，今天天气热，我们一起玩水好吗？但是水在箱子里面，我们要通过自己的办法来将水搬运到自己小组的水箱里面。"
2. 教师提出第一次运水的要求：
（1）运水时要很小心，尽量不让水漏出来，看谁做得最棒。
（2）不要把水泼到自己和同学的身上和脚上。
（3）注意安全，小心滑倒。
3. 幼儿尝试徒手练习，教师观察幼儿的表现。
4. 教师提问："刚才你们用手运水的时候发现了什么？有没有遇到什么困难？捧起来的水能不能全部运到自己小组的水箱里去呢？"
5. 教师分发工具，幼儿经过实操，每个小组评选出本组运水最实用、最快捷的工具。
6. 每个小组选派一名代表说明实操过程与统计得出的最佳运水工具。
7. 教师点评运水过程与运水工具的运用，依据每个小组评选出来的最佳工具再次进行比赛，归纳使用这些运水工具时的注意事项。

活动三：谁喷得最远

活动目标

1. 在玩水过程中发现瓶子上的洞流出水时，水流喷射的距离不一样。
2. 在玩水过程中培养动手能力。

活动准备

一大盆水；每名幼儿两个大小一样的瓶子，瓶子上有高低不同的小洞；记录表；尺子，铅笔。

教学建议

1. 教师发给每名幼儿一个瓶子，让幼儿自己装水玩，提醒幼儿小心地滑。
2. 引导幼儿交流玩水过程中的发现：
（1）把瓶子压下去灌水时，瓶口有水泡冒出。
（2）瓶子灌水后一半沉下去，一半浮在水面上。
（3）小洞里流出的水像喷泉。
3. 教师用有两个高低不同的小洞的水瓶示范玩水，要求幼儿观察小洞里流出来的水像什么，它们喷射的距离有什么不一样。
4. 教师示范测量距离的方法：先装满一瓶水，用手指堵住小洞，将瓶子放置在一个固定的点上，然后松开手指，记录水喷得最远的距离，并用尺子测量，将相应的尺寸画在记录表上。
5. 用同样的方法测量另外一个小洞的喷射距离。
6. 通过实验，发现哪个小洞喷射的距离最远，为什么？离水面越近，水的压力越小，所以喷射的距离也越小。
7. 鼓励幼儿通过其他方法让水柱喷射得更远。

附表

表 10-1 热水变凉方法大解密

班别：_____   姓名：_____

小朋友们，我们在喝热水的时候，如果觉得太烫了，怎么让热水变凉呢？请你在觉得可行的方法后面打"√"，不行的方法后面打"×"。

序号	方　法	我 的 判 断	我 的 理 由
1			
2			
3			
我的方法			

123

第十一章　好大一棵树

第一节　主题网络图

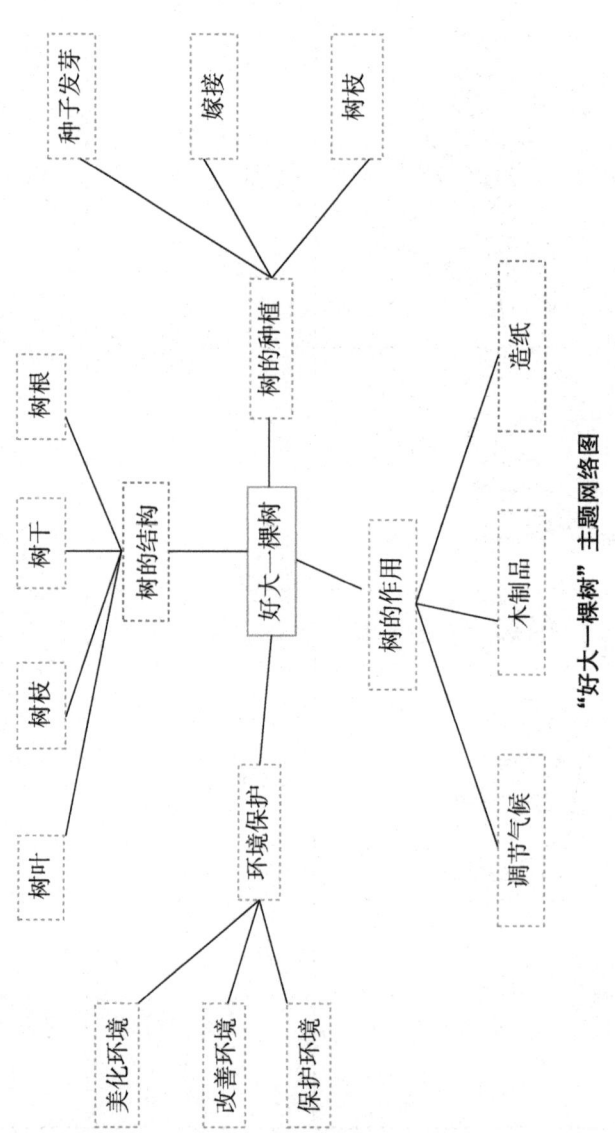

第二节　阶段性教育目标建议（大班）

一、健康

1. 能听信号集队、分散走，四路纵队变两列纵队。
2. 练习钻、跑等基本动作，增强体能。
3. 学习单双脚交替跳。
4. 锻炼身体的平衡力与控制力。
5. 练习跳跃、投掷动作，增强臂力、弹跳力。
6. 练习头顶沙袋走平衡木，训练平衡能力。
7. 知道更多保护自己身体和隐私部位的方法。
8. 知道在打喷嚏时要用手捂住嘴，知道个人用品要专用。
9. 养成自己及时擦汗、按需换衣的习惯。

二、社会

1. 讨论出敬老活动的方案，并记录下来。
2. 从各种途径了解好人好事，知道"让别人快乐"对自己也是一件快乐的事。
3. 了解三八妇女节，通过系列活动激发尊重妇女的情感。
4. 学习整理衣服的正确方法，学习使用针线。
5. 了解清明节的来历及革命先烈的故事，通过祭拜活动，激发向革命烈士学习的情感。
6. 用各种材料制作简单的甜品和汤，并学习使用烹饪工具。
7. 知道答应别人的事情就应该做到，体验守信用给别人带来的愉快情绪。
8. 知道5月1日是国际劳动节。通过了解周围的人的劳动，激发热爱劳动人民的情感。

三、语言

1. 在理解故事内容、归纳主题的基础上，在教师的帮助下分析作品的特殊表达方法，体验作品的思想、感情脉络。

2. 感受、理解诗歌内容，培养热爱自然、热爱生活的情感。

3. 能恰当、正确地运用不同的语言，用连贯的语言表达一件事。

4. 感受春天的气息，了解春天的天气特征。

5. 仔细倾听同伴的发言，积极参与集体活动。

6. 会运用辨析性倾听的方式，倾听同伴、教师的表达，找出表达的异同点，并以此丰富自己的表达。

四、科学

1. 初步知晓"十年树木"的含义。

2. 比较四季的明显不同，知道四季中常见的树木花草和它们的变化，感受季节变化对人们生活的影响。

3. 有兴趣观察风、雨、云、雪等自然现象，注意它们的变化。

4. 培养有序观察的习惯。

5. 学会看示意图，并领会其中所表达的含义。

6. 了解树如何过冬、如何给树保暖。

7. 了解森林火灾的发生原因及其预防措施。

8. 了解不同树种的树冠与树根的不同。

9. 学习用跨大步、脚印、绳子等进行测量，比较远近。

10. 认识正方体、长方体，知道它们与平面图形的区别，以及每种形体的主要特征。

11. 学习用数量、符号、图形、卡片进行模式排序，并尝试从直接模式排序过渡到间接模式排序，并用简洁的语言进行介绍和交流。

12. 继续学习10以内数字的组成，理解互补、递进、递减等规律。

13. 学习书写数字。

14. 学习5以内的唱数、取放30个以内数量的物品，不跳数。

五、艺术

1. 了解我国丰富多彩的民间节日及习俗，感受参加民间活动的快乐。

2. 尝试用不同的折叠方法剪窗花；利用收集的材料，用剪、画、贴等各种方式进行创作，布置活动室。

3. 通过欣赏梅花画作，感受大自然的美，感受画家对粗犷、细腻线条的精彩应用。

4. 认识连环画，学习画连环画。
5. 敢于当众大胆表演。
6. 聆听中外名曲，充分欣赏作品的美。

第三节　主题教学建议

1. 结合清明节、植树节开展关于树的变化的相关活动，有条件的幼儿园可以开展植树活动，共建"亲子林"。

2. 引导幼儿运用多种感官感知树的特征。

3. 通过活动，使幼儿知道树的多种用途，掌握保护树木的方法，包括树木如何过冬。

4. 帮助幼儿运用连贯、完整的语言表述出图片中的情节、内容。

5. 引导幼儿了解树木与环境的关系，知道保护树木、爱护环境。

6. 帮助幼儿了解木制品的特征，懂得什么是木制品，激发幼儿爱护树木、珍惜木制品的意识。

7. 引导幼儿了解不同树木有不同的种植方式。

8. 指导幼儿练习在坐标纸上描画图形，进一步感知梯形、三角形等的特点；发展幼儿的空间知觉和观察、分析、判断能力。

9. 鼓励家长带领幼儿春游，可以放放风筝。

10. 帮助幼儿初步感知不同符号所代表的不同树的种类。

11. 创造更多的机会，让幼儿学会表达。

12. 上课的方式与时间长短尽量向小学靠拢，做好幼小衔接工作。

第四节　写给家长的一封信

尊敬的家长：

您好！

幼儿接触树的机会很多，无论在家里、幼儿园、公园、游乐场或者大街上，随处可见各种各样的树，所以，在他们画出的美术作品里，几乎每张图画的背景里都有各种树的出现。而当我们真正和他们聊起有关树的各种话题时，他们常常会表现出对树的浓厚兴趣，以及对树的有关问题的一知半解。

因此，我们决定开展关于树的主题探究活动，目的是引导幼儿按常绿树和落叶树的特征对树进行分类，知道树的作用，了解树的生态关系，认识树的环保作用，以及掌握爱护、保护树木的方法，等等。在活动中，我们还会为幼儿提供多种独自解决问题和独自行动的机会，从而更好地培养幼儿的动手、动脑能力，以及完整、连贯性的语言能力。

结合幼儿已有的生活经验，启发他们总结出树的作用，如防风固沙、防暑降温、保持水土、净化空气、降低噪声等；了解什么是木制品，教育幼儿爱护树木、珍惜木制品；引导幼儿讨论树木的生态关系；让幼儿懂得保护树木的基本方法，培养幼儿的环保意识；等等。培养幼儿收集和利用资料的能力，发展幼儿的思维能力、动手动脑能力及合作意识，更好地激发幼儿热爱大自然的情感。

为增强幼儿的学习兴趣，我们会经常组织他们在户外观察、测量、描绘各种树木，也会利用视频、实物、符号操作等幼儿喜爱并容易接受的方式进行教学，同时，真诚希望得到您的热情支持与关注。若您有兴趣，可以帮助您的孩子丰富树的结构、树的特点、树叶的多种用途等方面的知识，也可以与孩子一起收集这方面的资料，带到班级分享给大家。若您有其他好的建议和想法，请及时告诉我们。

在此对您一贯的相助表示深深的谢意！

大一班
2019 年 3 月

第五节 项目设计与任务分配

项目一：树的结构

任务一：认识树的结构

活动目标

1. 知道每棵树都分为树冠、树干与树根三个部分。
2. 初步知晓成语"根深叶茂"的含义。
3. 具有好奇心，能够依据自己的观察与生活经验提出问题。

活动准备

1. 树的结构示意图、根系比较发达的树的图片，被台风吹倒的树的图片。
2. 在散步的时候，让幼儿观察幼儿园内的各种各样的树。

活动建议

1. 在观察、了解幼儿园内不同树种的情况下，开展自由讨论：你看到了哪些树？它们分别是什么样子的？叫什么名字？让幼儿用已有的生活经验描述不同树的外形特征，喜欢什么树，它是什么样子。

2. 教师："小朋友们知道树的基本结构吗？就像人分为头部、躯体、四肢等一样，树分为哪几个部位呢？"引导幼儿依据已有经验进行表达。

3. 教师拿出树的结构示意图，告知幼儿，树分为树冠、树干、树根三个部分。

4. 教师介绍成语"根深叶茂"："如果树木的根部占地面积比较大，往地下扎得比较深的话，今后这棵树就会长得很茂盛。小朋友们现在读幼儿园也是在扎根，如果不好好打下基础，以后读书学习就会很困难。"

5. 如果树的根扎得不够深，会导致什么样的后果呢？教师出示被台风吹倒的树的图片，让幼儿自由表达。

6. 教师总结本节课的主要内容。

任务二：不一样的树叶

活动一：各种各样的叶子

活动目标

1. 初步探究叶子的多种特征，并了解叶子的作用。
2. 知道按物体的特征进行分类，并了解对生、互生与轮生叶子。
3. 具有探索大自然的兴趣。

活动准备

1. 对生、互生、轮生树叶学习单，见附表 11-1。
2. 对生、互生与轮生的叶子图片或者实物。

教学建议

1. 教师："春天来了，小草发芽了，很多树叶变得更绿了。老师今天带了一些树叶，让小朋友们看一看、摸一摸、闻一闻。叶子的正面、背面与边缘摸上去分别是什么感觉，叶子是什么气味的。"

2. 幼儿自由观察、探索与发现，教师巡回指导，鼓励幼儿边观察边相互商议，提醒幼儿摸的时候注意安全。

3. 幼儿回到座位，围绕叶子的颜色、形状、大小、厚薄、软硬、光滑度、气味等方面表达自己的探索结果。

4. 教师拿出三种不同类型的叶子，告诉幼儿这些叶子有什么特征，它们的生长方式叫什么，包括对生、互生、轮生等。

5. 请幼儿将对生、互生、轮生以图画的形式画在学习单上，教师依此了解幼儿的掌握水平。

6. 将幼儿分为四个小组，每个小组选派一名代表。代表依据教师的介绍，在某一指定的区域寻找类似或者同一种树的树叶，带回来交流。

7. 将自己发现的叶子种类记录在学习单上，并完成数据统计。

8. 展示与分享学习单。

活动二：有趣的叶脉

活动目标

1. 积极参加，细致观察，表达并验证自己对叶脉的认知。
2. 能够发现叶脉的特点。
3. 充满好奇心，乐意积极探索。

活动准备

1. 最好在幼儿园的小农场里上课，可以观察菜叶或者其他植物的叶子。
2. 平行脉、网状脉树叶实物。注意，不要采集边缘呈锯齿状的树叶。
3. 不同的叶脉形式统计，见附表11-2。

教学建议

1. 教师："上节课，我们在幼儿园发现了不同树叶的生长方式，有对生、互生与轮生三种方式。"借此邀请幼儿回忆与巩固以前学的知识。

2. 教师："除此之外，我们有没有发现其他的特征呢？"引导幼儿自由想象与表达。

3. 教师拿出准备好的树叶，让幼儿仔细观察，看看它有什么特征："叶子里面有很多丝，这种东西就叫作叶脉。很多树叶脱落腐烂后也留下叶脉，它们就是叶子的骨架。"

4. 这些树叶的叶脉有哪些分布形式？平行脉、网状脉，其中，平行脉还有上下平行与左右平行之分。

5. 教师给每个小组分发一些树叶，让幼儿统计本小组的树叶的叶脉种类，记录在不同的叶脉形式统计表格上。

6. 小组内相互检查自己的统计结果。

7. 小组之间相互分享自己的检查结果。

8. 教师总结本节课的主要内容。

活动三：有趣的树叶贴画

> **活动目标**

1. 能够根据收集到的叶子的不同外形进行想象创作。
2. 体验创作树叶贴画的乐趣。

> **活动准备**

1. 提前在幼儿园内收集各种各样的树叶、胶水、剪刀、白纸。
2. 幼儿树叶贴画作品。

> **教学建议**

1. 教师："昨天，我们在幼儿园里面收集到了很多树叶，我们先请小朋友看一看它们是什么颜色、什么形状的。"
2. 教师："我们有这么多好看的树叶，可以用它们来干什么呢？"教师用树叶拼成一幅图案，让幼儿观察这是什么动物。
3. 教师："你们想不想像老师一样利用树叶来作画？我们可以用剪刀剪树叶，也可以直接用一片片树叶拼接成各种各样的图案，觉得满意的，我们再将一片片树叶用胶水固定。"
4. 教师出示几张幼儿树叶贴画的图片，让幼儿依据自己的爱好作画。可以依据树叶的形状因地制宜地作画，如果有需要，还可以用蜡笔辅助。在使用剪刀的过程中要注意安全，胶水不能用得太多，不要把胶水弄到眼睛里面去，可以用棉签一点一点地黏。
5. 幼儿作画，教师巡回指导。
6. 展示与交流幼儿作品。
7. 教师及时给予提示与总结，鼓励幼儿大胆作画。

任务三：树的种类

活动一：各种各样的树

活动目标

1. 知道按不同的标准分类会有不同的结果。
2. 知道种植树木的时候要依据场地需要与气候特点来种植。

活动准备

1. 各种各样的树木的图片。
2. 两种明显不一样（树冠大小、树干粗细、树叶形状等不一样）的树木的图片。

教学建议

1. 教师拿出两种明显不一样的树木的图片，让幼儿比较这两种树木的不同之处，包括树冠大小、树干粗细、树叶形状等的不一样。

2. 教师："树木有很多种，不同的地区有不同的树木。例如，北方比较寒冷，所以耐寒的树木比较多，如松树、杉树等，它们的树叶像针，外面有一层类似蜡的物质，以便抗寒。南方比较温暖，所以四季常青的树木比较多。小朋友们有没有发现，南方的树木经常是绿色的，北方的树木的树叶到了秋天就会发黄、脱落。所以，树木可以分为常绿树木与落叶树木。我们幼儿园有落叶树木吗？"

3. 教师："小朋友们喜欢落叶的树还是不落叶的树呢？为什么？"请幼儿自由回答，并说明原因。

4. 教师："如果按照树干来分，有乔木、灌木与木质藤本之分。什么是乔木？就是树干比较明显、只有一个树干的树木。什么是灌木？就是树干不那么明显，呈丛生状态、比较矮小的树木。木质藤本就是像绳子一样的树木。"

5. 教师："不同的树木有不同的叶子，不同的地区也有不同的树木。大千世界，无奇不有，只要拥有一双善于发现的眼睛，我们就会发现很多大自然的秘密。"

活动二：我为幼儿园种棵树

活动目标

1. 具有为幼儿园做贡献的情感。
2. 知道种树应该考虑的因素，尝试从这几个方面思考问题。
3. 乐意并大胆表达自己的想法。

活动准备

1. 幼儿园空旷场地的图片。
2. 谈话活动。

教学建议

1. 教师："小朋友们，每年都有植树节，植树节是哪一天呢？3月12日。为什么我们要种树呢？种树有什么作用呢？"幼儿自由回答。

2. 种树可以绿化环境，可以为人们提供木材；更重要的是，它们能够改善环境，包括保持水土、产生氧气等。树木晚上也要呼吸氧气，但在白天，会因为光合作用，吸入二氧化碳，产生氧气。如果没有氧气，人类将不能生存。教师可以让幼儿尝试一下闭气，感受没有氧气的感受。

3. 教师："假设我们要为幼儿园种一棵树，你们想种在什么地方？种什么品种的树？为什么？"幼儿自由表达。

4. 教师出示幼儿园空旷场地的图片，让幼儿说出自己想种什么树，以及为什么，包括美观、阴凉、果树可以结水果等。

5. 教师可以借此开展相关美术教育活动，带领幼儿作画《我为幼儿园种棵树》。

6. 教师总结本节课的主要内容。告诉幼儿：在种树的时候，一定要考虑周围的环境，包括场地大小、树的间隔、树种的选择、所种树木的作用等。

任务四：测量树的大小

活动一：各种各样的测量工具

> 活动目标

1. 认识各种各样的简单的测量工具。
2. 初步学会使用直尺，了解其用途。
3. 乐于动手，具有一定的观察与思维能力。

> 活动准备

1. 各种测量工具的图片，包括直尺、铁卷尺、游标卡尺、光线测量等。
2. 幼儿每人一把直尺，长度为10厘米。
3. 白纸每人一张，铅笔每人一支。
4. 条件允许的话，可以准备铁的卷尺与布的卷尺各一个。

> 教学建议

1. 教师："小朋友们，在日常生活中我们见过哪些测量工具呢？"让幼儿结合自己的生活经验回忆，没有回答出来也没有关系。教师打开各种各样测量工具的图片，一一介绍测量工具的名称与使用方法。

2. 教师："为什么卷尺有铁的也有布的？铁的卷尺比较短，一个人就可以拉直，测量物品时不用其他人协助。布的卷尺比较长，可以测量比较长的场地与物品，但是一般要两个人协同测量。"

3. 教师："如果需要测量的距离太远，我们要用什么测量？可以用布卷尺或者光线测量，但光线测量的缺点是不能转弯。"

4. 教师："为什么我们要测量呢？测量有什么作用？例如，我们家里要买多大的床、多大的桌子，我们的脚要穿多大鞋子，等等，都可以用到测量，这样就可以一步到位，非常准确。"

5. 教师给每名幼儿发一把直尺，告诉幼儿："这是我们入读小学之后要经常使用的工具，它有什么作用呢？可以用来测量、连线、画线等。这把尺子上面有刻度，从0开始，到10结束，表示有10厘米。我们先来测一测我们面前的这张纸有多少厘米吧。"

6. 让幼儿借助直尺画一条长20厘米的线，教师巡回指导。

7. 邀请幼儿上前表达自己画线的方法。

活动二：测量树干的粗细

活动目标

1. 探索用合适的工具测量树干的粗细。
2. 喜欢测量活动，知道常用的测量工具。
3. 知道测量数据一定要准确。

活动准备

1. 铁卷尺、布卷尺。
2. 不同长度的绳子、彩笔。

教学建议

1. 教师带领幼儿到户外散步，询问幼儿："我们幼儿园里面哪棵树最粗、最大呢？我们是用什么方法知道的？"（目测）

2. 教师："我们怎么证明它是最粗的树呢？我们幼儿园第二粗的树又在哪里呢？"导入测量的必要性。

3. 教师教导幼儿用绳子测量树干的粗细：

首先，用绳子围绕一棵树一圈，在绳子的两头用彩笔做好记号，写上"1号树"，将绳子放下。然后换另外一棵树，用同样的方法测量，写上"2号树"。最后，在地面上展示两根绳子的长度是否一样。

教师提醒幼儿：树干的粗细就是绳子两端的记号之间的距离。根据绳子的测量，是1号树的树干比较粗，还是2号树的树干比较粗？然后再目测1号树与2号树哪个粗。

4. 教师："通过测量，我们发现树干越粗，用来测量的绳子就越长。"

5. 教师："我们通过绳子测量了树木的粗细，但我们还是不知道它到底有多粗。这个时候，我们就需要带刻度的尺子了。我们是用铁的卷尺还是布的卷尺呢？为什么？"

6. 教师示范用尺子测量绳子的长度，告诉幼儿一个整数数据，让幼儿记录在自己的学习单上。

7. 教师："通过测量，我们发现了到底哪棵树比较粗。如果我们是木材加工厂，就知道可以用这棵树去制作什么木制品了。"

任务五：认识树的年龄

活动目标

1. 通过观察发现树干横切面的秘密。
2. 学会认识年轮，知道依据年轮可以推知树木的年龄。
3. 乐于观察，善于发现周围事物的秘密。

活动准备

1. 各种树干的横切面的图片，要求年轮线条比较清晰。
2. 各种树的身份标牌，包括名字、树龄等。

教学建议

1. 教师："小朋友们知道自己的生日吗？我们是怎么知道自己几岁了的？"幼儿自由表达，教师及时肯定幼儿的答案。

2. 教师："那么，我们怎么知道一棵树木有多大呀？它会过生日吗？"幼儿自由想象、表达。教师展示树木的身份标牌，告知幼儿，可以通过树木的身份标牌知道它的年龄。

3. 教师展示树干横切面的图片，告诉幼儿，还可以通过年轮估算树木的年龄："大家看到的这个圈圈实际上就是树木的年龄。依据年轮的多少可以推知树木的年龄。一般一年就有一个圈圈。当然，有些树木是假年龄，一年可以产生3个年轮。"

4. 请幼儿依据自己的观察，告诉大家这棵树木有多少岁了。

5. 教师："依据年轮，除了知道树木有多少岁外，还可以依据年轮的宽窄，判断当时的气候环境。天气越好，树木的年轮长得越快；树木越年轻，年轮越宽，这反映它年轻力壮，生命力强；还有偏心年轮，说明树木两边的环境不一样，宽的那边环境会好一点。通过对年轮的变化规律的研究，对了解当地的气候、制定造林规划等，都具有指导意义。"

6. 教师总结本节课的主要内容，鼓励幼儿做一个善于观察的小朋友。

项目二：树的种植

任务一：树的种植方式

活动一：树木是如何繁殖的

活动目标

1. 简单了解树木繁殖的几种方法。
2. 知道万物都有来源。
3. 尝试不断提问、追问的方法。

活动准备

介绍树木繁殖的 PPT。

教学建议

1. 教师："小朋友们，我们幼儿园的这些树是怎么来的，你们知道吗？它们有自己的爸爸妈妈吗？"幼儿自由思考与表达。

2. 教师："是的，每棵树都有自己的爸爸妈妈，只是它们也许相互不认识。我们都知道自己的父母，因为人是高级动物，是最具有情感的动物。"

3. 教师："那么，我们幼儿园的树是怎么来的呢？它们是绿化工人迁移来的。为什么如今很多树木都是迁移来的呢？为了美化，让它们长得整齐、好看，大小刚好适合我们幼儿园，这样就比我们在春游的时候看到的野生树木更加齐整。"

4. 教师："树木是如何出生的呢？老师今天就简单介绍一下。第一种是种子发芽。树上结了很多种子，它们成熟后，就在一定的条件下慢慢地发芽了。第二种是扦插。人们从树木上砍下一条强壮的枝条，扦插进土壤里，枝条就会生根发芽，如柳树。第三种是树木在根部又长出一棵小苗苗来，人们将它连根挖出来，重新栽到另外一个地方去，如椿树等。"

5. 教师："树木有不同的繁殖方式。我们与爸爸妈妈一起去森林里的时候，一定要多观察不同的树木的特点，看看野生的树木与幼儿园种植的树木有什么不一样的地方。"

6. 教师总结本节课的主要内容。

活动二：大树（撕纸贴画）

活动目标

1. 初步学会撕纸片，用胶棒粘贴作画。
2. 锻炼精细动作的能力，以促进小肌肉群的发展。
3. 具有初步的审美能力与创造美的能力。

活动准备

1. 各色彩纸小碎片若干、胶棒、小筐等。
2. 小鸟图片若干，大树背景图。
3. 网上收集的几张有鸟窝的树木图片。

教学建议

1. 教师展示网上收集的几张有鸟窝的树木图片，询问幼儿：为什么鸟儿喜欢在这棵树上搭建自己的家呢？请幼儿自由想象并表达，教师给予积极肯定与鼓励。

2. 教师分发小鸟图片和大树背景图，人手一份："今天，老师也带来了一棵大树和一个鸟窝，大家来帮助小鸟建造一个完美的家吧。"

3. 教师出示绿色彩纸，用食指和拇指捏住，撕成块状作为"树叶"，然后用胶棒涂在"树叶"的一面，把"树叶"轻轻地贴到"大树"上。教师可增加难度，让幼儿学习撕各种各样的"树叶"。

4. 幼儿操作，教师巡回指导。

教师将红、黄、绿等各色彩纸、胶棒放到小筐里，引导幼儿自由选择彩纸，进行撕"树叶"、粘贴"大树"的活动。教师提醒幼儿：撕完"树叶"后，要把废纸、胶棒放回小筐里面，不能乱扔垃圾。

5. 出示小鸟，送小鸟回家。

教师："小朋友们，小鸟听说大树妈妈又长出了许多树叶，都高兴得飞来了。让我们一起送小鸟回家好不好？"教师和个别幼儿一起将小鸟的图片粘贴到"大树"上。

6. 展示与分享自己的作品。

活动三：我会数树叶

活动目标

1. 能够依据教师的指令与生活经验，回答教师提出的问题。
2. 应用树叶学习加减法。
3. 提升在生活中学习数学的兴趣。
4. 学会书写数学等式，认识加号、等于号等符号。

活动准备

1. 每人一张树与树叶的图片。树叶数量控制在 10 以内。
2. 涂色蜡笔若干只。

教学建议

1. 教师："小朋友们，我们玩过树叶画了。今天，老师带领大家利用树叶学数学，而且是应用题哦。你们想学吗？"

2. 教师给每名幼儿发一张树叶图片，上面有 10 片树叶。教师先让幼儿数一数图上有多少片树叶，找出最大的与最小的树叶。

3. 教师邀请幼儿进行涂色活动："我们先给 3 片树叶涂上绿色。那么，还剩下几片叶子没有颜色呢？"幼儿通过数学运算或者实物数数得到答案。

4. 教师："然后再把 1 片树叶涂为绿色，那么，绿色树叶有几片呢？3 + 1 = 4，这里总共有 4 片绿色的树叶。+ 是加号，= 是等于号。"

5. 让幼儿表达刚才的行为："我们先涂了 3 片绿色的树叶，然后又涂了 1 片绿色的树叶，这样树上就有 4 片绿色的树叶，用数学等式表示就是 3 + 1 = 4。"

6. 教师依次类推，可以多次使用树叶图片，依据幼儿的掌握情况，不断推进新的教学内容。

任务二：树的呼吸

活动目标

1. 知道植物包括树叶是需要呼吸的。
2. 知道在白天，绿色植物会进行光合作用、产生氧气，供人类呼吸。
3. 尝试用实验的方法证明植物在呼吸。

活动准备

1. 提前一两天将一棵植物或植物的某个部位用塑料袋封装起来，并警告幼儿不能对小动物或人做这种行为。
2. 在网络上搜集一些光合作用原理的图片。

教学建议

1. 教师提前一两天与幼儿一起将植物或者植物的某个部位用塑料袋封装起来。当叶子变化比较明显的时候，再开始上这节课。
2. 教师："上次，老师与大家用塑料袋封装了一棵小植物，大家看看发现了什么？它为什么变成这样了？"幼儿自由表达。
3. 教师："因为塑料袋封装会让里面升温，把它们热死了。也因为塑料袋里面的氧气很少，它们不能呼吸，所以被闷死了。"
4. 教师与幼儿一起练练闭气，让幼儿描述自己的感觉。
5. 教师："我们用塑料袋封住植物，它不能呼吸了，所以死掉了。我们能不能用塑料袋去套小朋友或者小动物？为什么不能这样做？"教师借机进行相关的安全教育。
6. 教师展示光合作用原理的图片，告诉幼儿植物是如何进行光合作用的。让幼儿了解，植物白天产生氧气，晚上也会产生二氧化碳，人吸进去的是氧气，呼出来的也是二氧化碳。
7. 教师："我们经常说那座山是我们城市的'肺'，就是因为这座山上的树木多，能给我们生产氧气，所以我们要好好保护它。"
8. 春天来了，我们可以与爸爸妈妈一起走进大森林，享受天然氧吧，让我们的身体更健康。

任务三：树木需要的营养

活动一：树吃什么

活动目标

1. 知道树木需要的营养成分是空气、阳光和水分等。
2. 知道野生树木与园林树木的区别。
3. 感知树木顽强的生命力。

活动准备

1. 枯萎的树木、生病的树木等图片，啄木鸟的图片。
2. 黄山松的图片、园林树木的图片、野生树木的图片。

教学建议

1. 教师："小朋友们，为了健康地长大，我们需要做什么？喝水、吃饭、运动等。那么，树木长大需要什么呢？"幼儿自由想象与回答，教师给予积极的肯定。

2. 教师依次展示生病的树木的图片、枯萎的树木的图片、啄木鸟的图片："树木也会生病，包括长了虫子、白蚁等。你们有没有听说过啄木鸟？它是树木的医生，专门吃树干里的虫子。树木需要阳光，隐藏在大树底下的小树总是长不大，是因为它们吸收不到阳光。树木需要水分，幼儿园的阿姨每天都给幼儿园的花草树木浇水，就是要保证它们有水喝。当然，树木还需要其他很多土壤里面的营养元素。"

3. 教师展示黄山松的图片："树木的生命力十分顽强，只要有合适的条件，它们就在努力地生长，比如这些在岩缝里生存的树木。"让幼儿欣赏与描述黄山松的特点。

4. 教师："野生的树木与园林里栽种的树木有什么不一样？或者说，我们幼儿园的树木与森林里的树木有什么不一样？森林里树木品种众多、高矮不一，园林里面的树木品种比较少。森林里面的树木有野性，园林里面的树木经过人的修剪与栽培，虽然很茂盛，但生命力却比较弱。"

活动二：树木的趋光性

活动目标

1. 知道树木的趋光性就是树木总是朝着光线充足的地方生长。
2. 能够依据树木的趋光性去发现其他植物也存在这种现象。
3. 乐于观察与探究大自然。

活动准备

在网络上搜集表现树木及其他植物的趋光性的图片。

教学建议

1. 教师展示在网上搜集的、表现各种植物趋光性的图片，让幼儿发现其中的规律。

2. 教师："这种现象就叫作趋光性，是植物趋向于靠近光源的一种自然现象。有些植物喜欢阳光，有些植物不喜欢。"

3. 教师在黑板上方画一个太阳，中间画一棵树，询问幼儿："如果这棵树喜欢阳光，它的生长方向会朝向哪里呢？如果不喜欢阳光，它又会朝哪个方向生长呢？"请幼儿上前画出该树木的成长方向。

4. 教师："大千世界有很多秘密，不仅植物有趋光性，动物也有趋光性，如飞蛾。小朋友们在晚上的时候注意一下，当家里的灯光打开以后，看看有什么东西飞进来。"

5. 教师："植物的这种特性也是大自然自然选择的结果，它们只有跟随着光源，占据最有利的位置，充分地享受阳光，从而进行光合作用，才会让自己生长得更加茂盛。"

6. 教师："小朋友们也要适当地接受阳光照射。我们幼儿园经常开展阳光体育运动，就是为了让更多的小朋友享受阳光，促进钙的吸收。如果没有充足的钙，我们就成为小人国的小矮人啦。"

7. 教师总结本节课的主要内容。鼓励幼儿多观察周围的现象，如果发现哪里有趋光现象，记得让爸爸妈妈帮助拍摄照片，与小伙伴们一起分享。

项目三：树的作用

任务一：木制品

活动一：木头的作用

> 活动目标

1. 知道木头可以制成很多生活中的必需品。
2. 知道身边的木制品。
3. 知道纸张是用木头做的。
4. 具有环保意识，知道不能过度砍伐树木。

> 活动准备

谈话活动。

> 教学建议

1. 教师："我们最近一直在研究树木。那么，树木有什么作用呢？"请幼儿依据自己的生活经验回答，如观赏作用、产生氧气、制作家具等。

2. 教师："为什么这么多人愿意使用木头来制作生活用品呢？"请幼儿依据自己的生活经验回答，如轻巧、取材方便、用起来舒服、加工容易等。

3. 教师："我们身边有哪些物品是用木头做的？书桌、椅子、柜子、床等，都是木头做的。木制品的原料有实木与人造木板之分。实木就是真正的木材，人造木板就是用木材的碎屑等压制而成的板材。相比而言，实木制品更加耐用；人造木板制品容易坏，优点是可以少用树木，可以用机器造型，想要什么形状就有什么形状。"

4. 教师："除此之外，我们使用的纸张也是用木头做的。所以我们要节约用纸，提倡无纸化办公，就是为了少砍伐树木。"

5. 教师："如果我们过度砍伐树木会怎么样？"引导幼儿依据以前所学的知识去思考，包括水土流失、不能生产氧气供我们呼吸等。

6. 教师讲解"十年树木，百年树人"的意思，告诉幼儿：树木生长有一个长时间的过程，所以我们不能随便砍伐树木。

活动二：木制品与塑料制品大比拼

活动目标

1. 尝试用比较的方法分析事物的优缺点。
2. 能够结合所学知识分析木制品与塑料制品的 1～3 个优缺点。
3. 乐于表达自己。

活动准备

1. 谈话活动。
2. 教师准备"木制品与塑料制品优缺点大比拼"表格，见附表 11-3。

教学建议

1. 教师："上节课，老师与小朋友们一起谈论了木制品的好处。我们观察一下我们班级的物品，除了木制品外，还有很多塑料制品。今天，我们一起讨论一下这些物品哪些好，为什么不都用木制品。它们的优点与缺点有哪些呢？"
2. 教师请幼儿说说教室里面有哪些塑料制品。
3. 教师打开"木制品与塑料制品优缺点大比拼"表格，让幼儿分别说说木制品与塑料制品的优点有哪些、缺点有哪些。
4. 教师将幼儿的合理意见书写在表格里面，并编写上序号。
5. 教师统计幼儿说的优缺点的数量，比较木制品与塑料制品优缺点数据之和，进行数据大小的比较。
6. 让幼儿在作业本上书写数学等式，学习大于号和小于号的含义。
7. 教师请幼儿对选择的材料进行数据分析，言之有理就行。
8. 教师总结本节课的主要内容。

任务二：造纸术

活动目标

1. 知道中国是世界上最早发明纸的国家。造纸术是我国古代四大发明之一。
2. 尝试造纸，体验再生纸的生产过程。
3. 具有在生活中发现、探索和交流的兴趣。

活动准备

1. 在网上收集用木头造纸的视频。
2. 提前一天将废旧报纸用水泡成纸浆；小筛子、白棉布、擀面杖等。

教学建议

1. 教师："小朋友们知道纸张是用什么东西制作出来的吗？"唤起幼儿的过往经验。
2. 教师："世界上最早造出纸张的国家是哪个呢？在没有纸张的时候，人们将字写在什么上面呢？"
3. 教师讲解故事《蔡伦与造纸术》。
4. 教师："在纸张出现之前，人们将字写在石头、墙壁、木板和竹片上面。有了纸之后，人们写字就更方便了。纸张相比石头、竹简，携带起来更方便，传播知识更便捷。"
5. 教师播放造纸的视频，让幼儿了解纸张是怎么做出来的。
6. 幼儿尝试造纸：
（1）将纸浆倒入大盆里，搅拌均匀。
（2）在带细网的小筛子上铺上软棉布，浸入盆中，将纸糊平平地筛起，一层纸浆就会留在上面，过滤掉多余的水，再进行晾晒。
（3）纸胚晾晒至半干时，用擀面杖将纸胚压平，和软棉布分离。
（4）将纸胚放在阳光下彻底晾晒干。
（5）用剪刀修剪纸边，一张纸就做好了。
7. 请幼儿在自制的再生纸上画画、写字，感受成功的喜悦。
8. 教师总结本节课的主要内容。

任务三：树的影子

活动一：找影子与找阴凉

活动目标

1. 知道影子与阴凉的关系。
2. 知道影子产生的条件。
3. 学会观察周围的自然现象，并具有探究的意识。

活动准备

有阳光的早晨，散步活动，谈话活动。

教学建议

1. 在阳光明媚的早晨，教师带领幼儿去操场玩耍。玩耍一会儿之后，教师说"真热啊，我们现在想去什么地方休息一下"，引导幼儿说出"去阴凉的地方休息"。

2. 教师带领幼儿去阴凉的地方休息，趁机询问幼儿为什么这个地方阴凉一些。幼儿自由表达，因为有影子。

3. 教师："我们一起寻找还有哪些地方有影子吧！为什么我们来到这里，而没有去其他地方？因为这里有大树，遮住了阳光，就有了树荫，所以凉快。今天天气好，所以有影子，小朋友们有没有发现这个地方什么时候没有影子？对，下雨天、阴天的时候。它们都有一个共同的特点，就是没有阳光。"

4. 教师总结影子产生至少需要两个条件：一个是有遮挡物体，一个是需要光线。

5. 教师请幼儿注意周围其他地方的影子，发现影子的大小与遮挡物体的大小有关系。

6. 教师总结本节课的主要内容，要求幼儿回家之后，用手电筒与书本，同爸爸妈妈一起玩影子的游戏，看看有什么收获，回幼儿园后和大家分享。

活动二：丈量自己的影子

活动目标

1. 使用测量工具测量影子最长的部位。
2. 发现影子的对应关系，学会按照影子的轮廓作画。
3. 通过测量两名不同高矮的幼儿的影子，发现影子与高矮的相关性。

活动准备

皮尺、卷尺等测量工具，粉笔若干。

教学建议

1. 教师："今天老师带领小朋友们探讨幼儿园的影子，我们今天先画影子画好吗？"
2. 教师带领幼儿寻找操场上的树荫，并在树荫的边缘用粉笔描绘边缘线。没有找到树荫的，可以让一名幼儿站着，让另外一名幼儿帮助他描绘影子，结束后交换角色。
3. 教师选派一高一矮两名幼儿站在一起，用工具测量每名幼儿影子的长短，并发现其中的规律。
4. 教师总结规律：在相同光线的情况下，个子越高的人，影子越长。
5. 教师可以带领幼儿来到水边，发现水中的倒影，指出倒影与阴影的区别。
6. 询问幼儿在家玩影子游戏的时候有什么发现，为下节课做好铺垫。
7. 教师总结，表扬幼儿善于发现、善于总结。

活动三：树影的变化

活动目标

1. 初步了解影子会随着光源的移动而变化。
2. 学会简单测量影子的方法。
3. 具有好奇心和求知的欲望。

活动准备

1. 早上、中午、下午分三次测量同一物体的影子长度。
2. 教师帮助幼儿书写长度数字，取整数。
3. 三种不同颜色的绳子。

教学建议

1. 教师："小朋友们，我们最近一直在研究树荫，大家有没有发现树荫的变化？是不是从早到晚都是一样的呢？我们要不要进行一个跟踪记录与调查，做个小小科学家呢？"

2. 教师："我们分别在早上、中午、下午去测量同样一棵树的树荫，看看它们有什么变化。"

3. 教师在早上、中午、下午各带一组幼儿去测量同一棵树的树荫，保持测量方式的一致，并拍照记录，做好树荫长度的记录，在地上做好标记。

4. 用三条不同颜色的绳子比量，让幼儿知道什么时候的树影最短，什么时候的树影最长，原因是什么。

5. 打开每次测量时的记录照片，包括地上的标记，让幼儿学会分析信息，知道随着太阳位置的变化，树影的长度也会有变化。

6. 这节课可以分解为3～4节课。一定要记录好过程资料，包括照片等。

活动四：寻找幼儿园最舒服的位置

活动目标

1. 会通过比较得出答案。
2. 尝试从一两个因素综合考虑问题。
3. 寻找幼儿园户外环境里树荫存在时间最长的地方。

活动准备

1. 选择幼儿园里三个树荫较多的地方，拍摄三个不同时间段的树荫照片。
2. 散步活动，谈话活动。

教学建议

1. 教师在上午的户外活动时间带领幼儿寻找最好玩的地方。询问幼儿：幼儿园里的什么地方最好玩？你最喜欢在幼儿园的哪里玩？幼儿自由表达自己的判断因素。

2. 教师："夏天到了，我们在玩的时候要注意不能晒太阳太久，这样会中暑。我们也需要阴凉的地方，所以今天我们去寻找幼儿园里比较阴凉的地方，等我们玩够了、想休息了，就可以来这里。"

3. 教师与幼儿一起寻找幼儿园里阴凉面积比较大的地方，并拍摄照片，并记录好时间与地点。

4. 在下午的户外活动时间，再次与幼儿寻找幼儿园里最阴凉的地方，拍摄照片，记录好时间与地点。趁机询问幼儿：有没有发现我们的地点发生了改变？为什么？

5. 教师总结每个地方的特点，告诉幼儿："我们选择地方玩的时候需要考虑各种因素，包括季节、爸爸妈妈是否有空、路程时间、交通工具等。我们要学会综合考虑问题，选择最好、最适合自己的。"

附表

表 11-1 对生、互生与轮生树叶学习单

叶序形式	它是这样的	我发现了几种	备 注
对生			
互生			
轮生			
合计			

表 11-2 不同的叶脉形式统计

叶脉形式	它是这样的	我发现了几种	备 注
平行脉 （上下）			
平行脉 （左右）			
网状脉			
合计			

表 11-3 木制品与塑料制品优缺点大比拼

种　类	优　点	缺　点
木制品		
塑料制品		
统计结果		
结论	＞	＞

第十二章　我要上小学了

第一节　主题网络图

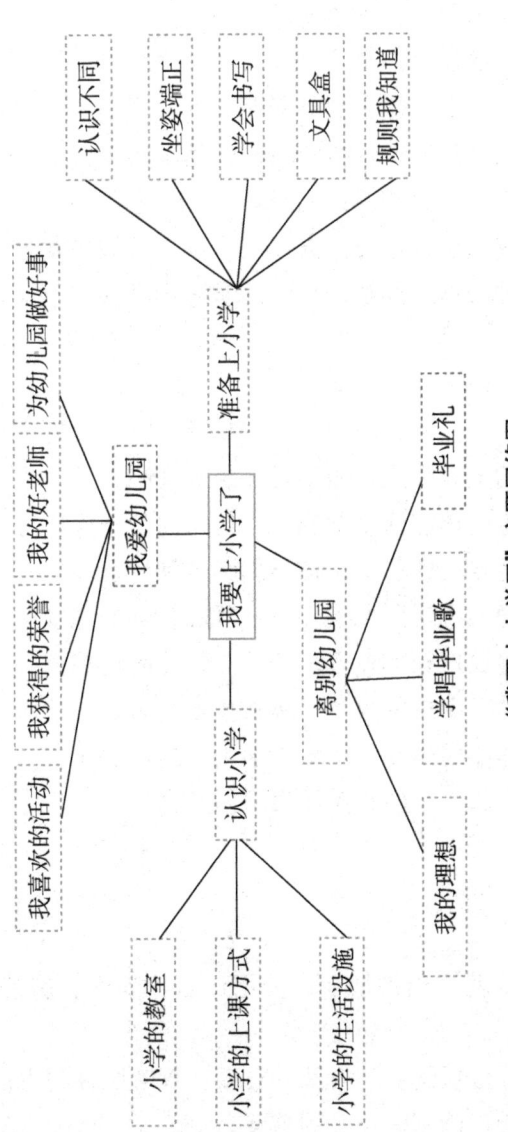

"我要上小学了"主题网络图

注：依据幼儿园的自身条件与幼儿兴趣需要，各个分支还可以继续延伸，如毕业典礼、毕业餐、毕业游等。

第二节　阶段性教育目标建议（大班）

一、健康

1. 练习手脚着地屈膝爬行，培养积极愉快的情绪。
2. 练习 20～30 米的快跑；培养单脚跳的能力。
3. 训练侧步走的能力及动作的协调性。
4. 培养与同伴合作的能力。
5. 学会自己解决入学后可能遇到的问题。
6. 了解雷电的形成和危害，懂得防雷击的基本知识。
7. 知道坐姿要端正，有保护视力的意识。
8. 了解防火、防震知识，学习火灾、地震发生时的自救方法。
9. 养成收拾、整理习惯，能整理自己的学习用品和书包。

二、社会

1. 愿意体验小学的上课方式，懂得遵守游戏规则。
2. 按要求完成相应的体能活动并能自主地与同伴合作进行。
3. 清楚流利地表达自己的想法，初步理解告别的含义。
4. 学习表达对教师的感谢和祝福，培养尊敬教师的态度。
5. 懂得幼儿园是自己成长的地方，表达对幼儿园的感情。
6. 懂得并乐于帮助有困难的同伴，具有担当意识。
7. 参观小学，了解小学生活，学做小学生，向往小学。
8. 知道端午节的来历，了解相关风俗习惯及食品。

三、语言

1. 理解作品中的重复式结构情节，能用语言、动作、表情等表达对文学作品的理解。
2. 仔细观看画面，分析画面与时间的关系，理解画面与书面语言的联系。
3. 认识田字格，能正确书写自己的名字。

4. 掌握正确的书写及握笔姿势。

5. 能大胆地在同伴面前讲故事，通过故事理解幼儿园与自身成长的关系。

6. 积极分享对毕业的认识，尝试结合自身体验创编故事。

四、科学

1. 认识各种各样的钟表，知道它们与人们生活的密切关系，激发对钟表的兴趣，培养关心周围科技产品的态度。

2. 探索周围环境中具有相反特性的事物，发展探索精神。

3. 了解在黑暗中产生光亮的方式，体验黑暗与光亮的不同感受。

4. 主动积极地参与探索活动，喜欢参加具有挑战性的活动。

5. 在认识电话的基础上认识各种通信工具，形成通信工具的初级科学概念。正确对待手机的使用与玩乐。

6. 具有工具意识，碰到困难会尝试用各种不同的工具来完成任务。

7. 了解 1/2 的意义，了解一倍、两倍的意义。

8. 认识数字 0，知道 0 所表示的实际意义。

9. 认识整点、半点，能识别钟面上的整点与半点。

10. 知道一年有 12 个月及其顺序，每月有 30（或 28、31）天，区别月、周、日的顺序。

11. 比较远近，知道哪边远、哪边近或一样远，会按远近排序。

12. 学习操作天平，探索保持平衡的多种方法。

13. 学习按简单的平面图样进行立体搭建或插塑构造。

14. 在集合图形的拼搭中，体验部分与整体的关系，并积累相应经验。

五、艺术

1. 利用废旧材料，有创意地装饰自己的"甜蜜回忆盒"。

2. 学习用边折叠边绘画的形式表现出"成长"。

3. 学习观察同伴的特征，并用绘画的方式表现出来。

4. 知道留言册的用处，制作、装饰留言册。

5. 在集体表演活动中，与同伴建立默契感，体验配合默契的快乐。

6. 利用废旧物品为教师、同学制作纪念品。

7. 敢于当众大胆表演。

第三节 主题教学建议

1. 教导幼儿掌握正确的读书、写字姿势。
2. 教导幼儿学习用较完整的语言来形容自己看到的事物。
3. 引导幼儿学习按物体的用途进行分类，同时从不同角度来划分物体的类别。
4. 引导幼儿认识各种学习工具，并知道它们的作用。
5. 引导幼儿学习 10 的组成，学会运用互补和互换的关系进行分合，学习 10 以内的加、减，学习自编加减法应用题。
6. 结合母亲节、父亲节开展相关感恩教育。
7. 引导幼儿耐心地倾听别人说话，主动与小学生交谈，语调自然，仪态大方。
8. 让幼儿感受离园的惜别之情，进一步增进自己对教师、同伴和幼儿园的情感，知道表达感激和谢意。
9. 让幼儿为幼儿园做一些好事，如擦桌子等；鼓励幼儿制作手工作品相互赠送，和同伴互赠通信地址，以便进入小学后沟通联系、互相帮助、共同进步。
10. 让幼儿逐步熟悉小学的作息规律，比较小学与幼儿园的异同，做好入学的心理准备。
11. 开展"走进小学"活动，为幼儿提供食堂吃饭、教室上课、上厕所等一系列真实的小学生活体验。建议家长多带孩子与上小学的哥哥姐姐玩耍，听他们讲讲读小学的故事。
12. 有条件的幼儿园可以组织毕业系列活动，包括拍摄毕业照、举行毕业典礼、毕业晚宴、毕业旅游等。

第四节　写给家长的一封信

尊敬的家长：

　　您好！

　　童年是一段"快乐来得很多，忧愁去得很快"的纯真年代。经过在幼儿园的三年学习和生活，我们的大班幼儿即将告别教师和同伴，进入下一个阶段的小学生活。孩子们在告别幼儿阶段时想了些什么？他们对彼此的未来祝福是什么？希望我们的孩子每攀越一段人生楼层，都能始终保持这种热切的心与振奋的脚步，这样他们才能永远心怀幸福，去浏览令人惊奇的人间风景。

　　"我要上小学了"主题教育活动主要是激发幼儿回忆在园三年的美好生活。通过开展各种感知小学活动，包括书包准备、认识时钟、前书写和前阅读能力的培养、我心中的小学等活动，让幼儿对小学学习准备充足、充满期待；通过开展多种形式的毕业活动，如拍毕业照、幼儿之间相互签名留念、设计并互赠明信片、为幼儿园做好事、参观小学、毕业典礼、毕业晚餐等，引发幼儿体验成长的快乐和对保教人员的感激。

　　我们都知道，活动要想有效、顺利地开展，离不开您热情的支持与关注。为此，我们恳请每一位家长在下周一为自己的孩子准备一套文具，包括铅笔盒和铅笔、尺子、橡皮擦等学习用具。若孩子的哥哥姐姐有用过的小学课本、考试卷、红领巾等，也请带来班级，这些物品将有助于本活动更深层次的开展。

　　在此对您一如既往的支持表示深深的谢意！

大一班
2019 年 5 月

第五节 项目设计与任务分配

项目一：认识小学

任务一：我心中的小学

活动一：为什么要上小学

活动目标

1. 知道上小学后会认识更多的朋友。
2. 知道上小学说明自己的能力强了，能够更好地照顾自己。

活动准备

1. 提前让家长与幼儿谈论小学与幼儿园的不同，讲讲自己读小学的故事。
2. 谈话活动。

教学建议

1. 教师："小朋友们在家与爸爸妈妈聊过读小学的事情了吗？有没有听爸爸妈妈讲他们读小学的故事？"幼儿自由表达，教师及时总结幼儿的表达内容。
2. 教师："你们家里有没有哥哥姐姐？你们有没有和读小学的哥哥姐姐一起玩过？你觉得他们在哪些方面表现得比较好呢？"幼儿自由表达。
3. 教师："你们觉得读小学需要什么样的条件呢？我们怎么样才能去小学读书呢？"幼儿自由表达，教师将幼儿所说内容进行总结。
4. 教师："是的，我们需要自己整理书包，学会书写自己的名字，要学会自己上厕所、自己吃饭，在课堂上要认真听老师讲课半小时以上，小学的一节课有 40 分钟，等等。"
5. 教师："相比幼儿园的小朋友，小学生更有能力。他们的学习能力更强，尤其是自我管理能力，他们每天都要按时起床，还有家庭作业哦。"
6. 教师："小学是我们成长路上必须经过的一个阶段，如果我们继续像上幼儿园一样，每天都努力学习、开心玩耍，相信我们每名小朋友都能做一名合格的小学生。"

活动二：我心目中的小学

活动目标

1. 学会依据已有的生活经验想象心目中的小学。
2. 乐于表达自己，不以自我为中心。
3. 对小学生活充满期待，享受成长的喜悦。

活动准备

1. 谈话活动。
2. 纸、铅笔。

教学建议

1. 教师："小朋友们，你们心目中的小学是什么样子的？"幼儿自由表达，教师将其记录在黑板上。
2. 教师邀请每名幼儿谈谈有这个愿望的原因，并进行一定的解说。只要情况符合实际，教师就予以夸奖，不符合就说明还要继续努力。
3. 教师："上了小学之后，你想同什么样的小朋友坐同桌呢？为什么？小学的座位与幼儿园的座位是不一样的，而且洗手间、饭堂的位置都不一样了。下次，老师带你们走进小学直接感受一下。"
4. 教师："你们盼望入读小学吗？为什么？"幼儿自由表达，可以说喜欢，也可以说不喜欢，教师依据实际情况给予指导。
5. 教师："今天，我们一起用纸和笔将自己心目中的小学描绘出来吧。"
6. 教师巡回指导。
7. 教师总结本节课的主要内容，展示与分享幼儿作品。

注意：谈话内容较多的情况下，可以分为两节课。

任务二：参观小学

活动目标

1. 感知小学半日学习、生活流程。
2. 发现小学与幼儿园的不同之处。
3. 乐于发现，会提出自己所发现的问题。

活动准备

1. 与小学提前联系好，主要了解小学一日学习、生活流程。
2. 事先请幼儿在"小学生采访表"上画上自己想知道的关于上小学的问题。

教学建议

1. 教师："今天上午，我们参观了小学，小朋友们有什么收获呢？你了解到了什么内容？你喜欢小学里面的什么？"幼儿回忆，自由表达。

2. 教师："你发觉幼儿园与小学有哪些地方是不同的？"包括玩具、区角、上课时间、洗手间、饭堂等。

3. 教师："你最喜欢小学的什么地方？为什么？"

4. 教师："如果想上小学，我们必须学会什么？"包括生活照料、作息习惯、上课时间等。

5. 教师："上小学后，我们必须学会的东西一定要开始慢慢让自己学会，要学会适应；上小学后，我们可以接触到不同的老师，学到不同的知识；还有家庭作业，有属于自己的书本；等等。"

6. 教师总结本节课的主要内容。提醒幼儿：为了上小学，我们一定要从现在开始慢慢适应小学的学习、生活节奏，为上小学打下良好的基础。

任务三：小学生真神气

活动目标

1. 学会观察小学生的行为习惯。
2. 知道读小学的哥哥姐姐们能干的地方。
3. 具有向往读小学的情感。

活动准备

谈话活动。

教学建议

1. 教师："我们参观了小学，与小学生们一起上过课。你们觉得小学的哥哥姐姐们哪些方面做得比较好？"

2. 教师："他们为什么能这么神气呢？因为他们长大了，因为他们在幼儿园就表现得非常好了，因为他们跟着小学老师学到了更多的本领。"

3. 教师："小学生的座位与上课时的表现是怎么样的？"坐得非常端正，举手回答问题，有自己的本书，座位摆放不一样。

4. 教师："我们在参观小学的时候，有没有去过洗手间？小学的洗手间与幼儿园的洗手间有什么不一样？"小学的男女洗手间是独立的，需要自己上厕所、自己照顾好自己，洗手间与教室是分开的，等等。

5. 教师："小学课室里的玩具有幼儿园多吗？为什么？"幼儿自由表达。

6. 教师总结本节课的内容，告知幼儿：从现在开始，我们就模拟小学生上课，包括座位摆放、坐姿、上课时间，争取早日做个优秀的小学生。

项目二：准备上小学

任务一：我的理想

活动目标

1. 知道入读小学后，要成为一名优秀的小学生。
2. 知道人要有理想才能有方向。
3. 乐意在同伴面前表达自己的想法。

活动准备

1. 谈话活动。
2. 音乐《我相信》。

教学建议

1. 教师播放音乐《我相信》，询问幼儿听了音乐之后的感受是什么。幼儿自由表达。

2. 教师："老师听完这个音乐之后，感觉到信心倍增，充满期望。人一定要有理想，我们小朋友也一样。那么，小朋友们的理想是什么呢？我们上了小学之后，想成为一个什么样的小学生呢？"

3. 教师邀请幼儿畅谈自己的理想，例如，我想做一个爱回答问题的小学生，我想做一个乐于帮助同学的小学生，我想拥有几个好朋友，我想考试得满分，我想……

4. 表扬幼儿理想的积极性："我们从小理想、小目标慢慢努力，用心学习，这样，长大成人后的我们才能成就自己的大梦想，如做个科学家、医生等。"

5. 教师："有梦想还不行，还要付出努力。例如，从现在开始，要学会自己的事情自己做，学会交新朋友，学会整理书包，学会按时起床，等等。"

6. 教师总结本节课的主要内容，号召幼儿为自己的梦想努力。

任务二：认识小学生的文具

活动一：我的文具盒

活动目标

1. 认识小学生常见的学习用品，知道它们的用途。
2. 尝试学习整理自己的文具，增强做一名小学生的愿望。

活动准备

让家长提前给幼儿准备一个铅笔盒，包括笔、尺子、橡皮擦等。

教学建议

1. 教师："我们参观了小学之后，发现每个小学生都有属于自己的书本与文具盒，今天我们就认识一下小学生的文具盒。"

2. 教师引导幼儿认识学习用品，如铅笔盒、本子、笔、尺、橡皮擦等，并知道它们的用途。帮助幼儿形成学习用品的概念，知道这些都是小学生学习时用到的用品。

3. 讨论：怎样爱护自己的学习用品？如何将书包里的用品摆放整齐呢？

4. 教师请幼儿示范收拾文具的方法，其他幼儿讨论这种方法的优劣，然后试着将自己书包里的学习用品收拾摆放整齐。

5. 创设"上课，下课"机制；鼓励幼儿练习摆放、整理学习用具，比一比，看谁收得又快又整齐，从中感知将文具收拾、摆放整齐的快乐。

6. 教师请幼儿结合自己去商场购买文具盒的经验，探讨自己是如何选择文具盒的。教师从文具盒的安全性、实用性与经济成本等方面，告知幼儿选择文具盒的标准，避免浪费。

活动二：小小文具店

活动目标

1. 依据一定的分类标准，布置文具店并做好文具数目统计。
2. 在买卖游戏中练习简单的加减运算。
3. 能相互协商，听从同伴的意见。

活动准备

1. 文具用品若干，每个文具都有价格标签。
2. "今天我当小老板"文具统计单，包括库存与卖出去的文具数目，见附表12-1。
3. 不同面值的游戏币，包括10元、5元、1元等。

教学建议

1. 教师："今天，老师与小朋友们一起开文具店，看看哪个小老板最会做生意。"教师将幼儿分成几个小组，为每个小组准备一些文具。每个小组选派一名幼儿做售货员。
2. 教师指导幼儿布置文具店，讨论怎么样分类摆放，给每个商品贴上价格标签，给文具店取名字，教师帮助幼儿将店名写在纸上。
3. 幼儿统计本店文具数量，并记录文具总数，借此练习加法。教师鼓励幼儿在此过程中与同伴交流、互相检查。
4. 教师分给每名幼儿10元游戏币，让他们去购买自己需要的文具；售货员要学会售卖自己店的文具，并依据价格学会找零，借机练习减法。
5. 轮流玩角色扮演游戏。教师在交换角色之前，检查幼儿购买与销售数据是否正确，让每个文具店老板记录自己所卖文具的钱的总数。
6. 教师点评此次活动，并收拾整理玩具与其他材料。

任务三：我会看时间

活动一：认识时钟的结构

活动目标

1. 了解时钟的结构及分针、时针的运行规律。
2. 具有初步的逻辑思维能力。
3. 学会珍惜时间，养成按时作息的好习惯。

活动准备

实物钟，各种钟的图片。

教学建议

1. 教师："小朋友们是怎么知道时间的？"通过手表、手机、电脑、钟等。
2. 教师："今天，老师与大家一起研究一下'老狼老狼几点钟'里的这个钟。小朋友们有没有见过钟？钟是什么形状的？"挂钟、大座钟等。
3. 认识钟的基本结构。有些钟是机械钟，里面有链条；有些钟用的是电池，如果电池的电量少了，钟走得就不准了。
4. 钟盘里有三根针，最短最粗的叫作时针，又细又长的叫作秒针，又粗又长的叫作分针。钟盘边缘有12个数字，有些钟没有数字。
5. 感知时针与分针赛跑。引导幼儿了解时针、分针的运转规律：又细又长的秒针旋转1圈是1分钟，又粗又长的分针旋转1圈是1小时。
6. 教师对幼儿提问，了解幼儿的掌握情况。
7. 教师与幼儿一起玩"老狼老狼几点钟"的游戏。

活动二：认识时钟的整点

活动目标

1. 通过拨一拨、读一读，学会认读整点的方法。
2. 学会珍惜时间，养成按时作息的好习惯。

活动准备

实物钟若干。

教学建议

1. 教师："现在是北京时间 12 点整。12 点的时候，钟的指针在哪里呢？"教师示范 12 点时各个指针的位置。

2. 教师："当我们说整点的时候，就是分针指向 12、时针对准钟里的具体数字的时候。钟里有多少个整点？"教师分别从 1 指到 12，告诉幼儿指针在不同位置时的时间。

3. 教师将指针旋转到某个整点，邀请幼儿正确读出时钟数字，尤其是认准 7 点与 10 点。为了避免幼儿产生认知混乱，只需要教导他们认识 12 小时的表达方法。

4. 告诉幼儿：早晨，当时针指向 7 的时候，就应该起床上学了；晚上，当时针指向 10 的时候，就一定要上床睡觉。

5. 教师邀请幼儿按照要求将指针旋转到正确的位置。

6. 教师总结本节课的主要内容，告诉幼儿"一寸光阴一寸金，寸金难买寸光阴"的含义。

活动三：认识时钟的半点

活动目标

1. 通过拨一拨、读一读，学会认读半点的方法。
2. 学会珍惜时间，养成按时作息的好习惯。

活动准备

实物钟若干。

教学建议

1. 教师带领幼儿复习、巩固上节课所学的主要内容，让幼儿按照要求旋转时针。依据幼儿的操作情况，再次强化整点辨认。

2. 教师："今天，老师再教你们认识一种时钟读数——半点。如果说幼儿园7：30（七点半）上学，那么，7：30的时候，指针又是什么样的呢？"

3. 教师讲解半点的认读方法：当分针指在钟盘下面最中间的部位，也就是6的时候，就说明是半点了。

4. 教师将时钟旋转到7：30，教导幼儿认读半点。

5. 教师分别介绍2：30与3：30的区分方法：当时针在2与3之间时就是2：30，在3与4之间时就是3：30。

6. 教师："小朋友们有没有发现时针旋转的规律？当我们沿着时针旋转的规律旋转的时候，就叫作顺时针；当我们与之相反地旋转的时候，就叫作逆时针。"

7. 教师旋转指针，让幼儿回答是顺时针还是逆时针，或者结合幼儿日常在幼儿园小操场跑圈的生活经验，让幼儿进一步了解顺时针和逆时针。

8. 教师总结本节课的主要内容。

任务四：我会写自己的名字

活动目标

1. 大胆地讲述自己的名字以及名字背后的小故事。
2. 学习书写自己的名字，尝试认识其他同学的名字。

活动准备

1. 幼儿事先向爸爸妈妈了解自己名字的含义，以及取名字时的小故事。
2. 教师提前将幼儿的姓名按笔画一笔笔地写在田字格里，让幼儿模仿着书写。
3. 教师将幼儿的姓名按照一定的顺序分成数行数排，做成PPT。

教学建议

1. 教师："小朋友们，你们知道吗？每个名字的背后都有一个故事，都满怀着爸爸妈妈对自己的期待。你们有没有同爸爸妈妈聊聊自己的名字是怎么来的呀？"教师邀请幼儿上前表达自己名字背后的故事。
2. 教师："你们认识自己的名字吗？"教师将全班幼儿的名字都展示在大屏幕上，让大家找找自己的名字在哪里，还认识哪些小伙伴的名字。
3. 幼儿说名字的时候，一定要说第几排的第几个名字是自己的。
4. 教师："我们上小学后，一定要先学会书写自己的名字，在自己的作业本和书本上，都要写上自己的名字，这样，老师才知道哪些作业是你交的。我们会写自己的名字吗？"
5. 教师讲解写名字的规范：字迹工整，每个字的书写都有一定的顺序，一定要按照笔顺与笔画来书写。
6. 教师分发提前写好幼儿名字的练习册，让幼儿按照上面的顺序一笔一画地书写自己的名字。
7. 教师巡回指导。
8. 展示、分享、点评幼儿自己书写的名字，让幼儿回家后多加练习。

任务五：我会整理书包

活动目标

1. 养成有条理地整理物品的好习惯。
2. 感受分类在生活中的用途。
3. 学会按照需求整理自己的书包，萌发做小学生的愿望。

活动准备

幼儿自己的书包。

教学建议

1. 教师请每名幼儿拿出自己的书包，询问幼儿："今天的书包是爸爸妈妈帮忙整理的，还是自己整理的？我们就要读小学了，一定要学会自己整理书包。"

2. 教师："我们看看自己的书包里面有什么东西，是怎么摆放的。为什么要这样准备？我们自己的书包要自己整理，当然也要依据一定的方法来整理。首先，我们要想一想放哪些物品，然后，想一想怎么放。"

3. 邀请幼儿回答：读幼儿园时，书包里面需要放哪些东西，为什么需要这些东西。请幼儿依据自己书包里的东西回答。

4. 教师："知道自己需要哪些物品后，该怎么摆放呢？"让幼儿学会一定的分类规则：第一，要依据物品的种类摆放；第二，要依据大小来摆放；第三，干湿要分开；第四，经常用的、最先用的放在最外面。

5. 让幼儿依据这些规则进行摆放，包括：衣服最好用袋子装着，还要准备一个空袋子装脏衣服，水杯放在外面，接送卡放在外面口袋里。

6. 教师："等上了小学之后，我们还需要依据课表来准备，明天上什么课，今天晚上我就需要将书本、所需要的文具准备好，第二天一早就可以背上书包去上学了。"

7. 教师总结与鼓励书包整理得比较好的幼儿，并说出做得好的地方。

项目三：我爱幼儿园

任务一：甜蜜回忆盒

活动目标

1. 能识别出歌曲《时间都去哪儿了》的意境，能够认识到该歌曲反应的是时间过得真快。

2. 通过教师对歌词的解读，初步感知歌词所表达的意义：爸爸妈妈将我们抚养大不容易。

3. 通过对歌曲的欣赏，以及爸爸妈妈对自己的爱，意识到自己应有感恩的心，感谢爸爸妈妈，感谢教师。

活动准备

歌曲《时间都去哪儿了》及其伴奏曲，《时间都去哪儿了》沙画版 MV 和歌词版 MV。

教学建议

1. 教师："今天，老师给大家上一节音乐课，先给大家听一首歌。大家听歌的时候，要用心地听，也可以闭着眼睛去感受；看看你听的时候感觉到了什么，会开心、激动、伤感吗？看看能不能听懂里面唱了哪些歌词，比一比谁的记忆力最好。"

2. 教师播放一遍歌曲《时间都去哪儿了》，与幼儿展开谈话，主要用来检查幼儿是否真正在听。

教师："小朋友们，你们听到这首歌能感觉出什么？"（开心、激动、伤感）

如果幼儿能够说出"时间都去哪儿了""有颤抖的表现""伤感"等与情感有关的语句，表明这节课已经成功了一半。教师可以依据幼儿的回答给予提示或强化，忽略"什么都没有听到"之类的语句。

3. 教师播放第二轮歌曲，询问幼儿听后有何感受、能否听懂歌曲里的歌词、这首歌是男声唱的还是女声唱的，注意及时强化与挖掘有教育价值的教育点。

4. 如果幼儿已经感受出时间过得很快、爸爸妈妈很爱我们、他们很快就老了，那么下一步的课程内容是：提醒幼儿很快就大班毕业了，引导他们回忆刚刚进入幼儿园时的感受，联想到现在的感受，感觉出时间过得真快；同时，根据歌词感受到爸爸妈妈对我们的爱，思考我们应该如何去爱爸爸妈妈。这时，教师将课程导入情感方向，引导幼儿感恩爸爸妈妈、爷爷奶奶，感恩教师，在此过程中，可以加入拥抱等表达感情的动作。

5. 如果幼儿还是没有产生"时间过得很快"的感觉，教师就播放《时间都去哪儿了》歌词版MV，通过里面的关键词，引导幼儿感受歌词、领悟词意，进一步欣赏歌曲所表达的含义。这时，课程朝识字领域发展。如果教师想将课程引向情感方向，可以播放沙画版MV。

6. 课堂结尾："小朋友们，今天你们在课堂上的表现都很棒，老师也被你们感动了，一定要记得回家跟爸爸妈妈一起唱唱这首歌，老师也会把歌曲发给你们的爸爸妈妈，让大家一起唱这首《时间都去哪儿了》，学会感恩父母、感恩老师。"

7. 播放歌曲，继续学唱《时间都去哪儿了》。

8. 教师总结："时间真的过得很快。三年前你们还在哭鼻子，今天，你们一个个长大了要上小学。老师特别的伤感，又特别的开心。伤感的是，老师陪伴了你们三年，如今却要放手了；开心的是，小朋友们都长大、长高了，可以去小学读书了。"

任务二：我的光辉史

活动一：幼儿园最开心的一件事

活动目标

1. 能够回忆起一件或几件在幼儿园里的快乐的事情。
2. 知道快乐的原因。
3. 乐于在同伴面前表达自己的想法。

活动准备

谈话活动，如果有相对应的图片就更好了。

教学建议

1. 教师："小朋友们在幼儿园生活已经快三年了，你们回忆一下，在幼儿园最开心的事情是什么呢？"幼儿自由表达，教师邀请几名幼儿上前表达，要求幼儿回忆事情的经过，以及自己的心情。
2. 教师总结幼儿开心的原因，尤其要从成长的角度分析。
3. 教师："小朋友们有没有自己的好伙伴、最要好的朋友呢？"请幼儿表达，我的好朋友是谁，为什么喜欢他/她。
4. 邀请幼儿的朋友表达对对方的认可度。如果碰到意见不一致的，教师给予积极建议。
5. 教师与幼儿一起讨论怎么样才能交到朋友、如何交朋友等话题，最好介绍自己交朋友的经验。
6. 教师总结本节课的主要内容，告知幼儿要好好把握幼儿园的时光，同时，做好充足的准备，迎接更好的自己。

活动二：我最喜欢幼儿园的活动

活动目标

1. 能够回忆曾经举办过的活动，能够描述在最喜欢的活动中的收获。
2. 尝试用举手统计的方法找到本班幼儿最喜欢的活动。
3. 乐于在同伴面前表达自己的想法。

活动准备

谈话活动，黑板，笔。

教学建议

1. 教师："小朋友们在幼儿园已经参加过很多活动，大家能回忆起哪些大型活动呢？"幼儿自由表达，教师依据回答了解幼儿的理解水平，并给予提示。
2. 教师："在这些活动中，我们最喜欢的活动有哪些？"幼儿自由表达，教师将活动名称记录在黑板上，并询问幼儿为什么喜欢这个活动、在这个活动中有什么收获。
3. 邀请幼儿举手表达分别喜欢哪些活动，老师邀请一名幼儿做统计员，清点举手的人数。
4. 依据统计结果，将大家最喜欢的活动依次排序。
5. 教师告诉幼儿：这个统计方法就是举手表决的方法。
6. 与幼儿一起回顾幼儿园一些大型活动的视频。

活动三：我获得过的荣誉

活动目标

1. 知道获得荣誉是件开心的事情，荣誉是经过自己努力才可以得到的。
2. 依据自己的奖状判断自己的爱好或优势。
3. 乐于表达自己。

活动准备

1. 提前让家长整理幼儿在幼儿园的获奖情况，并将获奖数据发给班主任，并提前与幼儿进行交流；教师将数据进行整理、归纳。
2. 谈话活动。

教学建议

1. 教师："小朋友们在幼儿园都很用功，每天都开开心心地玩耍，认认真真地学习，获得了很多荣誉。你们记得自己获得过哪些荣誉吗？"幼儿自由回忆与表达。

2. 教师："你们有没有数一数自己获得了多少张奖状？获得最多的奖项是什么？"

3. 教师："通过奖状，我们可以发现自己的优势。例如，某个小朋友获得了5张故事大王比赛的奖状，那就说明她在语言表达方面比较强。接下来，请小朋友们统计一下自己的奖状，找一找自己的优势在哪里。"

4. 幼儿自由表达。教师及时鼓励与肯定幼儿表达的内容，例如，我获得什么奖状最多，因为我最喜欢什么，所以我觉得自己比较擅长做什么事情。

5. 教师总结本节课的主要内容："每个人都有自己的光辉史，我们要善于总结、发现自己的优势，补足自己的不足之处，让自己变得更好，变得更加强大。"

任务三：我喜欢的幼儿园老师

活动目标

1. 了解自己喜欢的教师，能用语言描述出来，发展口语表达能力。
2. 具有热爱、尊敬教师的情感。
3. 愿意与同伴、教师互动，表达自己的想法。

活动准备

1. 背景音乐《老师呀，老师》。
2. 上一届毕业生同教师分别时的照片。

教学建议

1. 教师播放音乐《老师呀，老师》，询问幼儿在幼儿园里最喜欢哪位教师，为什么。
2. 教师小结谈话内容，引导幼儿体会教师对幼儿的爱。
3. 引导幼儿相互交流自己喜欢的教师，最喜欢教师做什么，为什么。例如，最喜欢教师带领大家玩什么游戏，最喜欢教师穿什么衣服，最喜欢教师的笑容，等等。
4. 教师："我们应该如何表达自己对老师的喜欢？"幼儿自由表达。
5. 教师："当我们毕业了，还会想念自己的幼儿园老师吗？你们会怎么做？"
6. 教师总结本节课的内容，告诉幼儿：要用自己在小学的表现来好好报答教师，包括获得好成绩，戴上红领巾，做一个文明礼貌的好孩子，等等。

项目四：离别幼儿园

任务一：我要毕业了

活动一：我的幼儿园时光

活动目标

1. 帮助幼儿回忆、讲述自己在幼儿园的生活经历。
2. 乐意表达自己对教师、幼儿园的情感。
3. 体验共同生活中的师生情、同伴情。

活动准备

1. 幼儿刚刚入园时的照片，以及每个学期的照片，幼儿签名本。
2. 音乐《感恩的心》手语版。

教学建议

1. 教师与幼儿一起观看幼儿刚入园时的照片。
2. 邀请幼儿说一说自己这三年的前后表现如何，哪些地方进步了、长大了。
3. 引导幼儿说一说最舍不得幼儿园的什么。
4. 幼儿每人一本签名本，邀请同伴、教师签名。教师巡回指导。
5. 教师："今天这个签名本里面记录了我们幼儿园的伙伴，是我们人生的第一个签名本，它将伴随我们长大。若干年之后，当我们打开这个签名本，我们还能回忆起自己的同学，回忆起大家在幼儿园的好时光。"
6. 教师播放《感恩的心》，一起跟着视频学手语。
7. 教师总结本节课的主要内容。

活动二：互赠明信片

活动目标

1. 知道明信片表达了对人的思念和爱。
2. 尝试用绘画、粘贴、印章等形式设计与制作明信片。
3. 相互交换明信片，培养同学之谊。

活动准备

1. 家长、教师与幼儿共同收集各种明信片，了解明信片的相关知识。
2. 小信封若干、印章、小贴纸、画笔等。

教学建议

1. 教师："小朋友们，明信片的正反面一样吗？正面有什么？反面有什么？"引导幼儿观察明信片，认识其形状、大小、样式，幼儿自由回答。

2. 教师小结：明信片正反面是不一样的。明信片的正面是各种各样的图案，都是当地最有名气的风景或者人物。反面有很多东西，包括收件人的邮政编码、地址、姓名，右下角有寄件人的邮政编码、地址等，空白的地方可以写祝福语。

3. 教师出示自制明信片，请幼儿欣赏，开拓幼儿思路，让其了解不同的艺术表达形式，知道明信片可以表达对亲人、朋友的祝福、思念和爱。

4. 教师交代注意事项，介绍制作材料。引导幼儿自选材料，自主设计、制作明信片。

5. 幼儿分组制作，教师巡回指导。

6. 教师："制作完之后，你想送给谁呢？请写上收件人与寄件人的姓名吧。"幼儿可以邀请教师帮助写祝福语。

7. 鼓励幼儿大胆展示作品，表达自己的美好情感，体验成功的快乐。

任务二：我为幼儿园做有意义的事情

活动一：为幼儿园做一件有意义的事情

活动目标

1. 学会感恩，乐意为幼儿园做一件有意义的事情。
2. 通过自己的行为，收获感恩后的喜悦。
3. 乐意表达自己，会做对别人有意义的事情。

活动准备

谈话活动。

教学建议

1. 教师："我们幼儿园的生活马上就要结束了，我们有没有想过为幼儿园做一件有意义的事情？例如，帮助弟弟妹妹们，帮助老师，打扫幼儿园的环境卫生，等等。"

2. 幼儿自由表达我想做什么，并表明自己有这个想法的原因。

3. 教师："当我们想要感激别人的时候，一定要考虑自己有什么、能干什么，除此之外，我们也要考虑别人需要什么，提供别人最需要的帮助才最好。"

4. 教师与幼儿商议：我们今天为幼儿园做一件什么事情呢？例如，清洁某个地方，去菜地里打理一下蔬菜，等等。

5. 教师带领幼儿完成任务。在完成任务的过程中，教师用相机记录幼儿开心的场面。

6. 合影留念：这是我们在幼儿园最后一次一起做什么事情。

7. 教师与幼儿分享刚刚劳动的情景，表达劳动时的心情。

8. 教师肯定幼儿的表现，告诉幼儿一定要做一个会感恩的人，感恩教师，感恩父母。

活动二：毕业之前的自我评价

活动目标

1. 知道每个产品在出厂前都要进行质量检测，合格品才能出厂。
2. 会对自己进行一个简单的评估，知道自己的优点与不足。
3. 学会正确面对自己的优点与不足。

活动准备

"幼儿园大班质量评估标准"表，见附表 12-2。

教学建议

1. 教师："小朋友们，你们知道玩具、食物在出售之前，都要进行质量检测吗？如果质量不合格就不能出售，因为会对人产生危害。质量合格的产品都有一个什么标志呢？"幼儿自由回答，教师提示，中班的时候已经学过了"S"标志，代表着质量合格。

2. 教师："我们马上就要从幼儿园升到小学了，我们怎么知道自己是不是合格'产品'、可不可以去读小学呢？"

3. 教师邀请幼儿回答：自己为什么可以入读小学？自己的优点与缺点分别是什么？教师依据幼儿的回答给予提示、总结与肯定。

4. 教师："我们每个人包括老师都有自己的优点与缺点，我们要克服缺点、发扬优点，才会让自己变得更加优秀。因为时间关系，我们不可能让每个小朋友都上前来表达自己，所以，老师设计了一个简单的'幼儿园大班质量评估标准'表，大家可以根据表格评价自己。"

5. 教师分发"幼儿园大班质量评估标准"表，边讲解边说明，让幼儿给自己做一个简单的评估。觉得自己能达到标准的就打"√"，不能达到的打"×"，要正确客观地评价自己。

6. 教师检查幼儿的评估情况，张贴评估结果，依据幼儿的自我鉴定给予积极的肯定；同时，依据对本班幼儿的了解，针对个别不能客观评价自己的幼儿，给予不点名点评与劝说。

活动三：我的毕业典礼

活动目标

1. 知道生活需要仪式感。
2. 尝试策划自己的毕业典礼中的一些活动。
3. 能主动参加毕业典礼的活动，体验依依惜别的情感。

活动准备

谈话活动。

教学建议

1. 教师："小朋友们，我们在幼儿园还能上多少天的学？没多久，我们就要毕业了。毕业是件开心的事情，大家一定要一起庆祝一下。我们的生活需要仪式感，就像过生日一样。小朋友觉得我们的毕业典礼该怎么举行？要举行哪些活动？什么时候举行？在哪里举行？"
2. 幼儿分组讨论协商：我们可以开展哪些活动，为什么？
3. 教师邀请每组幼儿选派一名代表，上前表达自己的愿望：

（1）拍毕业照，我们要与教师、园长、叔叔阿姨一起拍。

（2）我们要留下电话号码，这样，毕业之后还可以相互联系。

（3）我们要做一本毕业纪念册，将很多好玩的事情，用图片、文字记录下来。

（4）我们要举行毕业典礼。在毕业典礼上，要园长给我们颁发毕业证，要在舞台上展现自我，向爸爸妈妈汇报这三年在幼儿园取得的成就。

（5）我们可以举办毕业游。

4. 教师："是的，只要是我们自己想的，一定是最快乐、最简单的。"教师播放《时间都去哪儿了》《感恩的心》等歌曲，一起静静地欣赏。
5. 教师先与幼儿园园长、幼儿父母商议，尽量让幼儿的心愿得到满足。如果无法满足，应当安慰幼儿：相信在我们的小学毕业典礼、中学毕业典礼上一定会得到满足的。

附表

表 12–1　今天我当小老板

小老板姓名	
文具总数	
卖出去的文具数	
剩下的文具数	
玩具购买与找零算式记录	

表 12-2 幼儿园大班质量评估标准

项目	评估内容	√	×	教师
自我管理	能自己穿脱衣服、鞋子			
	会自己整理书包			
	会自己上厕所			
	会自己吃饭			
	能集中注意力 20 分钟以上（上完一节课）			
	能每天早上按时起床，准点到幼儿园			
动作发展	会使用工具扫地			
	握笔姿势正确			
	会解鞋带和系鞋带			
	会削铅笔			
	会倒步走 10 步以上			
	会正确地上下楼梯			
认知发展	知道自己的姓名、性别、年龄			
	能够听从指令行动			
	会清楚表达自己的意见			
	会书写自己的姓名			
	知道本班三位教师的姓氏，知道爸爸妈妈的名字			
	会书写 1~10 的数字			
社会性发展	能控制好自己的情绪			
	会眼睛看着人地说话			
	有困难时，会请求别人帮助			
	能依据指令先后做出两件事情			
	游戏时能遵守规则			
	不随便打人或者骂人			
	别人喊自己名字时会回应			
	游戏时能和大家轮流玩			